憧れのブロンディ

岩本茂樹
IWAMOTO Shigeki

戦後日本のアメリカニゼーション

新曜社

憧れのブロンディ——戦後日本のアメリカニゼーション　目次

装幀――難波園子

凡例

一、資料の引用の際、旧字体は常用漢字に、旧仮名遣いは現代仮名遣いに改めた。

はじめに

ヒギンスは「坊や、おそくまで起きているんですねえ、いいですか?」やや注意するようにいい、そうか、アメリカでは夫妻で外出する時、子供は留守番のならわし、たしかブロンディの漫画ではそうだったと、俊夫ふと恥ずかしい。[野坂昭如 1972 : 75]

冒頭の文は、野坂昭如の小説『アメリカひじき』から引用したもので、主人公俊夫の妻がアメリカ旅行で知り合いになったアメリカ人老夫婦を家族で出迎えることになったシーンである。俊夫は、敗戦直後、ひもじい思いから補給物資をくすね、「ブラック・ティ」をアメリカの「ひじき」と思って食べたというアメリカ・コンプレックスを引きずりつつ、戦後二二年間生きてきた。そしてアメリカ人と直接接触する場面に引き出されることになった主人公は、子供までも連れて歓迎の意をあらわしたのにもかかわらず、逆にアメリカ人から諌められるはめになる。その時、アメリカの生活文化のモラルを解読する上で自己の知識の貯蔵庫から引き出したのが、漫画『ブロンディ』であった。昭和五年生まれ(戦争終了時一五歳)の野坂が描く小説は、焼跡闇市派としての自己の体験に基づくものであり、『ブロンディ』が色濃く身体に刻まれていたことがうかがえる。(1)

この漫画『ブロンディ』こそ、一九四九年一月一日から一九五一年四月一五日まで『朝日新聞』で連載されたアメリカ漫画のことである。それにしても、わずか二年あまり連載されただけの漫画が、二〇年近い年数を経て出版される小説になんの説明もなく書き著わされていたことは、「この漫画が当時の人々に共有された記憶である」という前提に支えられていたことをうかがわせる。それほどまでに『ブロンディ』が、アメリカ文化の象徴として敗戦直後の日本の人々に強いインパクトを与えたのであろうか。

しかし、そのような疑問をかき消すかのように、敗戦を生き抜いてきた人々の記憶からは現在においても折に触れ『ブロンディ』が顔を出す。インターネット上で一般に公開されている文章にもそのことがうかがえる記述が見られるので、いくつか見てみよう。いずれも一般の人々の手で書かれた日記や書き込みの類と思われる。(2)

私のような年代のものは掃除機と聞くと、戦後間なしのアメリカのチャ《マ》ッ《マ》ク・ヤングの漫画を思い出す。戦争でアメリカに負けたが、チャック・ヤングの漫画『ブロ《マ》ンディ《マ》ー』の世界は、悔しいがまぶしいものであった。その日の食べるのもままならない時代、漫画の主人公がぱくつくサンドイッチの特大の厚さに苛立ちを覚えながらもその世界に惹かれた人は多いのではないか。（……）貴婦人のブロンディーと勤め人ダグウッド一家の平凡だが幸せな生活を描いた漫画は、敗戦で喘ぐ日本人に余りの豊かさを伝える「教材」ともなった。当時の日本の家庭から見れば超豪華な部屋と家具、それに家電製品をうらやましくみたものだ。例えばそこに登場する超大型の冷蔵庫や電気掃除機・洗濯機など。超大型冷蔵庫の中には溢れんばかりの食品がずらりと並んでいる。日本人が寒い寒中盥《タライ》に水を張り皹《あかぎれ》だらけになっているのに、電気洗濯機が勝手に洗濯をしてくれる。日本人が箒《ほうき》で誇《マ》り《マ》をたてながら部屋を掃除しているのに、広い部屋を電気掃除機でスイスイと掃除をしている。アメリカのごくありふれた家庭が、かくも豊かな生活をしているのかと日本人はオドロキの目をもって漫画をみた。(3)［2006.5.30］

また別の文章では、

『Blondie』というアメリカの漫画をご存知ですか？

1930年にChic Young（チック・ヤング）が新聞に連載を始めたアメリカのコミックです。私が子供の頃には日本でも朝日新聞に連載されていたほど人気で、ある程度ページが集まると一冊の漫画本として出版されました。当時としては珍しい横長の本で、英語の吹き出しですがコマの下に日本語訳が載っていましたから子供でも読めました。

『Blondie（ブロンディー《ママ》）』で一番興味があったのはなんといっても食糧難の時代ゆえ、あのDagwood（ダグウッド）の作るでっかいSuper-sized Sandwiche（特大サンドイッチ）でした。ダグウッドは眠れないと階下の台所に降りて行って、冷蔵庫を漁って残り物で超特大のサンドイッチを作って食べるのです。なにしろどうやって食べるのか？というほど食材をつみあげた山のようなサンドイッチに、もう美味しそうで絵をみながらヨダレがたらたら……パストラミ、アボガド、チーズなどの文字にメマイがするほどでした。(4) [2006.5.16]

このように『ブロンディ』の記憶は克明に刻まれており、この漫画がアメリカ文化の象徴として、戦後の日本の人々に強く衝撃を与えた漫画であったことが分かる。

また、二〇〇〇年一月八日付の『産経新聞』に、「二十一世紀私ならこうする――自民党ニューリーダーに聞く」と題した特集記事が組まれ、次のような麻生太郎（自由民主党）の意見が掲載されていた。(5)


社会保障政策も財源問題を中心に行き詰まっていることから、週刊誌的に言えば「ブロンディからサザエさんへ」がいい。マンガチックだけど。核家族、郊外住宅、三種の神器というダグウッド家（米国の作家チック・ヤング作のマンガ『ブロンディ』）を見習って日本は経済を中心に発展してきた。だけどその結果何が起こったか、家族が崩壊した。これからは、磯野家のように「だんなの実家」でなく「嫁の実家」で暮しているサザエさんの家の方がいい。

この意見は、ただ『ブロンディ』の衝撃が記憶されているのだと、簡単に流すことができない問題を孕んでいる。社会保障政策の将来に向けた方向を議論するにあたり、戦後という起点にアメリカ文化の象徴として『ブロンディ』がセットされている。そして、その起点からアメリカ文化を目指して現代まで歩み続けてきた結果、経済的発展を勝ちえた日本があり、その代償として現在の家族崩壊という結末にいたったと捉えている。そのため、アメリカ文化の象徴としての『ブロンディ』が廃棄され、今後の日本における家族の再生を、日本文化の象徴としての『サザエさん』に託しているのである。現代の社会問題に絡めて「戦後の日本」を語るこのロジックには、アメリカをモデルとして歩んできた結果として、現代の日本の精神的生活にかかわる文化が問題化され、その問題のすべてがアメリカにあるとする見方が込められている。要するに、日本独自の文化がアメリカ文化によってゆがめられた、というメッセージが編み込まれているのである。はたして、戦後のアメリカニゼーションが良き日本の伝統を喪失させたのであろうか。

こう考えると、素朴な思い出の語りについても新たな疑問を抱くことにつながる。現代にまで語り継がれるほど『ブロンディ』に描かれたアメリカの生活文化が衝撃であったことは事実だとしても、戦後日本のすべての人々がそこに描かれたアメリカ文化を魅力的で羨望をかき立てるものとして捉えたのであろうか。採り上げた記述では羨望の指標はサンドイッチや家庭電化製品であったが、それらの受け止め方において、性別、世代間、社会階層で異なった捉え方はなかったのであろうか。時間の経過と社会の歩みのなかで、連載当時のさまざまな思いのつまった『ブロンディ』像が、平板なものとなり、現在から振り返る戦後の日本の姿と結びつけられ、再構成されているのではないだろうか。『ブロンディ』を通して見える「生活文化レベルの戦後日本の姿」のさまざまな側面が検討されず封印されたままにあることが、結果的に現在の日本の戦後史がアメリカを見習ったものとして抽象化され、『ブロンディ』が、アメリカ生活文化を誘い、現代の問題を誘因した漫画として位置づけられ、『ブロンディ』を知らない人々にまでそのようなものとして神話化されることにつながるのではないだろうか。

＊＊＊

このように、個人の語りを紹介しながらいくつかの疑問点を挙げたのは、私の抱く問題関心を象徴的な形で示したかったからである。敗戦直後の『ブロンディ』が奏でたアメリカ生活文化が、時間の経過のなかで良き日本の伝統を喪失させたものとして語られるようになった背後に、現代日本の抱える重要な問題、すなわちアメリカニゼーションとナショナリズムの問題が蠢いているように思える。

本書の目的は、戦後六〇年を経過した日本社会の問題を語る上で、常套句のごとくにアメリカ文化の受容の功罪が問われることに対して、流されず、振りまわされず、冷静な視点を開示することにある。矮小化されたアメリカ文化の受容を語ることは、当時の一般のレベルにおけるアメリカに対するイメージや心の動きなどを覆ってしまうことになりかねない。またそこを描かずしては、戦後日本の歩みのなかで生じてきた社会現象はアメリカ文化受容に起因したものであると固定させ、議論の柔軟性を失わせることに繋がりかねない。

現代の日本社会を考えるにあたっては、いま一度敗戦直後の日本に戻り被占領国という位置からスタートして、その時代の生活世界を営んだ民衆がアメリカ文化という異文化との遭遇体験において、それをどのように捉え、そして日常生活の実践のなかでどのように咀嚼し取り込んでいったのかを掘り起こすことから始めるほかない。

ミシェル・ド・セルトーは、スペインがインディオの植民地化に成功したとはいえ、それがいかに両義的なものであったかについて言及している。インディオたちは、押しつけられた儀礼行為や法や表象に従いつつ、時にはすすんでそれを受け入れながらも、征服者がねらっていたものとは別のものを作り出していたと述べる。つまり、インディオたちはスペインによる支配体制につき従いながらも、押しつけられる文化を自分たちの利益にかなうよう、また自分たちの法則にそぐうよう「ブリコラージュ」を行ないつつ、細々とした無数の変化を加えているのではないか、ということである。インディオたちに倣って、うごめく蟻群にも似たこの消費レベルの活動についての手続き、それを支えるもの、その及ぼす効果、そしてその可能性を探ることによって、文化の生産プロセスと消費プロセスとの間の隔たりや類似についての理解が可能となると説く。[Certeau 1980=1987 : 14-16]

敗戦直後の日本に焦点をあて、民衆が日常生活の実践のなかでアメリカの生活文化をどのように捉え、咀嚼し、取り込んでいったのかの研究を進めるにあたり、このようなセルトーの示唆は有益なものであった。

総力戦を余儀なくされ、戦場にかり出される者、国内にあって悲惨な生活を送った銃後の民、共に私的世界を犠牲にして国に捧げた民衆が、敗戦を知らされ、今度は敵国であったアメリカの占領の下で日常生活を送ることになる。このような、大きな歴史の区切りに位置する敗戦直後の日本に照準を定めた戦後日本の研究が、政治、経済、思想史など、あらゆる分野からなされてきた。とはいえ、当時の民衆の生活実践を掘り起こすことは困難な仕事である。これまでの研究は、総じて言えば、さまざまなデータを集めているにせよ知識人の言説を中心に据えた議論であり、民衆にスタンスをおいた研究はほとんどみられない。(6) しかし本書では、日本という池に投げ込まれたアメリカ文化を人々がどのように受け止め、その後どのような波紋を描いていくのかを捉えたいと考えた。

そのためにはできる限り研究対象を絞りこみ、軸足を定めることが肝要と考えた。そのことで、重層的な深みのある研究として、広がりあるものになるのではないかという思惑もあった。

このような指針から、研究対象とする敗戦直後の時間枠内から、できるだけ民衆がアクセスできる位置にある言語空間に焦点をあてた時、その対象として浮かび上がったのが、『ブロンディ』であった。一九四九年一月一日から五一年四月一五日までのわずか二年三ヵ月ほどの期間に『朝日新聞』で連載されたアメリカ漫画が、過去に葬り去られることなく現代にまで語り継がれることこそ、アメリカの生活文化の受容、すなわちアメリカニゼーションを主題とする本書の研究にふさわしいものと確信し、『ブロンディ』に軸足を定めることにした。(7)

『ブロンディ』は現代においても、敗戦直後を描写する語りや映像の中で繰り返し登場する。この漫画が、当時の時代を醸し出すリアリティ付与装置となっていると言えよう。一方で、掲載当時の人々にとって憧れのアメリカ生活であった『ブロンディ』を現在の学生が見ると、総じて現代の生活を描いたものと知覚し、「理想の家庭」という答えまでが出されるのである。(8) 掲載時から五〇年を経過した『ブロンディ』が、それを知らない人々にこのように語られるとは、当時の読者はおそらく思いもしなかったであろう。このことは、『ブロンディ』研究が現代日本を照射する上でも意義あるものと考える。このような『ブロンディ』研究を通して、アメリカナイズ「された／されない」という水準の議論にとどまっていたこれまでの戦後アメリカニゼーション研究(9)を乗り越える、新たなるアメリカニゼーション論を提唱できると考える。

＊＊＊

本書の構成を簡単に示すと、以下のようになる。

第Ⅰ部では、『ブロンディ』がどのような漫画であったのかを整理する。第1章でアメリカン・コミック史における『ブロンディ』の位置を概観し、第2章で内容分析を行なう。第3章では『ブロンディ』に描かれた家庭生活が当時のアメリカ社会のどの社会階層に位置づけられるのかを検討する。

第Ⅱ部では、『ブロンディ』が日本に紹介された経緯と、その後どのように人々に受容されていったのかに焦点をあてる。まず第4章では「なぜ、アメリカ漫画が日本に導入されたのか?」という謎に答えるため、占領下のメディア状況に目配せしながら資料を読み解いた。この章では、日本の情報発信者としてのメディアがアメリカの言論統制をどのように受け止め、どのように咀嚼してきたのかをあぶり出したいという思いもあった。続いて第5章では、掲載当時の日本人が『ブロンディ』をどのように受け止め、受け容れていったかを描いた。人々の抱いた『ブロンディ』像は、意外にも、「憧れ」ではない形でも受け止められており、また世代や性別によってどの側面に注目して受け容れたかには大きな違いがあることが分かった。さらに第6章では、なぜ『ブロンディ』はこのように多様な形で受け容れられていったのかを、マクロな時代状況と、民衆の生活レベルのミクロな語りの双方に注目しながら検討した。

第Ⅲ部は、より現代につなげる形で論を展開したいと考えた。戦後の日本社会が「アメリカ」から剥ぎ取り、受け容れてきたのは何だったのか。第7章では、日常の家庭生活レベルにおいて、現代と掲載当時とを見比べる。第8章では、家庭電化製品に代表されるアメリカの生活文化が、どのような形で日本に普及したのかを検討した。そして第9章においては、戦後の日本社会が経験したアメリカニゼーションを議論し、本書全体を通して描きたかった「異文化受容のあり方」についての視座を提示したいと考えた。

読者のなかには、はじめて『ブロンディ』という漫画を知ったという方もいらっしゃるだろう。そんな方は、まず第2章で実際の漫画をご覧いただきたい。『ブロンディ』と聞いてすぐに画が思い浮かばれる方は、第Ⅰ部は飛ばして、第Ⅱ部から読まれることをお薦めしたい。第Ⅲ部は、敗戦直後のアメリカ漫画と現代の日本社会をつなぐ架け橋として、未完成ながら奮闘した結果である。

第Ⅰ部　『ブロンディ』とは

第1章

『ブロンディ』[1] 誕生

「戦後日本のモデル像」として語り継がれる『ブロンディ』とはどのような漫画であったのか。実際の漫画の内容分析に入る前に、作者であるチック・ヤングと『ブロンディ』誕生秘話を紹介すると共に、連載されていた当時のアメリカの研究者によるコミック分析ならびにアメリカのコミック史における位置を概観することにする。

1-1 作者チック・ヤング[2]と人気の秘密

アメリカでは、いたずらに人を扇動するような下等新聞のことを「黄色新聞」と呼ぶ。そう呼ばれるようになったのは、『ワールド新聞』が一八九六年二月一六日（日）にポンチ絵『イエロー・キッド（黄色小僧）』を世に送りだし、たちまち大評判になったことに起因する。『イエロー・キッド』のタイトルには別の意味も含意されていた。それは、当時では印刷技術として黄色を引き出すことが非常にむずかしいことであった。しかし、『ワールド新聞』がこの黄色を見事に刷ることに成功したのである。ピュリツァー系の下等新聞で、同じ下等新聞のハースト系もこの『イエロー・キッド』に注目し、共に鮮やかな黄色に彩られた『イエロー・キッド』の引き抜き合戦が展開した。以後、下等新聞を黄色新聞と呼ぶようになったのである。この『イエロー・キッド』の登場によって、新聞紙上で描かれる物語漫画が新聞読者獲得に欠かせないものとなり、一九世紀末には「採用する漫画の善し悪しでその新聞の販売量が直接影響する」という公式が生まれるまでになる［鶴見俊輔 1967：273–275］。それゆえ、一九四九年時のアメリカでは、連載漫画は三〇種にまで及ぶ。(3) コールトン・ウォーは、一九四七年、アメリカン・コミックの中での人気ナンバーワンはキング・フィーチャーズ配給の『ブロンディ』と言い切る。その人気の理由は、現実的で気取らずに描かれた画の面白みが読者の心に響くものであり、温かい触感をもっていることにあると述べる(4)［Waugh 1947：100］。

『ブロンディ』の作者チック・ヤングは、本名がムラート・バーナード・ヤングで、一九〇一年のシカゴ生まれである。父は靴屋であったが、絵心のあった母から絵の手ほどきを受ける。(5) ヤングはシカゴ美術学校に心を引かれたものの、高校を出てビジネス・スクールに通い鉄道会社に入社する。しかし、漫画家になる夢を抱くヤングは、夜間のアートスクールに通って絵の勉強を続けた。そして一九二三年、ニューヨークに出たヤングはついにキング・フィーチャーズ・シンジケートに入社し、週給二二ドルの漫画助手になったのである。ペンネームは、フランス語の「シィク（chic 粋）な若者」の意味からなる学生時代のニックネームからそのままとってチック・ヤングとした。

この頃、幕連女《ばくれんおんな》を主人公にした『きれいなバブズ』『とんまのドラ』を描いていたヤングは、あるパーティで知り合ったイリノイ州ロック・アイランド出身のハープ弾手エセル・リンドルフと、恋におちる。めでたく結婚したヤングは、ロング・アイランドのグレート・ネックに家庭をもち、家を根城に仕事を始めた。(6) 一九三〇年のある日、ヤングは一気に連載漫画一週間分を描きあげた。それが『ブロンディ・ブープ・ブープ・ア・デュープ』である。この最初の『ブロンディ』がアメリカで初めて発表されたのは一九三〇年九月一五日のことである。

『ブロンディ・ブープ・ブープ・ア・デュープ』は、金目あてに男をあさるという幕連女ブロンディが主人公となった漫画で、『とんまのドラ』風のスタイルでテンポが早く、滑稽な操り人形劇に出て来る人物たちのように、漫画の中の人物はめまぐるしく動き回り、絶え間なくユーモアが爆発するといった調子のものだった。

ところが、このような『ブロンディ』を新聞は見放しはじめ、一九三三年、ついにキング・フィーチャーズ・シンジケートが力と頼む『ニューヨーク・アメリカン』紙がこの掲載を止めたのである。落胆したヤングはシンジケートのマネージャーであるコノリーに相談した。コノリーは、「どうして君はダグウッドとブロンディを結婚させないんだ?」、「君は、気紛れ女よりは、夫婦生活のほうをよく知っているじゃないか」と漫画内容の変換をヤングに強く示した［アレクサンダー 1956：50–51］。コノリーの助言に活路を見出したヤングは、すぐにブロンディとダグウッドを結婚させたのである。この結婚をもって、一代目『ブロンディ』は幕を閉じる。結婚までのストーリーを要約すると、次のような展開である［Waugh 1947：102］。

ブロンディは、億万長者の鉄道王バムステッド氏の秘書として登場し、色気たっぷりの社交娘としてあらわれた。一方、バムステッドの一人息子ダグウッドは、おやじの美人秘書ブロンディにぞっこんホレこんでしまった。ブロンディは、彼女に求愛する男性の中から、ダグウッドを選ぶ。「婚約しているので会ってほしい」とダグウッドは父親に告げるが、「忙しい」と父親には相手にしてもらえない。父親は一族を集めこの結婚を議題に会合をもつが、バムステッド家の法律顧問五名全員が「受け入れらない」との結論を出したため、許可をもらえなかった。結局、二八日と七時間八分二二秒に及ぶハンストにより、ダグウッドの両親もついに折れ、めでたく結ばれたのは一九三三年二月一二日のことである。

ここでも、反対する両親を説き伏せるのにブロンディの才知が発揮される。彼女はダグウッドの親に「もう遅いのです。すでに六ヵ月前に、秘密に結婚しています」と述べる。これにはバムステッド家の人々も、法律顧問たちも絶句した。ダグウッドは、オドオドしながら嘘をついたブロンディを窘《たしな》めるだけであったが、結局このことによって、結婚の許可を手にすることになったのである。ただしその代償は大きく、億万長者の鉄道成り金の父親と宝石に包まれた社交界婦人の母親から、ダグウッドは勘当される。それでも結婚をしたブロンディは晴れやかであり、一銭も相続できなかったダグウッドにしても幸福であった。

その後は、家庭での出来事を描いたストーリーとなる。両親から勘当されたダグウッドは自然と会社に勤め、ブロンディは「控え目な家（unpretentious house）」にうまく溶け込む。ブロンディは、浮ついたすれっからしの女から、エプロン姿もりりしく優しい、そして思いやりの深い妻へと変身したのである。この変換こそが『ブロンディ』の人気を継続させることになる。アレクサンダーは次のように論じる。

「ブロンディ」のこの変換は、ニュー・ディールの到来と時を同じくして起こり、ニュー・ディールとともに人気がたかまり、ニュー・ディールが終わった後も、なおずっと長続きすることになった。［アレクサンダー 1956：51］

『ブロンディ』誕生には、コノリーの助言だけでなく、ヤング自身による読者の観察が下地となっていた。望まれる新しいタイプの女性は、「おてんば」ではなかった。不思議な変化と思えたヤングではあったが、主人公を性差のない『とんまのドラ』の段階から、穏やかで、力強い美人のブロンディへと取りかえた。その結果、アメリカの男性たちは『ブロンディ』に触れ、ほっとさせられると共に、にやりと微笑んだのである。ブロンディは未亡人プーバードゥープ夫人の一人っ子で、みずみずしくさわやかである。チック・ヤングの描いたブロンディは四コマ漫画の中で最もかわいい女性であった。すばらしく長い脚は、アメリカ人の心を弾ませ、ブロンディの男性ファンすべてが、まるで夫となる内気なバムステッドそのものであった。

何千もの口論とその結末を基本線として描かれる『ブロンディ』の結婚後の大きな出来事は子供の誕生で、一九三四年生まれの長男アリグサンダーと、一九四一年生まれの長女クッキーがいる。その成長と共に読者は増え続けた。長女クッキーの名前は、懸賞による全米の読者からの募集によるものである。「家族」が注目を集めていた時代であったがゆえに、『ブロンディ』は時流に乗り、映画化もされた。混乱を伴う戦争が、『ブロンディ』の読者に刺激を与えた。人々は以前にもまして、情熱的に家庭生活を崇拝したのである。

ウォーは、『ブロンディ』がアメリカのコミックにおいてナンバーワンとなっている根拠を五つに分けて分析する。

1. 他のヒロインに比べて、かわいく、キュートで、しかも目尻のつりあがった意地悪い女ではない。彼女は女性性のすべてを持っていて、すばらしい上に非常に滑稽である。

2. ダグウッドは若く、結婚生活全体をロマンティックにしている。彼は口数が少ないが、良い男である。あまり強くなく、賢明ではないという事実が、我々をより良い気持ちにさせる。ブロンディがダグウッドを攻撃しても我々は評価するが、ダグウッドがターザンなら我々は無視するであろう。

3. 家の中にロマンスがある。いつも、陰口を言い、小言を言いあっている気取り屋の夫婦とは対照的で、乳歯のある赤ん坊が真夜中に活動するかのように、巨大な「冷蔵庫サンドイッチ（icebox sandwiches）」を作る、といったアットホームな出来事に包まれている。

4. 小さなバムステッド一家のリアリティと活気に一役買うのが、長男に続いて誕生したよちよち歩きのクッキーであり、陽気な犬デージィと子犬たちである。

5. 若者が結婚して家に帰った時、二人ないしそれより少し多い人数用に建てられた小さな家で生じる魅力的なことフラストレーションは、ブロンディとダグウッド以上に何百万と体験しているであろう。このことは、若い夫がそでを捲り上げて、皿洗いをする日々に象徴されている。確かに、そのようなことはダグウッドがしょうとしていることであり、少なくともブロンディがしてほしいと望んでいることである。戦争が終わって新聞印刷用紙が入手可能となった時、こぞってコミック新参者が手本としたのが『ブロンディ』であったという事実からも、この夫婦が現代の多くの人々の生活を映し出すものであることを立証すると共に、新しいコミックとして君臨することになったのである［Waugh 1947：104-105］。

『ブロンディ』が、普通に生きる市民として当たり前とされる生活を満たすことの喜びを示した。男たちは、彼女のような女性を切望し、女性たちはブロンディが自分たちに似ていることがわかり、まるで自分たちの鏡を見るように思えたのである。(7)

1-2 コミック・ヒロイン史における『ブロンディ』

では、コミック・ヒロインの歴史において、『ブロンディ』はどのような位置にあるのか。この節では、コミック史の中での女性像をまとめたモーリス・ホーンを参考に議論する。

ホーンは、『ブロンディ』が誕生した一九三〇年代は、アメリカのコミック史においては「冒険の時代」であったと言う(8)［Horn 2001, vol. 1：75］。

この時代における冒険のテーマは世界的なもので、ヘミングウェーやマルローの小説でも中心的な主題であった。スクリーン上においても、ジョン・フォード、ハワード・フォークス、そしてウイリアム・ウェルマンらのフィルムで英雄を扱ったテーマが、何度も反響をよんでいた。このことをホーンは次のように分析する。

不況が押し寄せ、第二次世界大戦に向かおうとする不吉な流れをチェックする力もなく、自分が運命の主人公であるとの夢を担うにはあまりにも絶望的であったがゆえに、作られた世界の中の英雄に夢を馳せ、喝采を送っていた。

[Horn 2001, vol. 1 : 75]

コミックもこの傾向に続いた。冒険コミックの初期に登場する女性は、ヒーローの恋人か友人である。しかし徐々に、激しいアクションとエロティシズムが重要な構成要素として強調されていった。ヒロインがヒーローの窮地を何度も救う場面が描かれ、これまでのような飾られた女性や悩み多き乙女というステレオタイプから抜け出したのである。ヒロインがヒーローを撥ね付けるシーンなども見られ、一九三〇年代半ば頃からは、女性が自己主張をするのが当たり前であるという空気がコミックを覆うのである。さらに、少数ではあるが、女性が平等なスターとしての地位に達したコミックも登場した。(9)

一九四〇年代になるとコミックも戦争色が強くなり、多くのコミックでは、ヒーローたちが遠く離れた戦場で激しく戦う場面が描かれるようになった。(10) これに対して、ヒロインたちは活発な戦争活動の役割でなく、スパイを誘き寄せたり、看護婦として奉仕したり、あるいは官能的なキャンプ慰安といった役割を担っていた。

ところが多くのヒロインたちは、単に戦争の副次的な役割を演じることに満足しなくなり、闘いに挑むようになる。これらのうち、群を抜いて目立っていたのは疑いもなく『ワンダー・ウーマン（*Wonder Woman*）』（図1-1）のヒロインで、彼女はパラダイス島で生まれた万能のスーパーヒロインである。(11) 強靱な体に、星でちりばめたホット・パンツと濃い色の胸当てを装い、弾丸をそらすブレスレットと超人間的な投げ縄でもって、ナチや他国の進撃を助ける者のワナから仲間を救い出す。アメリカの少女はついに、力強い女性のモデルを見つけることになったのだ。『ワンダー・ウーマン』は、これまで男性中心の舞台であり続けたコミックというメディアに、新たなる女性の舞台を獲得する契機となったのである。また、男性の手で描かれたものではなく、タープ・ミルズという女性作家が描いたヒロインに『ミス・フューリー（*Miss Fury*）』（図１－２）がある。『ワンダー・ウーマン』が女性版スーパーマンなら、こちらは女性版バットマンであった。[12]

このような戦うヒロインとパラレルに位置していたものに『ミス・レース（*Miss Lace*）』（図１－３）がある。ヒロインのレースの目的は枢軸国の力を負かすのを助けるのではなく、兵士たちのモラルを強化することにあった。レースはわずかな衣装を身につけた褐色のセクシーな女性で、キャンプ慰安を行なっていた。ホーンは、戦争を経験したアメリカの男性の間では、連載漫画のヒロインは戦うヒロインではなくレースのような女性像を望んでいたのではないかと述べている［Horn 2001 vol. 2：114］。

また、戦争が終結に近づくにつれて女性パワーの戦闘的姿勢は減少へと向かうなか、これまでの職業婦人の描かれ方と異なるキャリアガールが登場しはじめる［Horn 2001 vol. 2：114］。キャリアとロマンティックな性向との狭間で揺れ動くヒロインの苦悩こそが、この時代の女性コミックを代表するものであるとホーンは述べている。[13]

それでは、一九三〇年代から一九五〇年までのコミック史上でのヒロインの変容のなかで、『ブロンディ』はどのように位置づけられるのであろうか。

ホーンは、コミック・ヒロインの歴史的潮流を、新しい道を与えようとする傾向のテーマと、逆にその動きを蹂躙するかのようなテーマとの二つからなる、テーマの循環であると説く［Horn 2001, vol. 2：139］。ヒロインたちが、冒険の時代の一九三〇年代に「自己主張する女性像」となり、一九四〇年代には「戦う女性像」になり、一九五〇年代では仕事と家庭の狭間で苦悩するという、時代の潮流のなかで描かれ、流行が過ぎると消えていく運命にありながら、『ブロンディ』は違った。結婚後の『ブロンディ』はコミック・ヒロイン史の二つのテーマを循環する流れにとらわれることなく、夫婦を中心とする家庭を舞台に起きる日常を描きつづけることで、読者に支えられ、コミックの魅力

少女のみなさん、なんてことないんです。あなたがたがすべきことは自分の力を信じることよ！

図1-1　上下とも『ワンダー・ウーマン』
[Horn, 2001a: 116]

人里離れた道……でも近道……オォ……ぶつかる……

図1-2　『ミス・フューリー』
[Horn, 2001a: 117]

図1-3　『ミス・レース』
[Horn, 2001a: 120]

を保ち続けたのである。家庭に愛を注ぐ姿は、男性にも女性にも身近にあるモデルとして映り、それは大衆を惹きつけてやまないものであった。さらに言えば、女性が男性と対等な関係として定着する傾向があることをチック・ヤングは肌で感じてコミックに反映させたのである。ブロンディが家庭生活の中で主張できる主婦として描かれたことからも、新しい時代の風を吹き込みながら、読者の変わらない基盤である家庭を舞台として描きつづけたことは、ヤングの、読者の心情と社会を読み取る才知の結晶と言える。[14]

ベティ・フリーダンは、戦後におけるアメリカの人々の意識を次のように述べている。

> 不況に続いてはじまり、原子爆弾で終わった戦争の直後に、女らしさを賛美する風潮がアメリカの全土をおおった。明日の生命もわからなかった冷酷な戦争の後で、男性も女性も、家庭や子供に慰めを見出そうとした。兵隊たちは、「たこつぼ」（戦場で敵の鉄砲をさけるために掘る一人か二人がはいれる穴）の中に、グラマーの写真をはりつけていたが、彼らが無しょうに聞きたがったのは母親の子守唄だった。だが帰還した時、彼らはもう母親に甘えられる年令ではなかった。老いも若きも、男性も女性も、セックスと愛情を欲した。
>
> みんな弱くひとりぼっちで、うちを恋しがり、おびえていた。老若男女を問わず、人々は、結婚して家をもち、子供がほしいという長い間押さえていた考えをもち始めた。戦争で大人になった若い兵隊は、結婚して、愛情と母親に飢えている自分の淋しさを癒やそうとした。大学を卒業し職業につくまで多くの女性とデイトをするかわりに、復員者援護法《ジー・アイ・ビル》で貰える手当てを生活費にあてて結婚し、自分は味わえなかった優しい母親の愛情を、自分の子供たちに与えようとした。[Friedan 1963=1977：132–133]

女性の側から見ても、一九三〇年代に結婚していた女性は夫を戦争に奪われ、そして一九四〇年代に成人していた女性は結婚も子供も永遠にもてないのではないかという恐れのなかで過ごしていた。混乱を伴う戦争が『ブロンディ』の読者に刺激を与え、以前にもまして情熱的に家庭生活を崇拝し、家庭の大切さへと向かわせた結果、『ブロンディ』が大きな支持を得るにいたったのである。愛情に満ちた家庭をもつこと、そして子供に囲まれた温かい家庭こそが、当時のアメリカの理想であった。その理想の姿を提示するもの、それが『ブロンディ』だったのだ。(15)

第2章

『ブロンディ』の内容分析(1)

第1章で議論したコミック史における『ブロンディ』の位置は、鳥瞰図的にコミックの歴史を眺めるなかでの『ブロンディ』の特徴と位置を提示したものである。しかし、そのような抽象化の作業は、研究者によるある種の視点に立って捉えたコミック史の流れの位置に『ブロンディ』を組み込むことにもなりかねない。言いかえると、さまざまな面が描かれている『ブロンディ』のうち、研究者が想定した歴史的脈絡にそぐわない面が削り取られていくのではないか、ということである。本章では、これまでのコミック史研究の成果を生かしつつも、上述の問題点を留意しながら分析していくことにしたい。

とりわけ、私の漫画分析の狙いは、『ブロンディ』の社会的位置もさることながら、ミシェル・ド・セルトーの述べる、言説には残らない人々の生活実践を捉えようとするものである〔Certeau 1980=1987〕。『ブロンディ』に描かれた日常生活は、夫と妻の関係、両親と子供との関係、近所付き合い等を含む社交関係、さらには家事と仕事をめぐる問題が、家庭と職場を舞台に展開する。漫画という世界で作られた家庭であるとしても、当時のアメリカで抱かれた夫や妻の考え方と合わせて、暮らし方の機微が映し出されているのである。また、家事と仕事をめぐってせめぎあう日常におけるミクロな政治が、会話や身ぶりを通して画として描かれており、そこから、アメリカの人々が理想とする考えと、その理想をどのように育くもうとしていたかという、言説として残らないさまざまなアメリカの生活実践の綾を見てとれるのである。(2)

では、漫画『ブロンディ』の内容を詳細に見ていこう(本書の性格上やや細かい記述も多いので、読者のみなさんには、文章を読む前に、まずは二一点掲載した四コマ漫画を目で見て、味わっていただきたい)。

2-1 ブロンディとダグウッド

『ブロンディ』は夫ダグウッドと妻ブロンディを軸に展開することから、彼らの夫婦関係の妙に目が惹きつけられる。まず、その点に焦点をあてて分析してみることにしよう。

図2-1では、ブロンディとダグウッド、息子アリグサンダーと娘クッキー、さらに愛犬デージィとその子犬たち、と家族全員が登場する。この漫画には、『ブロンディ』の家族関係の構図が象徴的に読み取れる。ブロンディがお菓子を一つずつ、長男、娘、そして犬にまで分け与えた後、ダグウッドがやって来る。すると、「あなたの分はのこらなかったワ」、とまるで夫のことは眼中になかったかのような態度を示す。妻に虐げられたか弱き夫ダグウッドが垣間見え、あたかも妻ブロンディこそが一家の頂点に君臨しているかのようである。ところが、紙袋をたたく夫の楽しみが残されていたことを知ったブロンディは夫の言葉に便乗し、「奥さんというものはたいてい空のフクロは大切にとっておくものなのヨ(でも私は違うワ。あなたはラッキーね)」、と夫を重んじる妻の位置にあることを呈示するのである。このように巧妙なタッチで家庭をしきるブロンディの姿は随所で描かれる。

ただし、夫を立てつつ家庭をコントロールするブロンディの技法は、小手先のものではなく、しっかりと家庭を支える資源に裏打ちされたものである。郵便配達員が、配達区域の中でボタンつけが一番上手な人としてブロンディを挙げている〔1950.2.19付〕ように、料理だけでなく裁縫の腕もすばらしい主婦なのである。(3)

また、息子アリグサンダーのガール・フレンドから息子にかかってきた電話を取り次いだブロンディは、受話器から「どうしてこなかったの?」と語る女の人の声にてっきりダグウッドにかかったものと早とちりしてやきもちを焼くシーンがある〔1949.10.31付〕。夫を操縦しつつも、夫を愛し、大切に思っていることが分かる。リビングの模様替えも、ブロンディは「あなたを喜ばせるためにやったのヨー」、とダグウッドの気持ちに立っての行動であることを言明する〔1949.4.2付〕。また、ダグウッドには浪費と見える消費に関しても、「あなたのために買ったのよ」と購入したドレスを見せる〔1951.3.11付〕ように、ブロンディにすれば夫を喜ばせようとする一環なのである。

毎日の食事の用意は当然のごとくこなし、外出して遅くなることが分かっていれば欠かすことなく夫の夕食の用意をしておく。(4) このような行為はダグウッドを重んじているという関係性を示すものである。突き放して見れば、食事を作ることがブロンディにとって疑問の余地もないほど、妻として当然の役割とみなしている行為と言えなくもない。このような日常的実践が、夫を中心に据えた秩序形成へと導いていく。

図 2-1［『朝日新聞』1949.3.9 付］
※ 以下の『ブロンディ』の画はすべて『朝日新聞』より転載。

図2−2［『朝日新聞』1949.3.18付］

では、ブロンディの夫操縦法とはどのような技法なのであろうか。「ダグウッドあなたがオサラをふく番よ」、とのブロンディの声にソファ（寝イス）で寝ていたダグウッドはクローゼットに逃げ込む。しかし、そのような逃避はブロンディにはお見通しで、ダグウッドにはヒモがつけてあり、そのヒモをブロンディがたどりながらダグウッドの居場所をつきとめる（図2−2）。

飼いならされたかのような夫ダグウッドであるが、ブロンディの夫操縦法には巧みさがある。隠れているダグウッドを見つけた後、「ちょっと待ってちょうだいネ。あなたの足につけておいたヒモを、まき直しますからネ」、と逃避したダグウッドの行為を直接咎めることなく、ヒモの話に転じている。この言動はダグウッドを追いつめることなく、逃げるといった夫のやましい行為に蓋をし、夫の面子を保ったまま問題に終止符を打っているわけで、見つけられたダグウッドも感情的にならずに皿洗いに行くことが可能になるであろう。

また、ブロンディがダグウッドにメニューのリクエストを聞く場面がある。「どんなパイがほしい？」と聞くブロンディに、ダグウッドは「イチゴパイがいいな」と答える。するとブロンディは「イチゴはないの、リンゴがあるの……リンゴのパイはお好きでしょ？」と返しながら、「あなたの言いなりになる奥さん」と自画自賛するシーンもある〔1949.11.22付〕。最初からブロンディの献立は決まっていたのである。形式上は夫を立てて指示を受けながら、結果的には自分のあらかじめ決めていた方向に誘導している。表面上では従順さを示し、実質的には従えさせているブロンディの夫操縦法の妙がある。

これらの例が示すように、ブロンディは恐妻的なスタンスを示すことなく、夫をコントロールしている。言いかえれば、ブロンディは、家事労働の援助者という理解ある夫を演じる舞台を作りあげる努力をしていると言えるのではないか。

そもそもダグウッドは妻を料理人とする固定観念を抱いているようで、外出着に着替えたブロンディがイスに座って雑誌を読むダグウッドに「夕食は何がよくって?」と問いかけると、「細君達は料理人だよ……どうして、いつもみんな主人に食事の相談をもちかけるんだい?」と返しているのである〔1950.10.12付〕[5]。食事をこよなく愛するダグウッドではあるが、そもそも妻の話にはしっかり耳を傾けようとしていないのである[6]。ブロンディが食事のメニューを聞いても、真剣に応対せずにイスに腰掛け雑誌を読んだまま、「ムーム、ごめんだね」と答えている。それでいて、最終的に何を食べたいのかブロンディが聞くと、ダグウッドはブロンディが最初に提示したメニューを述べるのである〔1950.10.7付〕。

ブロンディに比べて、夫ダグウッドは家族への献身的態度は極めて少ない。風呂に入って本を読んでいる時は、用があっても出ようともしないし〔1951.2.11付〕、「蛇口を治して」とブロンディから言われてもパーソナル・チェアーに座って休息中だと動こうともしない〔1950.2.27〕。しかし、「パイプはどこにあるんだ!」と自分の欲しいものが見つからないと叫び、ブロンディが掃除機をかけていて叫び声さえ聞こえないでいると、そのことにも腹を立てる[7]〔1950.7.18付〕。

「ブロンディ、ボクの万年筆を持って行ったかい?」と机の前でダグウッドが大声で叫ぶ。ブロンディから万年筆のある場所を指摘されると、今度はインクのある場所を問う。ところがブロンディから目の前にあることを指摘されると、「さて、家の中に何か手落ちを見つけて、それでボクのカンシャクを追っぱらわなくちゃならんぞ」[1950.2.7付]、とダグウッドのクレームが自身のストレス解消のために作りあげたものであることが明らかになる。それに対して、ブロンディは完璧なまでに冷静に対応している。また、その冷静さは、彼女が家庭調度品全体を掌握していることにもある。ブロンディは夫の横柄な態度に対して反抗という攻撃的な姿勢を取らずに、ストレス解消というダグウッドの姑息な狙いを封じ込めている。言いかえれば、相手の戦闘の場への挑発に乗らず、軽くあしらっているということである。結果、ダグウッドのストレスは解消できず、新たな挑発の材料を考えなければならない位置に落とし込められる。

ブロンディから家事手伝いを指示されると、ダグウッドはしぶしぶ手伝う。会社に出かけ際に、ゴミ捨てと洗濯屋に服を預けるようにブロンディから指示される。ところが、誤って服をゴミ箱に入れ、洗濯屋にはゴミを渡してしまい、洗濯屋から逆に顔をめがけてそのゴミが投げ返されるはめになる[1949.2.21付]。進んでする家事の手伝いでないだけに、身が入らず、ただ機械的に作業しているに過ぎない。さらに言えば、ダグウッドの手伝いが家事労働を増やす結果にいたることもある。ダグウッドが煙草を吸おうとしてパイプの掃除をしていると、ブロンディから「皿洗いとアイロンかけをしてほしい」と言われて、その指示に従う。「ありがとう」とブロンディに喜ばれるものの、皿を洗っているとポリポリ音がする。ダグウッドが布巾として使っていたものは、ブロンディからアイロンをかけるよう手渡されたワイシャツであった[1949.1.11付]。

このようにダグウッドの家事手伝いには熱が入っていないため、失敗がつきまとう。それはダグウッドが、家事労働そのものを女性の仕事と捉えていることに起因すると考えられる。そのことは、ダグウッドが皿洗いをしていて皿を割ってしまうところを見た娘クッキーが交替を申し出て、「さあ他のものをこわさないうちに台所から出て行って下さいな」と言われ、「ボクは生まれつき女向きに出来てないんだな」とつぶやく言葉にあらわれる［1949.8.18付］。

それゆえダグウッドの家事手伝いは、あくまで「思いやり」の域を出ず、できるだけ避けようと戦術を練る。帰宅後、着替えをするダグウッドは、ブロンディに「ボクは今日一日中サムケがして熱があってネ」からはじまって、「骨が痛む」などとさまざまな症状を訴えながら、家事労働の指示からの防御網を張ろうとする。ブロンディにはそのことすらお見通しで、結局芝刈りをするはめになる(8)［1949.6.3付］。また、ブロンディから糸巻きの手伝いを頼まれると、急に「社長に電話をしなくちゃならんのさ」と社長の権威まで利用して、ブロンディの指示をはね除けようとする。「皿洗いの手伝いをしてやりたいが、ひどくつかれているのさ！　ボクの小さい指一本持ち上げられないシマツさ」とブロンディに言い訳をしながら、長男アリグサンダーにはクローゼットのパイプでケンスイをして仮病がばれる始末である［1950.12.10付］。

そもそも家事手伝いを指示するブロンディには正当性がある。それは、ダグウッドの結婚の誓いに遡るのである。「アナタは結婚前には、お願いだからワタシに何でも命令していただきたい、とおっしゃったでしょう……」、「アナタは永遠にワタシのためにハタラキ、ドレイのようになるって床にヒザをついてちかったわね」と語るシーンがある［1950.2.15付］。このようなダグウッドの妻への誓いから言えば、家庭生活での態度は決して言葉に見合ったものとは言えない。しかし、宣誓が守られていないことの争点が「家事労働の手伝い」に焦点化されていることは、穿って見れば、ダグウッドのしたたかさと言えるのかもしれない。ブロンディのダグウッドに対する不満の矛先を「家事労働の手伝い」にのみ集中させておくために、許容範囲内を探りつつも、サボタージュをはじめとするさまざまな策を駆使して自由を勝ち取ろうとする。そのことで、妻との全面闘争を回避しているのではないか。ともかく、全般的に言えることは、「思いやり」の域であろうとも家事労働の世界ではブロンディの指揮下にあり、ダグウッドとしてはサボタージュ的な戦術しか残されていないということである。

図2–3［『朝日新聞』1950.4.25付］

それでは、ダグウッドとの生活に、ブロンディは不満がないのであろうか。朝食時、向かい合って食卓に座ってはいるが、ダグウッドは新聞に釘付けでブロンディの存在は視界にない。その姿を見つめるブロンディには、何かしら、やるせない表情が漂う。思いあまったブロンディは、キッチンからはさみを出してくる。新聞の中央を丸くくり抜いて、ダグウッドの顔が見えるようにする。そして、ダグウッドに「朝の食事のときがさびしいですもの」と語る［1950.3.26付］。このようなブロンディの朝食時の不満は、図2–3でも表現される。食卓に着くや否や、ダグウッドは新聞を手にするため、ブロンディは読むことができない。新聞を読ませてもらえないことを、「アナタはワタシが、時局に通じて頭がよくて話せる相手でなければ承知しない」と食卓に頬杖をつきながら不満げに語る。ダグウッドは妻の真のメッセージを読み取ることができず、夫を送りだした後の妻には新聞が読める時間があると応酬すると、ブロンディは即座に「そうよ、でもそのときはもうニュースが古くなっているわ」と返すのである[9]。

「会社は気狂い病院のようだった……我が家での静けさ、夕べはたしかにいいな」［1950.4.9付］で始まるダグウッドの帰宅後の言葉は、決まり文句とも言える。労働の引替えとして家庭でのくつろぎが含意されているダグウッドの言葉に対して、ブロンディが異義申し立てをする場面がある［1950.3.16付］。帰宅後にクローゼットで着替えながら、

「会社からのがれるとホッとするよ……」とつぶやき、「一日あくせく働いて、帰る家庭のあるのはとてもありがたいね」とキッチンで料理するブロンディの手に手を添えて後ろから語りかけるダグウッド。ところがブロンディは、「ワタシは家で、今日一日大変だったんですのよ！」、「奥さんがたの悩みはそれよ！　一日あくせく働いたあとでも職場を離れるわけにはいかないんだわ」と、家事労働には限定された勤務時間などなく、無報酬の家事従事という自己を取り囲む規範の中にあるという主婦の現実を夫に提示する。

さらに、奥様方による家庭の維持管理に最低の協力が実践できなければ、夫はゲリラ的な攻撃を受けるかもしれないことを示すシーンがある。ダグウッドに「ハミガキのフタをとりっぱなしにしておくような人をどう思って？」と質問し、軽く「とんでもない人間だね」と答えるダグウッドに、追い討ちをかけて「それから、タバコを床にこぼし、奥さんの新しいボーシに気のつかないような人は？」と質問する。モップを持って煙草を拭きながら語るブロンディに気付かず、「そんな主人は、細君の手近にあるもので頭をぶんなぐるべきだよ」と答えたダグウッドは頭からブロンディにモップをかけられる［1950.12.19付］。

また、結婚後の妻への関心の低下にも警告する。「ワタシが買ってきたこのスバラシイ夜着と上ッパリのことをダグウッドがなんというか知りたくてたまらないわ」とネグリジェを着てダグウッドに迫る場面がある。「さあ、これでダグウッドがボーッとならなければもう他にやりようがないわ」とのブロンディの言葉には、夫が妻に対して女性として関心を示さなくなった現状が垣間見える。ところが、夜のムードを高めるブロンディの努力にもかかわらず、ダグウッドは魅惑的なブロンディとして認知しないで、足もとに目を注いで「クツをはかないとカゼをひくよ」といたわりの言葉を告げるのである［1949.10.21付］。情熱的な関係を望んだブロンディの努力は報われなかったわけである。性的な関係だけではなく、結婚後、日常生活の中で徐々に妻への関心が薄れつつ、家事労働をこなし続けてくれる妻に安住している夫には、妻の夫への不満のベクトルは加速され、いつ炸裂するかもしれないことを暗示する。(10)

このように、穏やかな休息の場を求めつつ現在の地位に安住している夫への警鐘が織り込まれているものの、夫を頂点とする家族関係の形式的序列に革命を起こそうとの強い意志がブロンディに働いているわけではない。ただ、「奥さんがたの悩み」が爆発することは、夫にとって最も脅威であることを発信しているのである。仕事場から離れた家庭を、単に休息の場として甘く捉えている夫族に、妻への思いやりを示すことがなければ、家庭の中で頂点に座っているイスは妻が作りあげた砂のようなもので、「こちらの意志で脆くも崩れてしまうもの」とのメッセージと捉えられなくはない。ただし、それらは暗黙の脅威を示すのみで、ささやかなゲリラ的攻撃は「奥さんがたの悩み」の発散の場を提供するものとして、日常の夫族への不満を和らげる機能を果たしていたのかもしれない。

夫からの妻へのキスについても、単なる愛情表現というだけでなく、「奥さんがたの悩み」が膨らまないようにする機能があることを提示している。帰宅してキッチンへ直行したダグウッドがブロンディにキスをするのだが、「あなた、これでもキスのつもり?」と不満を述べられる。ブロンディはダグウッドの手を引き、帰宅した隣人マクナフ夫婦の濃厚なキスを見せながら、キスとはこのようなものだと模範を示すと、ダグウッドは「わかったよ、でもあっちは結婚したばかりなんだぜ」と自己弁護する［1949.5.27付］。キスは、夫婦間において情愛を示すシンボルであり、意味あるシンボルを繰り返し示すことで相手に敬意を示し、そのことでまた情愛が育まれることを『ブロンディ』は発信する。だからこそ、キスをしないで会社に来たダグウッドは、わざわざ仕事場から会社の電話を使ってブロンディに「行ってらっしゃいのキス」をしなかったことを告げるのである［1949.11.18付］。夫婦間のキスは、互いの情愛をキスで示すというよりも、キスをすることで互いの情愛を醸し出すことを暗示する。(11)

次に、ブロンディとダグウッドの楽しみについて見てみることにしよう。

2－2 夫婦の楽しみ

ダグウッドの楽しみは、パイプの掃除をしたり、燻らせたりする姿が描かれていることから、煙草であろう。また余裕があると、パーソナル・チェアーに座って雑誌を読むシーンも描かれている。その他の主たる楽しみはというと、食事、昼寝、入浴といった生理的欲求を満たすことにあるようだ。その姿を追ってみることにしよう。

まず、わずかな時間を見つけては企むのが昼寝である［1951.2.16付］。横になるべく愛用のソファに向かうダグウッドがブロンディに昼寝を止められ、「でもボクはつかれてるんだ、それにつかれすぎてるとよく眠れないものだってことは、科学的な事実だよ」と主張するのだがブロンディには通用せず、「いつから科学の方が、奥さんより余計にダンナさんのことを分るようになりまして？」、と科学よりも優れた日常生活から捉えた妻の実践知を示され、ダグウッドは結局皿洗いをさせられるはめになる。ストーリーの帰結はともかく、科学の権威を借りてまで昼寝を楽しもうとする姿に、なみなみならぬダグウッドの昼寝への愛着が示される。

また、図2－4の入浴のシーンでは、入浴中は煩わしいことに深くかかわりたくないダグウッドは、日頃は財布のヒモが固いのもゆるくなる。娘に「5セントいただける？」と要求され、すぐに財布の入ったズボンを手渡している。このような入浴中の家族のお金の要求は常習化していて、アリグサンダーの「お父さん、ボクに25セントくれない？ママは2ドルほしいって！」という催促に、ダグウッドは本を読みながらいとも簡単に「ドアにかけてあるボクのズボンに財布があるよ」と答えている［1951.2.11付］。ブロンディはしたたかで、「ここがチャンス」とばかりに「ワタシ2ドルじゃたりないんだわ」と財布から余分にかすめ取る。入浴を十分に楽しみたいダグウッドを逆に利用した家族の戦術の妙がうかがえるわけだが、自己を縛る規範をとろけさす入浴は、ダグウッドにとって解放的気分をもた

図2−4［『朝日新聞』1950.1.15付］

らす欠かせないひとときであることを物語る。

ダグウッドの帰宅後一番の楽しみは夕食にある。帰るとすぐにキッチンに直行し、「今夜のおかずは何だろうナ」と鍋のなかを覗く［1949.6.18付］のである。このような光景はありふれた『ブロンディ』のシーンと言える。[12] 食事に対する欲求はかなりのもので、待ちきれないダグウッドはキッチンで料理をするブロンディに「おなかが空いた、ゴハンはいつできるの？」と催促を繰り返すほどである［1949.7.10付］。さらに、夕食をすませた後に寝静まってからも、特大のサンドイッチまで作るのである。[13] 図2－5を見てみよう。

ベッドで寝ているとブロンディから、「ダグウッド……下でひどい音がしたわ、行って見て来てくださいな」と指示され、寝ぼけ状態で階下に降りる。ところが、台所に来るとブロンディから受け取った指示内容は消滅し、材料をつめ込んだ超特大のサンドイッチを作って寝室に戻るのである。それにしても夜中にこのような超特大のサンドイッチを作るのは、食べ物への強力な欲望として捉えられるわけだが、次のような見方もできよう。

玄関先でダグウッドは、「子どもたちとワタシはルー伯母さんのところに行きます。一晩ゆっくりお楽しみ遊ばせ。愛とともに、ブロンディ」と書かれたブロンディの手紙を読む。家族が外出して一人きりになったダグウッドは「しめしめ、一晩おひまがでたぞ、嵐のように気ままに何でもしたいことができるんだ！　やれ、ありがたいや！」と「自由」を得た喜びを示す。ところが、喜んで街に出たもののすることが見つからず、「我と我が身をもてあますね」、「サンドイッチでもつくって、寝床に入って本を読むことにしよう」と帰宅する始末である[14]［1950.2.26付］。自由とはいえ、枠がある。それは、ブロンディがダグウッドに築いた枠なのであろうか。そうではなく、アメリカという社会がサラリーマン家庭の夫に作る枠なのかもしれない。扉が開かれても、外出して思いきり羽を伸ばすこともできない。ただ、日常生活の中で身につけた家人たちの目を盗んで作る「サンドイッチ作り」という楽しみに走るだけである。家族の目を盗むとはいえ、咎めるほどの問題ではないがゆえ、家族には暗黙の了解があるのである。しかし、ダグウッドにしてみれば、自由を得た気持ちになれるシンボル、それが「サンドイッチ作り」なのであろう。そのことは、逆に言えば「サンドイッチがダグウッドを縛っている」と言えなくもない。家という檻に入らないと落ち着かず、妻や子供たちから自由になっても、彼らが存在している時に行なっている「サンドイッチ作り」に走るダグウッドの行為は、飼いならされた夫になっているとも言える。

他にも、ダグウッドが家庭で果たす主な仕事として、庭の芝刈りやペンキ塗りの他に天井の修理がある。修理の延

図 2–5［『朝日新聞』1950.3.1 付］

長として、ダグウッドの楽しみというよりは専門技術を必要とする趣味の範疇に入る水道の蛇口の修理や家庭電化製品の修理も行なう。とはいえ、ダグウッドの機械物に対する知識と技能力には疑問の点が多くある。洗面所の蛇口の故障にしても、ダグウッドには手に負えず鉛管工を連れてくるのだが、すでにブロンディが修理をしているシーンがある［1949.10.12付］。ダグウッドの腕には信用がないのだ。

図２－６の家庭電化製品の掃除機についても、「この真空ソージ器はボクが何度も修繕したんで、買った時のままの部品は一つもないや」［1950.4.28付］と述べているところからかなり電気関係に詳しいものと受けとれるのだが、実態はそうでもない。うまくいかず、「もうダメだ」と掃除機を蹴り飛ばすと、その衝撃で掃除機が作動する。それでもって「ブロンディ……ボクがなおしたよ！」と自慢する。

また、「これは、ボクの自慢できる修理仕事だ」［1950.10.10付］と言って目覚まし時計と格闘するものの、逆周りに動く始末で、自己の認識とは異なり、修理能力の高さは完全に覆される。ダグウッドには修理能力でおさまりきらない、それ以前の問題もある。アリグサンダーが、「電気が通じているんだよ。お父さん……そのソケットを直す前にスイッチを切っておいた方がいいよ」と注意しているのに無視したため感電する。ブロンディは、息子からそのこと

図２−６［『朝日新聞』1950.4.28. 付］

を聞いて、「何てバカげたことでしょうね」とあきれかえるのである〔1950.4.2付〕。ところがダグウッドはこのような初歩的なミスにも懲りない。ブロンディが、「ダグウッド……サシコミを入れてラジオの修理をしちゃダメよ」と注意しているのに電源を差し込んだままラジオの修理をして、ダグウッドに触れるブロンディまで感電してしまうことになる〔1950.8.16付〕。

ダグウッドの家庭以外での楽しみとしては、本章2-8で採り上げる「トランプ」がある。一九四九年一月七日付では、ブロンディの指示で服のしつけを手伝うために服を着せられるのだが、ブロンディが針箱を取りに二階に上がっている間に隣のウッドレイがトランプを誘うと、ダグウッドは電気スタンドに服を着せて逃げ出す始末である。もちろん、このような行動に出ることは、この後の自己の家庭での位置を危うくするかもしれないわけである。それだけに、トランプへの楽しみがよほど強いと思えるが、とにかく、隙さえあればブロンディの家事手伝いの指示から逃れたいというのがダグウッドの本音なのであろう。

それでは、ブロンディの楽しみは何であろうか。[15] 図2-4で、アリグサンダーが入浴中のダグウッドのズボンの財布からお金を取り出しているところに、あわてて走ってきたブロンディが、「ワタシにかして、急いで……ワタシの新しい帽子のお金とりにきてるのよ」に見られるように、ブロンディは衣料品の中でも特に帽子には目がない。また、レストランでの食事は彼女の大きな喜びであり、外食を考えていたブロンディのもとに、ダグウッドから「社長を家に誘った」という電話がかかり、がっくりするシーンもある〔1949.11.19付〕。外食も、家庭の長である夫の承諾がなければならず、実現を果たすことができないところから、その状況をつくるべく、ブロンディは秘策を編み出す。

「気分を変えて、お夕食をレストランへ行って食べるのもいいわね」とキッチンで独り言を言い、床にワックスを塗るシーンがある。帰宅して着替えをしているダグウッドに、「台所のリノリウムを塗り変えたから、台所へ行ってお夕食の支度ができないのよ」、とレストランへ行かなければならない既成事実を作りあげるのである。秘策がずばり適中し、家族そろってレストランでの食事を終えたブロンディは十分満足しながらも、「どうしてあんなバカなことをワタシ、したんでしょうね」と会計を担当するダグウッドに白々しく語るのである［1949.12.11付］。この巧妙なブロンディの戦術を前に、読者にすればダグウッドはブロンディにしてやられた感を受けるであろう。そこに、この漫画のもつ笑いがある。しかし考えてみれば、そのようなおかしさを生じさせるのは、読み取る側も含めて家庭での序列のトップが夫にあることを自明のごとく設定されているがゆえのことであって、妻からの「返し技の妙」として受け止められたからである。日常生活の局所的に実践されているゲリラ的な勝利として、読者は自己と重ねあわせるのではないだろうか。

2－3　子供の教育

子育てについての話題も、家庭がテーマであるゆえに多くある。「したくができたわ……手を洗って昼食にいらっしゃい！」とブロンディが子供たちを呼ぶシーンがある［1950.2.22付］。このように、食事前の手洗いや食後のあと片づけなど、しつけの面ではいずれもブロンディが指示している。(16)

おやすみのキスの習慣は、ダグウッドが「こどもたちにおやすみのキスをしてこよう」［1950.8.24付］と言っていることや、一九五一年三月六日付でもダグウッドが娘クッキーとおやすみのキスをした後、長男アリグサンダーとのキスが描かれていることから、もっぱらダグウッドの役割のようである。

ブロンディもダグウッドも、教育には熱心である。皿洗いをしているダグウッドのところへ長男がやってきて、「お父さん、ボクの宿題を教えてくれる？」と言うと、ブロンディが「教えてやってアナタ、ワタシひとりでおサラのしまつするワ」と、ダグウッドを皿洗いから解放する。「皿洗い」よりも「宿題の手伝い」が大切と判断したブロンディによって、皿洗いを免れて喜ぶダグウッドだが、宿題が難しくてブロンディに交替を申し入れる(17)［1950.7.6付］。また、子供たちがパーソナル・チェアーに座って、新聞を読む父親に「宿題を明日の朝にしてもいい？」と聞くと、ダグウッドは「コトワザにも『延ばすのは時間泥棒』というのがあるよ」と戒めている［1951.4.5付］。

しかし、このストーリーには続きがあって、ダグウッドの子供への戒めを聞いたブロンディが、ルーシィ伯母からもらったクリスマスプレゼントのお礼の返事を出したかどうかダグウッドに聞き、「明日だす」という夫の耳をつねって机に連れて行き、無理やり書かせるのである。それをドアからこっそりと子供たちが覗き見をしている。この内容は、子供の教育は親であること、そして夫の教育は妻であることを示すものでもある。と同時に、子供たちにはそのことを将来の自己の姿として学習している姿であるとも言えよう。そのような視点で見ると、夫妻は子供のしつけ以外に、意図せずに将来夫や妻になるにあたっての社会の規範や価値を学習させている。このような〝社会化の先取り〟、いわゆる「予期的社会化（anticipatory socialization）」［Merton 1949］の場面が数多く見られる。そのことに着目することで、当時どのような将来像が理想とされていたかが浮き彫りにされる。

とりわけクッキーは、結婚が大きな関心事のようである。「お金持ちはだれでも自分の好きな人をお嫁にもらえるのママ？」とクッキーがブロンディに聞いている。そのことを否定して「女は愛情を重んじますからネ」、「お金持ちだとかえっていけないときもあるのヨ」と述べる。この時、側で聞いていたダグウッドは「どんなときさ？」と聞き返している［1949.3.16付］。この会話の面白さは、ブロンディが結婚する時のいきさつを知っているかどうかで異なる。おそらく作者には、鉄道王の息子であるダグウッドが親から結婚を許されず勘当された過去の経緯を読者に想起させることで、面白さに膨らみをもたせようとする意図があったと思われる。クッキーの結婚に関する質問はこれだけではない。

「ママ、男の人がいいお父さんになるのかどうか、お嫁に行く前に女の子に分るの？」とのクッキーの質問に、ブロンディは「分りますとも……愛してくれて親切でやさしい人なら大丈夫」と答える。続く「うちの人がくらせるだけのお金を働いてくる人かどうかも分るの？」との質問にも、「分るわ……その気になってうんと働く人ならいいのヨ」と答える。クッキーは納得していったんリビングを出たものの、大事なことを思い出したかのように引き戻って、「お嫁に行ってから、おサラ洗いを手伝ってくれるかどうかも分って？」と質問する。これにはブロンディも、「それはダメ、これだけはクジと同じなのヨ」と答えるしかない［1949.3.21付］。クッキーにとって、夫が家事の手伝いをしてくれるかどうかは結婚を左右する大きな要因であると意識づけされている。そのことは、ママごと遊びの中でも示される。「家事は誰がやっているか」という話題になると、クッキーは「パパが芝かり機や電気ソージ機を使っているし、それからお使い走りもするわ」と答えている［1950.6.29付］。このことからも、家事の手伝いをする夫こそ将来結婚相手として選ぶべきものである、という伴侶選択の〝物差し〟がクッキーに刻まれている証であろう。

結婚後についても、母のように夫を操縦するテクニックを暗黙のうちに身につけていることが分かる。クッキーは友人の前で、パーソナル・チェアーに座って雑誌を読んでいるダグウッドに「足をあげる」と叫ぶ。ダグウッドは、ブロンディが掃除機をかける時にいつも言われていることなので、反射的に足を上げるのである［1950.10.5付］。そして、クッキーは母親をモデルとして、お金をうまく引き出す戦術すら身につけているのである。

「お父さん、ワタシにモーター・スクーターを買ってくださらない？」と不釣合な商品を父にねだる。ダグウッドが当然のごとく「ダメだよオマエ、モーター・スクーターはとても高いんだ」と答えると、クッキーは「ミンクの毛皮のオーバーを買ってくださる？」と矢継ぎ早に高価な商品をあげるのである。そして最後に「じゃあ、２人前のアイスクリームを買うのに10セントくださる？」と父からうまくお小遣をせしめる。最初に欲しくもない高い品を要求しておくことによって実際に手に入れたい品を安いものと印象づけ、ダグウッドからお金をうまく引き出すのである。自己を再帰的に振り返ったダグウッドは、「クッキーは日増しに母親に似てくるぞ」と娘が母親の戦術を身につけたことを悟るのである（図2－7）。

さらに、クッキーは、家庭での日常生活をうまく運営しているのは母親であることを見抜いており、同じ女性としての気丈さを実生活のなかで体現する。木で作った車が壊れても、クッキーのボーイフレンドは何もしない。クッキーは道具を持ってきて直し、ボーイフレンドと犬を乗せて引っ張りながら「女ってどうして男みたいに、たよりなくなれないんでしょう」、と家庭での頼りがいのある中心的存在は女性であることを再確認する(18)［1950.10.18付］。

クッキーは、夫の操縦法、夫の位置を保ちつつも自己の利益を引き出す戦術だけを身につけているのではない。表面上は夫を頂点とする家庭生活も、実際に家庭を支えるたくましさは妻である女性にあることを見抜き、その枠組みから将来の家庭生活を想定しているということである。

それでは、長男アリグサンダーにはどのような男性としての社会化の先取りが見られるであろうか。三度続けて遅く帰宅したダグウッドを、ブロンディが「みっともないわ……アナタの年ごろになれば分別ができるはずよ……ワタシあきれたわ！」と非難する。ダグウッドは「止めかざり」のプレゼントをブロンディに渡して、機嫌を取り戻させる。この術を眺めていたアリグサンダーは、自然とダグウッド流の妻の操縦法を取得するのだ（図2－8）。アリグ

図2–7［『朝日新聞』1950.11.21付］

図 2−8［『朝日新聞』1950.5.16 付］

サンダーは、妻からの指示を逃れる戦術を、モデルとしての父親から取り入れている。

また、父親に直接指導を請うこともある。それは、ガール・フレンドと電話で喧嘩をしたアリグサンダーが父親に仲直りの仕方を聞くストーリーである。「お父さん、もしお母さんとケンカしたら、お父さんの方から仲直りの口をきくの？」と聞くアリグサンダーに、ダグウッドは「いいや、ボクにはお母さんの方から口をきかせるやりかたがあるんだよ」、「ボクが菓子と花をおくると、お母さんは〝ありがとう〟と言わざるを得ないんだ」［1950.2.4付］と述べる。「仲直り」ということに関して、先に口をきくかどうかは体面的な関係を決定づけるとみなすダグウッドが、自己の位置を危険に曝すことなく相手から口をきく、という巧妙な手口を息子に授ける。アリグサンダーが、このような父の戦術にある種の尊敬を抱いても不思議ではない。結婚期について父に質問する場面がある。

「お父さん、ボク若いうちにケッコンしたものかしら？」、と問いかけられたダグウッドは「とんでもない！」、と早くに結婚しては困るという気持ちから息子に反対を表明した。会話する二人の背後にブロンディが来て、にらみつけるような表情を示す。二人は危険な状況を察知し、早婚している自分たちの結婚を悔いている発言とブロンディに解釈されることを恐れたダグウッドは、すぐさま「というのはだな、つまり……女性のすばらしい品質を理解するまではケッコンしちゃならんということさ」と取り繕う。後ろでブロンディが納得の表情を示したことで難を逃れたダグウッドは、「あんなことも、おぼえておかなきゃダメだぞ」とハンカチで汗を拭きながら答える［1951.2.23付］。妻の前での取り繕う技を、将来夫になっての実践的な処世術として身につける場面でもある。

ダグウッドから将来の夫に向けた社会化の先取りを重ねるアリグサンダーだが、ブロンディからも「良き夫像」を示される場面がある。

「アリグサンダー、アナタのお部屋をソージして、服を吊しアナタの品ものをみんな片づけなさい」、「アナタが結婚したとき、ワタシがアナタを良い夫に仕立てる教育をしなかったと、アナタの奥さんに思われたくないのよ」、とブロンディから指示を受けたアリグサンダーは掃除用具を持つ。良い夫とは家庭での自己管理ができることを提示されたアリグサンダーは母親に従ったのだが、「夫になる勉強をしなければならないなんて、ボク知らなかったな」と述べ、ソファで横になって寝ているダグウッドを見て、「ここに勉強しなかったのがいるよ」と母親にモデルに沿わない夫像があることを提示してみせる［1950.5.28付］。

ブロンディが理想とする夫像に照らし合わせると、ダグウッドは適格者として十分満たしているとは言いがたい。おそらく、アリグサンダーはブロンディが示す女性の理想に沿う夫像を頭に描き実践するとしても、日常の父親による実践から妻の目を盗む技もセットで取り入れていくことになるのではないか。

次に家庭におけるルールの問題をめぐって家族の関係がどのように実践的に学習されていくのか見てみる。外出するアリグサンダーにブロンディは、九時半までに帰るよう指示する。「オー、お母さん、お願い……」、とアリグサンダーは母の肩に手をおいて甘えながら一〇時までの延長を懇願するが、「9時半はそうとうおそいことよ、あんたの年ごろの子には」と断られる。「ボクが大人だといいな、そうなら自分の好きなだけゆっくり外出できるんだ」とのアリグサンダーの言葉に、今度はアリグサンダーの両肩に手をおき、「それはほんの話だけだよ」とダグウッドがなだめながら、「大きくなって結婚すると、ぜんぜん外出禁止さ」と述べている〔1950.2.18付〕。息子の門限は通常九時半であることを示すと同時に、大人は自由に見えるが結婚すると家庭(＝妻)に縛られ、時間どころか外出すらなくなる現実を伝える。ただ、ダンスにでかけるアリグサンダーの門限についてのストーリーは、バムステッド家における民主的関係というものを象徴的にあらわすものとして興味深い。

「今夜のダンス会、何時までいてもいいの、お父さん?」と聞くアリグサンダーにダグウッドは、「10時まで」と答える。通常の門限を三〇分伸ばして「10時」を指定し、子供に心の広さを示したつもりのダグウッドに対して、「お父さんは10時までだって」と延長許可が出たことを母親に述べると、「そうね、もしあんたが楽しくて、他の子供もおそくまでいるようなら、11時まではいいわ」、とより延長された「11時」を指定する。「じゃあ、これですっかりきまったんだね?」と喜ぶアリグサンダーであったが、三人そろったところでブロンディは父親を持ち上げ、「お父さんは一番えらいのよー、お父さんのおっしゃる通り10時かっきりに帰ってらっしゃい」と父親の意見を尊重するように促す。ブロンディの発言に満足顔のダグウッドであったが、ブロンディは「でもね、もしあんたが楽しくて、他の子供もおそくまでいるようなら、11時まではいいわ」と付け加える〔1949.10.22付〕。実際にはブロンディの意見でもってこの問題に終止符が打たれたことで、ダグウッドはしかめっ面を浮かべる。子供、妻、夫という三者による互いに異なる意見が持ち出された時の調整は、形の上において頂点に位置づけられる夫(父親)の意見が最重要とされながら、実践運用面で変換して妻(母親)の意見に落ち着くことになる。まさに、妻のコントロール下にある家族という実際の姿を見事に物語るものである。これこそ、『ブロンディ』が送るアメリカの家庭生活の現実であり、アメリカにおける民主的生活実践の表現と言えるのではないか。

2-4 仕事場

ダグウッドの勤務状況はどのようなものであろう。「会社からのがれるとホッとするよ……今日、会社はまるで気狂い病院だったからな」［1950.3.16付］で始まるダグウッドの決まり文句とも言える帰宅後の言葉からは、会社勤務のハードさとの対比で、休息を求める場として家庭が位置づけられている。[19] それほどまでにダグウッドの勤務はハードなのであろうか。

『朝日新聞』に最初に掲載された『ブロンディ』が出勤を急ぐダグウッドの姿であった［1949.1.1付］ように、遅刻をめぐるストーリーは数多く登場する。ダグウッドは遅刻の常習犯と言えよう。社長ジザースにいたっては、手慣れたダグウッドの遅刻の弁明から、弁解話術を盗んで妻に使おうと企む。[20] 遅刻だけでなく、ダグウッドの仕事場での様子からは、真面目に働く意欲の欠片すら見えない。勤務時間内の居眠りも常習化している。

デスクに足をおき、完全に寝る体勢をとって熟睡しているダグウッドは社長から、「ダグウッド、目をさませ！」と叫ばれる。しかし、寝ぼけて「オレンジ・ジュースとカキ玉子2ツ、バタパンとコーヒーがいいよ」と話す［1949.9.4付］。また別のシーン（図2-9）では、デスクで居眠りをするダグウッドの所に、社長ジザースがやってきて、「こんなすばらしい夏の日中にどうして君は眠たいんじゃね」と声をかけて働くよう促すものの、「なんかおっしゃいましたか、ジザースさん」と寝ぼけ眼でダグウッドは答える。「さっさと働くんじゃ」としかりつけた社長までもが、「ミイラとりがミイラ」のごとく、次の場面では寝ているダグウッドの膝の上に折り重なるように寝てしまう。取引先からの電話にも、交換手は手慣れた応対で、眠る二人を横目に「お気の毒ですが、今はお取つぎいたしかねます、みんな会議中ですわ」と取り繕う。どう見ても気楽な会社としか思えない。

また別のシーンでは、ブロンディから「ヨーヨーを買ってからというもの、アリグサンダーは何一つ用事をしてくれないのよ」と言われたダグウッドは、「若者よ、その時間つぶしをボクによこしなさい……仕事をすますまでそれはボクがあずかることにしよう」とヨーヨーを取り上げる。ところが、取り上げたダグウッドが会社でヨーヨーにふける始末。それを社長ジザースに見つけられたダグウッドは、「オー、一日中仕事が何も出来ないわけがこれでよめたぞ……それをワシにわたし給え」と逆に社長に取り上げられ、今度はその社長が夢中となる。秘書からの訪問客の

図 2–10［『朝日新聞』1951.4.7 付］

図 2–9［『朝日新聞』1950.9.1 付］

取り次ぎにも、「ワシは今、手が放せないというんじゃ」と仕事そっちのけの社長が描かれる（図2－10）。ここでも、社長は社員を咎めるだけで、ペナルティをかさないどころか自らが仕事を投げ出しヨーヨーに興じる始末である。このような職場の風景から、労資関係が対立しているとはとうてい思えない。ただ一度、ダグウッドが賃上げ要求をする場面があるのだが、その内容も全く深刻なものではないのである。

図2－11では、ダグウッドが社長のデスクに赴き、「賃金のことでお話したいんですがね、ジザースさん」と切り出す。社長は「ダグウッド、よき子よ、昼食時だな……ワシと昼食に来給え」と話題を変える。レストランにて社長は、「何かすばらしいものを注文し給え、ステーキはどうじゃな」とメニューを見て悩むダグウッドに言う。そして社長は、「さて、ダグウッド、何で賃上げできんかを話してきかせるとしよう……ワガ社は全くのところ赤字なんじゃよ」と社の窮状を語りつつ賃上げできないことを説得するのだが、ダグウッドは満足げに料理を口に運び、そのような話を真剣に聞いている様子はない。食事から帰ってきたダグウッドは同僚たちに、「賃上げしてもらえるとは、思ってもいなかったのさ、でも社長はいつも賃上げできないことを話すのにゴチソウするのさ」と賃上げ要求を餌に社長から食事をご馳走になるというダグウッドの狡猾な面をあらわすものにすぎない。

図2－11［『朝日新聞』1950.10.4付］

家においても、会社での意欲のないダグウッドの姿が醸し出される。ソファで寝ているダグウッドは社長から電話があっても、口実をつけて断るよう家族に求めている［1950.4.18付］。しかしブロンディは、社長（会社）に対するダグウッドの適当な態度には批判的である。

「ダグウッド、社長からお電話よ」とソファで横になっているダグウッドに電話を取り次ぐブロンディに、ダグウッドは「留守だと言っとくれ」と返している。ブロンディは「そんなウソつきいけないワ」と夫を諭すが、「よしよし……じゃあフロに入ってるとでも言ってくれ」とダグウッドは電話に出ようとしない［1949.2.16付］。夫の会社での位置を守ろうとするブロンディの姿勢は、ダグウッドの給料で家計が成り立っていることを考えると、自己を含む家族を守る行動といえる。しかし強く夫を戒めるわけではなく、雇用主と被雇用者の関係をベースにしながら夫を柔らかくコントロールしようとしており、夫の仕事の立場をなんとか取り繕おうとするものである。(21) とにかく、ダグウッドの勤務実態は社員としての資質が問われても不思議でない。それに比べて雇用主のジザースは、お人好しで社員思いの社長と言えよう。

夏の暑さをしのぐのに女性が肩まで大きくカットした服を着ながら働いていることにヒントを得たダグウッドは、同じようなスタイルにするため、ワイシャツの襟を肩までずらす。その姿で社長に書類を届けると社長までが良きアイデアと真似をする(22)［1949.8.21付］。夏の厳しい暑さには、空調設備のない仕事場では仕事にならないということであろうか、郵便屋が早くに帰宅するダグウッドを見かけて問いかけると、「社長は暑いからってんで社を休みにして、みんな帰してくれたのさ」と応えている［1949.8.7付］。いくら暑いとはいえ、休みにするという社長の計らいは通常の経営観念から言えば考えがたいことであり、社員に対して滑稽なまでに思いやりがある雇用主と理解せざるを得ない。そのスタンスは次のようなことからも言える。

眠くてどうしようもないダグウッドを見かねた社長は、部下を呼びつけ、自宅に送ってダグウッドに睡眠をとらせることを奥さんに告げるよう指示する［1949.6.10付］。また、社員から雇用主への贈り物は慣習として見られても不自然ではないのだが、バムステッド家から社長ジザースへの贈り物は見られず、逆に社長の方がダグウッドにプレゼントをしているシーンがある。

会社に急ぐダグウッドは玄関で小包を受け取る。遅れるので小包を持ったままバスに乗り込むのだが、差出人は社長であり、開けてみると〝目覚まし時計〟で、「どうして新しい目ザマシ時計なんかくれるんだろう」などと自らの遅刻僻を棚に上げ、天然ボケの発言をしている［1949.10.24付］。社長がよほどダグウッドの遅刻に手を焼いていたにしても、遅刻というマイナス行為者である被雇用者に雇用主側からプレゼントするという対処はないであろう。まるで雇用主の方がダグウッドに気を使っているかのように見える。それにしても、遅刻常習犯で、勤務時間中の昼寝や妻への私的な電話といったやる気のない社員が、どうしてこんなに社長から手厚く保護されるのであろうか。それは、ブロンディも含めたバムステッド家と社長ジザース家との交際の親密性にもあるようだ。

まず、社長はよくバムステッド家へ訪問している。「バムステッドの一家はありがたいよ……ワシがしめだしを食うといつも泊めてくれるからな」［1949.11.28付］と言ってバムステッド家に向かうように、主たる理由は社長が家を追い出されることにある。もちろん、家を追い出されたとはいえ、社長が社員の家に簡単に泊まりにいくのも面白い話ではある。

「考えてもみてくりゃれ、ワシの愛する家内がワシをしめ出したんじゃよ」とダグウッドを頼ってジザース社長が来ると、社長の寝床としてソファに寝ている犬を追い払う。ブロンディは、「はい余分に毛布を持ってきましたわ」、と協力的にもてなす。「ああいうぐあいによく社長をもてなしておけば、給料が上がるかもしれないからね」と二人きりになった寝室で言うダグウッドに、「うれしいわ」とブロンディは喜ぶ[23]［1951.2.7付］。

このように、社長からの電話の取り次ぎ方や社長の宿泊の世話に見られるブロンディの内助の功はなかなかのものである。この親密性が、ダグウッドの熱意のない勤務実態を許容し、社長には憎めない社員として映るのかもしれない。それにしても、ダグウッドの職場での生活を細部にわたって検討すると、家庭と対照的なハードなものとは決して言えない。となれば、帰宅後の決まり文句は、どこから生じるのであろうか。本人にすればハードな勤務とでも思っているのであろうか。あるいは、このような認知を自己の中で築き上げることで、家庭でのくつろぎを家族に正当化してみせているのかもしれない。

2-5 消 費

図2-12に見られるように、「こっちへ来てワタシの新しいボーシをどう思うかおっしゃってよアナタ」というブロンディの帽子購入の発話に象徴されるように、消費の中心はブロンディである。身なりに重点がおかれていて、別のシーンでも「今日は10ドルですばらしいパーマをかけてもらったわ」、「そしてマニキュアと、2ドルの特別洗髪とお化粧をして、新しい口紅を買ったのよ」［1950.8.19付］と語る。最も消費の理由は「夫のために美しくしている」というものであり、四九・五〇ドルするドレスを夫に見せるシーンでも、「アナタのために買った」［1951.3.11付］と述べている。しかし、夫ダグウッドはそのたびに困った表情を示す。

めったに行かない外食にしても、図2-13に見られるように、出かけるために必要な身なりを整えるためのブロンディの出費によって、食事代だけでは済まされないのである。

「今夜はゴチソウを食べにピーヤへ行くだけのお金があるよ、オマエ、もしボクたちが、1ドル25セントの食事で満足するんならね」と外食へ誘うダグウッドにブロンディは喜ぶ。ところが、「ドリベル商会へ一走りして、ワタシ12ドル95セントのプリント服を買ってくるわ……ワタシ見場をよくしたいの」と妻がはしゃぎ、ダグウッドは予想以上の出費に、二人分の食事代と洋服代を頭の中で計算する。さらに、ブロンディは洋服とセットの帽子まで購入し、合計は21ドルにはね上がる。手を口に入れ驚きの表情を示すダグウッドは、レストランでメニューを広げながら、「ボクらは21ドルのゴチソウにありつくんだ」、とボーイに静まらない気持ちをぶつける。[24] このような夫の悩みは、家計を握っているのが夫であり、夫にとっては妻の消費が浪費に見えるところにある。

ではバムステッド家において、生活費はどのように運用されているのであろうか。忙しそうに机に向かいながら書

図 2-12［『朝日新聞』1950.11.29 付］

図 2-13［『朝日新聞』1950.11.1 付］

き物をしている母を見て、クッキーが「どうしてそんなに忙しいのママ?」と声をかけると、ブロンディは「お父さんが、今週のかかりをぜんぶ項目にわけて書き出しなさいっていうのよ」と答える。そして、それをダグウッドに見せると、ダグウッドは「よろしい……家庭のことだって、会社経営のようにきちんとできないはずはないんだ」とつぶやきながら家計簿に目をやる。ところが、「交通費その他7ドル」、「いろいろ4ドル」と書かれてあり、その大雑把さにあきれかえるのである［1950.8.12付］。このストーリーから、ダグウッドは週ごとに生活費をブロンディに渡し、やりくりを任せていることがわかる。ただし、家計のチェックは生活費の経営をめぐって日頃から抱いているブロンディへの不満の証と言えよう。たびたびバムステッド家を訪れる〝物売り（押し売り）〟の接し方には、夫と妻との金銭感覚のズレが示される。「新特許のカンあけ」を売りにきた男を、ダグウッドは閉め出したのに、裏口でブロンディはダグウッドに相談もなく、簡単に購入する(25)［1951.1.28付］。ダグウッドに沿って考えれば、家計簿の作成とチェックでもってブロンディの経済感覚を是正したかったのも無理はない。しかし、ブロンディにしてみれば、夫から渡される週極めの生活費では厳しい。「週の家計費を5ドルふやしてほしい!」との訴えにもダグウッドは寝たふりをする始末なのである［1949.11.17付］。

ダグウッドの倹約性が象徴されるのは、雑誌に掲載されているクーポンへの執着である。雑誌に掲載された小説のクライマックスの部分を切り取られているのに腹を立てるダグウッドであるが、ブロンディがその裏にあったクーポンを切ったことを知ると腹立ちを鎮め、了解するのである［1950.1.13付］。倹約家ダグウッドゆえのことであろうか、バムステッド家では旅行はおろか旅行計画の話題すらない。しかし、旅行への関心はダグウッドにはあるようだ。

ブロンディから「何を読んでいるの?」と聞かれたダグウッドは「旅行案内社から持ってきた旅行のシナリオさ」と答えて、ハワイ……ノルウェイ……と話しながら「今度はインド旅行はどうだ……お前?」とお金のかからないバーチャル旅行を楽しんでいるのである［1950.3.29付］。

消費の中心としてのブロンディが倹約家ダグウッドに応えるべく、けなげな努力をする姿も見られる。娘クッキーが帰宅したダグウッドに、「ガス会社が間違えて4セント余計に請求してきたのよ、ママが電話してるわ」と伝える。ブロンディは「社長さんとお話できないなら取締役会長さんと話したいわ」、と電話で興奮気味に語る。その姿を見て、ダグウッドはパイプに火をつけながら、「たった4セントのために大変なサワギだね」と余裕を見せつつも御満悦の顔で語る［1950.10.8付］。そこには、しっかり家計をやりくりする妻と、その姿に満足する夫の姿が描き出され、夫の側から捉えた理想の家計運営のあり方とはどのようなものであるかが示されている。

財政面を握るダグウッドであるゆえに、当然と言えば当然かもしれないが、耐久消費財購入の決定権はダグウッドにある。一人の判断の下、電気パン焼機を買って帰っているシーンからそれが分かる［1949.9.30付］。妻ブロンディの顔色を眺めつつ家庭生活を送る夫という漫画の面白さの背後にあって見えがたいが、バムステッド家では家計全般についてては完全にダグウッドの支配下にあるということである。

バムステッド家の最も贅沢な献立はというと、ビーフ・ステーキである。その料理は特別なようで、ブロンディの指示に従って家族全員が正装に着替えて食卓につく。ブロンディが、「1２0匁1ドル25セントの最上級のビフテキよ」と心して味わうよう告げる［1950.3.5付］。週決めの予算でやりくりしながら、料理に追われるブロンディにとっては、食事に関する大きな喜びは週決めの予算から外れた夫からの外食への誘いと言えよう。だからこそ、最高の贅沢を味わおうとする姿が描かれるのである。対して、ダグウッドはいつも家族からお金を要求されることに神経をとがらせている。ダグウッドの考えとしては、洗面の鉛管修理をも倹約しようとする［1950.11.10付］ように、消費という機能としての家庭をなんとか切り詰めていこうとするが、同居人たちはダグウッドからいかにうまくお金をかすめ取ろうかと、虎視眈々とねらっているのだ。

荷物の代金二ドルを求められたブロンディが、「今日はワタシ1セントも持ち合わせがないわ」と話す。聞いていた娘のクッキーが、ソファで寝ているダグウッドのポケットから財布を取り出して母親に渡す。ブロンディは、娘の行為を戒めるわけではなく、「寝ていらっしゃる時でもお家にお父さんがいてくださるのはありがたいわね」と言う［1950.5.3付］。このような機会を狙って、ダグウッドのズボンのポケットに入れてある財布からお金を引き出す行為は、図2－6で示したように日常化している。(26) 子供たちはダグウッドからお小遣いをせびり、ブロンディは帽子や洋服代などを引き出そうとする。(27) 週ごとの家計費はダグウッドが考える生活費であって、子供たちにとっては小遣いが不足がちであり、妻にしても洋服代が十分でないということである。

このような家族の戦術にあって、支配者としての家長ダグウッドの本音が出るシーンがある。ブロンディが隣人から留守のかわりに代金引替の受け取りと支払いを頼まれたことを知らずに、「小包代35ドル」を耳にしたダグウッドが、またもブロンディがムダな消費をしたと思い、「35ドル！　金が木にでもなると思っているのかい？　ボクは一日中あくせくはたらいていてあげくに……」［1950.12.28付］と叫ぶのである。この嘆きは、日常生活では抑えているものの、お金を稼いでいる一家の主人として、権力と権威をもってしかるべき者であるという自己認識が吐露された場面と言えよう。

倹約家ダグウッドの家計方針が家族に浸透せず、ダグウッドの倹約に対してなんとかお金を引き出そうとする妻子とのバトルの面白みが漫画全体に漂っている。消費の面から『ブロンディ』を見れば、消費機能としての家庭という止めようもない流れに挑む旧態依然の倹約家ダグウッドのストーリーと言えるかもしれない。

2－6　社会観

読者と時を共有する『ブロンディ』ゆえに、当時の社会問題を風刺した話題を取り扱ったものがありそうに思えるのだが、ほとんどと言っていいほど登場しない。

たとえば図２－14では、「新しい水素バクダンは恐ろしいものにちがいない」、「ちょっと考えても見給え……原子バクダンの千倍も威力があるんだ」とダグウッドが新聞を見て語っていると、側でクッキーがシャボン玉を破裂させ、驚いて逃げるダグウッドは「もはや安全な場所はどこにもないらしいわい！」とつぶやく。この漫画に見られるように、水素爆弾の話題を提示しながら、別段、政治的な立場を表明しているわけではない。唯一、鮮明に政治的なイデオロギーを含んだものと言えば、図２－15であろう。

「お父さん、ある国では自分の政治上の意見を口に出すと、ろう屋へ入れられるってことを知ってた？」、「ボクたちはこの国に住んでて幸いだね……ね、お父さん？」とアリグサンダーが新聞を片手に父に問うと、ダグウッドは、「ここでは、何でも思ったことを口に出せるんだから」と答える。しかしその後、「つまり、細君がきいてない場合はさ」と限定する。この漫画の面白さは、〝自由の国＝アメリカ〟とはいえ、家庭生活での「細君」の前だけは表現の自由が保障されてはいないと語るダグウッドの姿にある。とはいえ、あくまでも自由かつ平等であるアメリカのすばらしさという前提が親子ともに共有され、読者にも共有されているがゆえに、この漫画の面白さが導き出せるのであ

図２−14［『朝日新聞』1950.4.3付］

図2−15［『朝日新聞』1950.7.2付］

図2−16［『朝日新聞』1950.2.10付］

る。すばらしい国＝アメリカがトピックとして示されているのはこの画だけであるが、幸福な家庭生活を営むことができるのは、「この自由な国、アメリカがあってのことなのだ」との『ブロンディ』全体を覆うメッセージが発信されたものと言えよう。(28)

前節の「消費」でも述べたように、『ブロンディ』には「物売り」が頻繁にあらわれる。図2－16のように、「電気カンあけ機」など得体の知れない物を売りつけようとするなど、しつこい売り手としての「物売り」が描かれており、原文のSALESMANのイメージから程遠く〝押し売り〟と表現した方がぴったりくるように思えるぐらいである。[29]消費社会というアメリカのイメージからは、どうも〝押し売り〟の出現は奇異に感じられてならない。

「新特許のカンあけ」を簡単に購入する［1951.1.28付］など、購入するのは常にブロンディである。倹約家のダグウッドは「物売り」を追い出すことはあっても購入はしないのが通常である。しかし、そのダグウッドが二度購入している場面がある。

呼び鈴が鳴って、ダグウッドは「もし物売りだったらボクの返事は〝いらない〟ということになるんだ」、という自己の「物売り」に対するスタンスを宣言しながら玄関に行く。ところが、その物売りの商品が『物売りお断り』という「物売り」対策のマニュアル本だったので、「そりゃ、ちょうどボクのほしい品だよ……一つ買うとしよう」、と購入している［1951.3.9付］。ダグウッドは「物売り」にほとほと困り果てていたのであるが、[30]それにしてもストーリー展開のパラドックスが面白い一コマである。

また、『ブロンディ』を取り巻く当時のアメリカの社会状況が示すかのように、恵みを請う浮浪者が二度バムステッド家を訪れている。[31]いずれも、ダグウッドはサンドイッチを施しているところから、当時のアメリカにおいては〝押し売り〟や浮浪者が家庭を訪問する姿は特別な社会風景ではなかったことを示している。

2-7 住居の構造

『ブロンディ』に描かれたバムステッド家はどのような地域にあり、どのような住居構造になっているのであろうか。

ブロンディが隣のウッドレイの奥さんを誘い、ダウンタウンに買い物にでかけるシーンがある［1949.4.4付］。近所付き合いとして隣のウッドレイ家との特に親しい関係や、ダウンタウンへの買い物、バスで会社に向かうダグウッドの姿から、バムステッド家は郊外住宅にあると考えられる。

それでは、住居構造はどのようになっているのであろうか。図２－５でも見たように、ダグウッドがベッドから階下に降りてサンドイッチを作るように台所は一階にあり、夫婦の寝室は二階にある。また、夜中にブロンディから「下でドロボウの音がするわ」と言われ階下に降りて下の様子を見た後、二階に上って来るダグウッドのもとにブロンディと子供たちが両側から集まって来る［1949.7.20付］ところから、夫婦の寝室だけでなく子供たちの部屋も二階にあることが分かる。さらに、長男のアリグサンダーが、友人と共に自分の部屋で一緒にベッドに寝そべっており、クッキーにしても自分の部屋でお菓子を食べている［1950.12.20付］ところから、子供たちがそれぞれ個室を持っていることが分かる。

入浴中のダグウッドにお金を求めるアリグサンダーが、父親の指示で財布を入れてあるズボンを取るため一階に降りて行くこと［1950.1.30付］から、浴室も二階にあると考えられる。また、「切手類は屋根裏にしまっておいたがな」とダグウッドが天井の四角の枠がある空間にはしごをかけて上るシーンが描かれているので、おそらく屋根裏としての三階もある［1949.11.15付］。

これらのことから、アリグサンダーとキャッチボールする［1949.6.2付］ほどの庭があるバムステッド家は、一階がリビング、ダイニング、キッチン、広間、そして二階は夫婦の寝室、二人の子供部屋、風呂と洗面所、そして屋根裏のある構造となっている。

このような間取りで構成された家はかなり大きく、十分満足できるものと思われるが、もっと大きな家をブロンディは望んでいる。それは図２－17に見られる。

ダグウッドが「ダレか通りの上の10室ある家を買ったよ」とキッチンで料理をつくるブロンディに話しかけると、

「ワタシたちも、もっと部屋がほしいわね」とブロンディは答えている。しかしダグウッドは「ボクたち用に買おうと思ったが、あんな大きな家だとキミの仕事がふえると思ったのさ」、「このくらいの小さな家だと、全くいつも小ギレイになっているからね」、と家の手入れの問題を考慮して断念したことを伝えている。[32] ブロンディは部屋数の少なさに不満を持ち、ダグウッドも小さな家として認知していることがこの会話から露《あらわ》になる。一家四人が暮らす家としては十分な家と見えるのにもかかわらず、より大きな家を望む夫婦の姿は、限界のない欲望にかき立てられるという近代のもつアノミーの様相がバムステッド家を覆っていることであろう。それにしても、気持ちよく整理されたバムステッド家という点で、妻による家の管理が行き届いていることを示している。ただし、家の作りから言えば、手入れが必要なやや老朽化した家と言えよう。

寝ていると天井から雨漏りの音がするので、ブロンディが「ダグウッド、天じょうが雨漏りするわよ……ナベを持ってきた方がいいわ」という指示に、ダグウッドはベッドから出て雨が落ちて来る箇所にナベをおく［1950.3.12付］。雨漏りも一箇所ではない。

「ダグウッド、屋根がもるわね、雨水が落ちてくるわ」とベッドで雑誌を読むダグウッドに告げるブロンディに、

図 2−17［『朝日新聞』1950.4.23 付］

図2−18［『朝日新聞』1950.5.9付］

ダグウッドは「気にかけることはないよ……じきにやむさ」と答えている。しかし、一晩中降ることを示唆されたダグウッドは、「何とかしなくてわな」と階下から傘を持ってきてベッドでさす[33]（図2－18）。

このように、ベッドで傘をさすという間の抜けたダグウッドの場当たり的な雨漏りの対処は別にして、バムステッド家は修理を必要とする家であることは確かである。雨漏りの場面や天井の修理などの登場に裏づけられるように、雨漏りだけでなく「天じょうが落ちないうちに割れ目を治していただきたいわ」、さらに「それから広間の敷物をとめてほしいの……次に流しの修繕」と、ブロンディが次々とダグウッドに家の修理を求めている［1951.1.6付］ことから、家はかなり老朽化していると考えられる。

2－8　交友関係

隣人ウッドレイ家との日常的な近所付き合いとは別に、『ブロンディ』に登場する交際の場面が話題となるのは、ダグウッドに関して言えば「男だけの会」「ゴルフ」「トランプ」である。これらは、仲間うちの集まりに該当するものと思われる。

ただし、友人から誘いを受けた二度のパーティ（「男だけの会」）は仲間うちよりも広がりのある集まりのようである。友人のデープからの電話で、ダグウッドは「クラブで男だけの会があるって？　行きたいなデープ、ブロンディにきくから待ってくれ」と応えている。ところが、ブロンディの態度から許可が得られないと判断したダグウッドは、「考えてみたんだが、ダメだー、行っていいって言ったためしがないんだ」とデープに告げて断る。その対応にブロンディから「ワタシのせいにすることはないわ」、「男ばかりの会は行かないって、いいなさいよ」と自己の判断で断らない点を叱られる。二度目も、友人のフレッドがパーティに招待する電話をした時に、ブロンディの許可を求めている。この時もブロンディは「よく考えてみるわ」と暗に不許可のメッセージを送る。このように、夫の社交場への参加は、ブロンディは快く思っていない［1949.8.26付］。

仲間うちのゴルフにしても、話題には上るが、参加した場面が描かれたことはない。友人からの電話の誘いにも、「窓のシキイにペンキを塗るとか、床に油をふいてくださる？」の言葉に断念せざるを得なくなる［1950.11.8付］。総じて言えば、ダグウッドの社交的な場への参加は、食事・睡眠・入浴という家庭での生理的な欲求に比べて、強い意欲があるとは思えない。ただ、妻からの家事手伝いの逃げ場には有効と考えているようで、あわよくば週一度の外出許可が得られることを願っている。そのことは図2－19にも見られる。

ブロンディは夫の話をまともに聞かず、噛み合わない問いかけを繰り返す。このようなブロンディの巧みな会話術によってダグウッドは、「もう、おしまいにしようや」と自己の要求を反故《ほご》にせざるを得ない状況へ追いやられるのである。

おそらく、週に一度の外出の許可とは、「トランプ」を指すのではないか。「トランプ」は最もダグウッドの強い意欲が示される社交的楽しみのようで、ブロンディの目を盗んででも出かけている。

ブロンディが洋服のしつけのためにダグウッドに着せて作業をしている途中、ブロンディが針箱を取りに行く間に、窓から顔を出して隣のウッドレイがダグウッドをトランプに誘う。すると、ダグウッドは電気スタンドに洋服を着せ出て行くのである［1949.1.17付］。そこまでしても、ダグウッドは「トランプ」遊びに魅了されている。ブロンディが犬に匂いを嗅がせ、近所の人たちとカード遊びに興じているダグウッドをつかまえるシーン［1950.6.16付］からも、ブロンディの目を盗んでは、トランプに走るダグウッドが浮かび上がる。そもそも、「男だけの会」という外出許可はブロンディからは得られないのだが、特に「トランプ」には厳しいものがある。料理中のブロンディに長男が映画に行く許可をもらい、娘も友達の家に遊びに行く許可をもらうので、それに乗じてダグウッドもトランプ遊びの外出を願うのだが、ダグウッドだけが許しを得られない［1950.8.17付］。このようなブロンディの「トランプ」に対する姿勢には、外出という面だけでなく、「トランプ」という遊び自身にも問題を抱いているようである。

〝賭けトランプ〟をして三ドル二五セント負けたダグウッドが、そのことをブロンディに知られたことをウッドレイに嘆いている［1949.6.23付］。ダグウッドの「トランプ」遊びには〝賭け〟がセットになっており、〝賭け〟とあわせて興に入ると制御のきかないダグウッドの一面をブロンディが快く思っていないことも大きな要因なのかもしれな

図2−19［『朝日新聞』1949.12.9付］

い。いずれにしても、ブロンディは「トランプ」に出かけようとするダグウッドに理解を示そうとはしない。ただ、図2-20のように、ウッドレイ夫妻宅で行なわれる「トランプ会」に夫婦で招待された時は、ドレスアップしてブロンディも出かけていることから、共に楽しむことには問題がないということである。おそらくは、主婦に家事を押し付けておいて、夫だけが余暇を楽しむことに不満があるのではないか。それにしても、社交として夫婦で参加するのはこの「トランプ・パーティ」一度きりであり、バムステッド家の社会的組織や集まりへの参加活動は見当らない。

では、妻としてのブロンディはどうであろうか。「今晩、音楽会につれていってくださいませんこと?」とパーソナル・チェアーに座って新聞を読むダグウッドに問いかけると、ダグウッドは「だめだあ」と答えている。そこでブロンディは、「そんなら婦人会の講演をさきにつれていってくださる?」と申し出るが、それにも「だめ」と返される。妻を家庭に閉じ込めておこうとする夫の意識が強く示されたものと言えよう。しかし、ブロンディは引き下がらず、「きめてちょうだい……婦人会か講演会かどっちかに私をつれてってくださるのよ」、「だいたいどこの奥さんもはじめから行き先をきめているのヨ、私のように夫に選ばせるなんてことはしないワ」と夫を立てる妻であることを

図2-20［『朝日新聞』1950.11.16付］

強調しながら社会的な場への参加を勝ち取る[34]［1949.3.15付］。婦人会はこの会話に登場するだけでなく、ＰＴＡの婦人会長がブロンディを訪ねて来る場面がある［1949.4.1付］ので、ブロンディはＰＴＡ活動には参加していると思われる。ただし、この二つの場面だけしかブロンディの文化・組織活動とのかかわりは見られないわけで、婦人としての社会文化活動への参加に対する関心は高いとは言いがたい。というよりも、ダグウッドの態度に見られるように、男性によって社会的参加の機会を奪われていると言えなくもない。

　これらのことから、バムステッド家は特定の組織に参加することはないと言えよう。しかし、地域の近所付き合いは親密になされている。隣のウッドレイとは、パーティだけではなく、日常生活の中での付き合いとして頻繁に登場する芝刈り機の貸し借りや、互いに家で作ったチョコレートをお隣に運んでいる姿も見られる［1949.3.17付］。

　また別のシーンでは、向かいに新しく引っ越してきたので、ブロンディとダグウッドは喜んで挨拶に出向く。そうするとすぐに引っ越した夫婦がバムステッド家を訪れて、「芝刈り機」と「おサトウを一パイ」貸してほしいと言われる（図２－21）。付き合いが始まったばかりの新参者の馴れ馴れしさにダグウッドとブロンディもあきれかえるのだが、この場面は、当時のアメリカ社会における近所付き合いは芝刈り機の貸し借りだけでなく、調味料の貸し借り

図２−21［『朝日新聞』1949.8.29付］

までが普通に行なわれていたことを物語る(35)。

以上、『ブロンディ』の内容を整理した。これが戦後の日本で人気を博した漫画である。なぜこの漫画が求められたのだろうか。人々はどのような思いでこの漫画を見ていたのだろうか。『ブロンディ』が人々にどのように受容されていったかについては、第Ⅱ部で詳細に論じたので、是非そちらをご覧いただきたい。

第3章

社会階層と『ブロンディ』

『ブロンディ』は「アメリカの中流家庭を描いたものである」と自明のごとく日本で語られてきた（第5章参照）。しかし、出版されていた当時のアメリカ社会にあって、描かれたバムステッド家が中流家庭であったと明確に断定できるのであろうか。この点について、踏み込んだ研究はない。そのことを明らかにするには、まず当時のアメリカ社会の各階層の生活実態を知る必要があろう。そこで、『ブロンディ』が配給されていた時代に、フィールド調査をもとに人種、階層問題に取り組んだデーヴィスを中心とする経験的研究『ディープ・サウス（*Deep South*）』[1]［Davis et al. 1941］と、ニューイングランドの「ヤンキー・シティ」と名づけた町をフィールドとして階層問題を調査研究したウォーナーとランツによる『近代コミュニティの社会生活（*The Social Life of A Modern Community*）』［Warner and Lunt 1941］を取り上げ、アメリカ社会の階層によって異なる生活実態と、『ブロンディ』の内容分析から導きだされたバムステッド家の生活実態を比較検討することによって、『ブロンディ』がアメリカ社会の中でどのような階層に位置するのかを明らかにしたい[2]。

3－1　アメリカ社会の生活実態――『ディープ・サウス』

デーヴィスらは、さまざまな社会的位置について情報提供者に語ってもらい、その属性や社会的行動の観察に基づいて、彼らを上流、中流、下流の三つの階層に区分し、さらに、それぞれに上と下のサブとなる区分を加えて、上流の上と下、中流の上と下、下流の上と下の六層に分類している。ここでは、デーヴィスらの議論の要点を素描しながら、それぞれの白人の階層における家庭と生活実践を描いてみることにする。

(1)　上流社会

上流（上）は、最初に住みついた大農園主にあたるが、そのことを指摘されることを好まず、それ以前の先祖からの「古い貴族」であるとして正当化する。都市形成以前の移動過程で上流（上）の位置を確保すると、先祖と子孫の系図を再編して語るようになり、自分たちの階級集団に入り込もうとする者を「新参者」として侮蔑する。一九三〇年代までは族内結婚も見られた上流（上）は、同族のシンボルとして老人を中心に集団形成をしていた。上流（下）と中流は身近な家族でのみ集団を形成するが、上流（上）の集団は家系の左右にまで広がる。

過去の贅沢をそのまま続けるのが、上流（上）に位置する人々である。家と調度品は過去の富を示すものであり、過去の繁栄をあらわすものなので、高い価値がある。彼らにとっては、それらを保ち続けることが誇りであり、上流（下）との差異ともなる。

家庭において、上流の夫と妻の関係はほぼ同等であり、彼らの仕事は他の階層ほど明確に区別できない。たいていの夫は家庭生活の経済を支えているがゆえに、財布のヒモを握っている。そして、たいていの妻は家の管理と育児を監督し指揮する。しかし、上流（上）ではサーヴァントがいて、古い家の維持や赤ん坊の世話を、彼らに肩代わりさせている。子供の世話をするのはほとんどがサーヴァントなので、彼らが上流の秘義を子供たちに教える。上流ではサーヴァントを雇っていることを望ましいものとみなしていて、黒人のサーヴァントがいるということが上流という概念に含意されている。

中流や下流では性別で分かれたレクレーション活動があるが、上流ではフォーマルな場への参加はカップルで行なう。親子の接触は少なく、フォーマルな場に限定されている。母子の関係は希薄な面があるが、乳母の養育も手伝って、上流の集団は威厳のある態度でもって、母親に対して感謝の気持ちを抱くように子どもに強いる。

上流では、結婚後も連れ合いの一方の家で住み続ける。これは直系という血統を重んじることに起因する。血族、一族という概念が上流の全生活を彩っており、一族の名は上流にとって、自己を支える誉れそのものなのである。特定の家系を持たない上流（下）は一世代であるが、その子供が上流（上）に仲間入りする可能性がある。ただ、それには、移動に見合った家系の集団にふさわしい親族と結ばれる必要性がある。

(2) 中流社会

中流のイデオロギーは過去における先祖の行動ではなく、自身の現在の行動に色づけられる。それも、経済的地位と、道徳、宗教といった態度である。

中流の上、下、共に自分たちの関係性の根本的機能は家族の結びつきを高めることにあると考える。結婚関係は永久的な結合として崇められているので、婚外性交渉、浮気などは咎められる行為である。しかし、目立たず、自分たちの社会外で習慣化されていなければ、男の場合は許されることもある。

夫と妻は公平で、まったく異なる分担をした労働があり、夫は労働の報酬でもって家計に還元し、妻や子を守るのに対して、妻は家と子供の世話をする。ただし、中流（上）ではサーヴァントを抱えていて、妻の役割をしばしばサーヴァントにさせることがある。ところが、中流（下）の妻はというと、多くはないが子供が誕生するまで働いていることがある。

そして、中流では妻は夫に従ってはいるのだが、それぞれ互いの領域を持っている。妻は家の管理に権限を持ち、所有物に対しても直接かかわる。それゆえ、妻たちは家具の配置や食事に関して夫を指揮するわけで、一般に夫は家に従属していると言えるかもしれない。妻にとっては、夫の身体的なくつろぎへの要求などは、手入れされた所有物の維持に比べて重要でないと考えられている。だから、夫は家に入る前に足を拭うように指示されるし、クッションが乱れるので横になることも嫌がられる。また、煙草の灰を床に落とすこともしてはいけないのである。大きな購入となる家や車といったものは、通常は夫によってなされる。これは、お金の問題における夫の優先権によって、家庭での夫の権威を示すことになっている。

中流の子供は、「両親と共にあるもの」と言われる。母親が育児にかかわっていて直接的な責任があるが、最後の責任は父親にある。妻が夫との話し合いのもとに養育をするのだが、処罰となれば夫が呼びだされ、夫が手を下すことになる。中流の子供の社会化は、中流社会の大人の位置を身につけることであって、両親によって直接的、あるいは仄めかしでもってなされていく。それは、宗教的な教えに沿った行動を説くもので、具体的には、「『立派な』『道徳的な』生き方をすること」、「両親を崇めるよう」、「自分がしてほしいことを他人にすること」、「集団の意見を尊重すること」、「社会的制限を受け入れること」、「個人財産を重んじること」である。子供の活動を指揮するのは母親であり、PTA活動などで子供を見守る。両親の権威は物理的な形で示せないが、子供時代のトレーニングを背景に、両親に逆らうのは気が引けるように進めていく。子供の結婚については、自分たちと同じ位置にある者との結婚は賛成するが、下の層との結婚には反対する。階層移動を望む中流は上流との友好関係は望むのだが、固定した中流は上流との付き合いも反対する。経済的なケースを除いて、普通は両親と共に住まないものの、近隣に住むことが多いのが中流である。しかし、下の層の若いカップルは一～二年両親の家に住むことがあり、この場合はダイニングは別で食事をするのも別である。

中流では、下流（上）に見られる以上に、儀礼的な面が増加する。それは、部屋の違いと部屋数に密接にかかわっている。中流（下）の家族の者たちは、それぞれが家の中に自分の場も自分の部屋も持たない。しかし、下流（上）よりも特別化された部屋がある。中流（下）の家には、家族全体と客用のリビング、家族全員が食事するダイニング、食べ物を用意するキッチン、両親の寝室、そして一～二の子供部屋である。食事の時には、手を洗い、父は上着を着て、妻はエプロンを取るのがマナーである。

これに比べて、中流（上）は家のサイズが大きくなり、社会的位置に比例してサーヴァントの数が増える。部屋としては、リビング、ダイニング、キッチンの他に特別な部屋がある。それは、母や妻の裁縫部屋、父の喫煙室、子供たちの遊戯室である。テーブル・マナーは数多くあり、料理の注文の仕方や食器の使い方、食事中の会話の型にまで及ぶ。通常、あまりにも小さい子供は先にサーヴァントか母親からキッチンで与えられ、家族全体の食事から閉め出される。また、子供たちの間の関係は、友人や親族との関係以上の連帯を求められる。

収入に関して言えば、中流全体としては非常に高い収入を得ているわけではないものの、ある程度楽しむことができる経済的余裕がある。さらに、中流（上）のたいていの男性の職業は専門職、あるいは大きな企業の所有者または管理者といった監督職であって、高い収入を得ている。中流（下）は、自分たちの必要に見合った程度の収入である。

中流のフォーマルな社会的参加は、カード・クラブの組織化に特徴づけられる。このような型の組織は上流ではそれほどないし、下流には存在しない。これらのフォーマルなグループの中での行動は上流の間よりも通常制限されていて、もっとはっきりしたレクレーション活動に限定されている。レジャータイムは、たいていがカップルの参加だが、性別に分かれたものもあり、特に中流（下）は別々である。中流では、たいていが女性限定のイベントであり、午後のブリッジ・トランプ・パーティと、お茶、ウエディング・パーティ、クラブの会合などがある。夫は、労働時間でのレクレーション活動を行ない、夕方には他の男たちとポーカーのトランプに興じたり、飲んだり、組織の会合に出席したりする。中流のパーティはカジュアルなものでなく、招待を受けて参加する。これら招待のパーティ活動は、一般的にはカード遊び、縫い物、情報交換的な話し合いである。中流の男性は、男性だけのパーティでは飲むが、一般的には、女性はもちろん、男女混合のパーティの場合も男性は飲まない。さらに、結婚した人々による恋愛遊技などは厳しく非難される。それゆえ、上流のレクレーション的な行動は、中流には「好ましくない」「淫ら」なもの、として咎められている。

自分たちは「善良で、潔癖な者たち」との認識で、酒も飲まず、女性は煙草を吸わず、上流に見られるような連れ合い以外の異性と伴って行動するカップルはない。中流の特徴として、道徳を重んじ、自己の改善に努める。法に対しても、上流よりも真剣に遵守しようとし、より良い社会を実現すべく、地域や社会活動への参加にも力を注ぐ。より良いビジネス関係、より良い学校、より美しい公園と道路など、さまざまな都市改善にかかわる。中流の行動は非常に組織化され、きっちり統制されているため、個人のバリエーションは制限されているのである。

(3) 下流社会

下流は、一九一〇年前後からあらわれた集団であり、上流に比べて、地域のなかでは比較的新しい集団である。中流に見られるような組織活動には参加しない。概して、下流のイデオロギーと行動は、自分たちより高い階級のあらゆる価値を軽蔑するものであり、政府と法についても上流と中流の作り物と見下す。さらに、教会や組織、道徳と宗教を侮る特徴がある。選挙の投票以外、政治組織にも参加せず、地域の法にも無関心である。特に中流の道徳規範や制度に対する軽侮は、下流（上）の集団よりも下流（下）のほうが強い。なぜなら、下流（上）は中流とあまり離れているとは思っておらず、移動可能と考えているからである。

そもそも下流は経済的安全性が高くない。通常、日給か時間給の賃金労働者であり、十分に必要なものを維持できるほど収入がない。このことが、所有物や所有物との関係性にあらわれ、所有物の多くが分割払いであり、質より量に関心がある。その日暮らしのため、将来の富に向けた関心はほとんどない。

下流の意味ある連帯は、組織とか教会ではなく、職場と近所付き合いにある。それは、綿工場の労働者、製材や材木工場の労働者、農場の小作人という職業、そしてその職業に沿った特定の住居に集まっていることがその要因である。

下流においては、結婚は永久を意味せず、夫と妻の関係はその時だけの関係である。家族のまとまりも、特に下流（下）は法的でない場合が多い。夫婦は、子育てが一番のものではなく、性的両立性が重要とされる。夫が稼いでいる間は、妻が家庭と子供たちの世話をするが、このような役割分担は彼らよりも高い階層のように厳密なものではない。なぜなら、男たちは決まった職がないことが多く、妻が外に出て働くこともあって、夫が子供の世話、皿洗い、縫い物などを手助けする場合もあるからである。妻たちは、家庭の切り盛りをうまくこなすことで、得られた時間を近所の人と交流する。その内容はゴシップが主である。下流では、家庭間のもめ事はつきものであるため近所の者も干渉はしないが、あまりにも蔑まれる妻には同情し、そのような夫を非難する。極端に妻を従属させる夫は妻自身からだけでなく階層全体からも受け入れられず、妻への暴力や、むごい仕打ちは集団から非難攻撃される。さらに、夫のあらゆる妻への規制は下流の人々から寛大に見られることはない。妻が夫に従属するのは夫婦と子供との関係の中においてのみで、近所付き合いなど家庭外の妻の行動にまで及ばない。

家の管理面から見ると、下流の夫は、他の階層では時折見られるように家や妻に従属することはない。夫は自分の目的のためには自由に調度品を使えて、煙草の灰などの細かなことにこだわることはない。いつでも、食べたい時には食べ物を求める。友人も時間に関係なく連れてくる。その一方、家の管理はすべて妻任せである。子育ても妻に任せているが、最終決定権は夫にある。離婚と再婚が多く見られ、一夫一婦制を保っていても同時に他の異性とも性的関係を持つ。結婚は相補的関係で、お金を稼ぐかわりに家を預かるが、セックスのパートナーとしての義務を満たさないとなれば、相手に献身的につくすことも必要ではないとみなされる。

子供は、鎹《かすがい》として両親をつなぎとめることになるが、子供の世界はなく、早くから大人として扱われる。下流の集団は、他の高い階層に比べて、早い年齢から自分のことは自分でする。少女は五歳ぐらいになると母親の仕事の手助けをするようになる。親は子供が悩ますことをしないのを望むだけで、子供との談話もめったにない。それゆえ、子供たちは完全に両親に従属していると言えるかもしれない。処罰は母親によってなされるが、それでもだめならさらに父親が罰する。時には近所や親族の大人によってなされることもある。

下流（下）と、下流（上）を最も明確に分けるのが、食べることに関する儀礼と住居の型である。下流（下）では、家族は食事のために一緒にテーブルを囲んで食べることがない。それぞれが必要とする時に食べ、準備されたものがないと自分でキッチンの中をあさる。そして、ほとんど共通する住居の型は、二室のアパートであり、通常少なくとも二人またはそれ以上用のベッドを利用する。下流（上）では、食事はフォーマルであり、そろって食べるのが普通である。そして、家族それぞれの部屋はめったになく、五人に三部屋が基本である。

3-2 ヤンキー・シティから見たアメリカ

これまでは、漫画に描かれた日常生活を検討する上で、生活の実践を捉えた調査研究という点から『ディープ・サウス』を選んだ。しかし、『ディープ・サウス』は『ブロンディ』に描かれた生活舞台とは地域的に異なる南部である。そこで、補完の意味から、同じ一九四一年に出版され、北部のニューイングランドを舞台に階層問題を調査研究した『近代コミュニティの社会生活』を取り上げることにする。

ウォーナーとランツは近代コミュニティの生活を詳しく描くにあたり、検討できる範囲内の規模であり、かつ近代生活の複雑さを持っていると思われる人口約一七〇〇〇人からなるニューイングランドのコミュニティを研究対象に選んだ[Warner and Lunt 1941 : 38]。それが、ヤンキー・シティ(Yankee City)と名づけられた町である(3)。なお、ウォーナーとランツも地域社会の社会構造が上流の上と下、中流の上と下、下流の上と下、という六階層の構造になっていることを明らかにした。六階層の人口比は、上流(上)が一・四四%、上流(下)が一・五六%、中流(上)が一〇・二二%、中流(下)が二八・一二%、下流(上)が三二・六%、下流(下)が二五・二二%となる。階層を二つに分けてみると、下位に位置する中流(下)と下流(上)と(下)を合わせて七五%強となる(4)。

それでは、ウォーナーとランツの知見を参考にしながら、前節で描いたそれぞれの社会階層における家庭と生活実践の姿を補足してみることにする。

職業については、上流か中流(上)の職業は専門職、地主、企業の所有者となり、事務員、セミ熟練工は中流(下)に位置し、非熟練工は下流に近い(5)[Warner and Lunt 1941 : 261]。近代コミュニティにおいても上流(上)と、上流(下)を分けるのは、卓越した家系を持つ「旧家」か、「新参者」かである。言いかえれば、上流(下)が評価を勝ち取るのは生まれてからであり、上流（上）に服従せざるを得ない。

まず、家の大きさと状態について着目してみると、ヤンキー・シティの中では、一見したところ、良い家と悪い家が地域ごとに完全に分離されているわけではなく、分散されているように見えるものの、調査してみると地域によって大きくて良い住宅地域と、中か小のサイズではあるが良く手入れされている家々の地域、そして悪い住宅地域、といった特徴が浮き彫りになる。家の所有と賃貸に関して言えば、家を所有する人々は、土地の大きさに関心があり、賃貸の人は大きさよりも手入れがゆきとどいているかどうかに関心が示された。逆に言えば、手入れがゆきとどいていればいるほど賃貸料は上がるということである。そこで、ウォーナーとランツは、サイズでもって「大」「中」「小」の三つに分け、それぞれに「良い」「普通」「悪い」の三つからなる手入れの状態も加味した九つのレベルに分類し、分析した。その結果、次のようなことが明らかになったのである。

上流はどのようなサイズでも、手入れのゆきとどいた家を好むが、社会的位置の上昇に比例してサイズは大きくなった。上流の家は八〜一二〇以上の部屋があり、リビングは実用性というよりもまとまりのシンボルを意味する。上流（上）は、六七％が大きな家に住んでおり、状態が「良い」家は八〇％を占めている。[6] 家と調度品や庭は、家族の成員の関係、さらに生きている者と亡くなった者との関係をつなぐ象徴的な表現となっている。上流（下）も、多くが「大きい」家に住むが、「中」サイズの割合が上流（上）より多くなる。合わせて、状態の「良い」家が七〇％、そして「普通」が三〇％となる。

中流（上）の家は、六〇％が「中」のサイズで、一三％が「小」で、「大」が一六％で、状態は「良い」が五〇％、「普通」が四五％となる。また、中流（下）は、「中」サイズが五〇％、「小」が四二％、「大」が七％となり、状態は五〇％あまりが「普通」で、「良い」と「悪い」がそれぞれ二五％となる。総じて言えば、「中」サイズで「普通」の状態の家に住むのが中流（下）ということである。

下流（上）は「小」が五二％で、「中」が四一％、「大」が四％、三％弱がビジネス用のビルに住み、状態は「悪い」と「普通」がそれぞれ四二％と分けあい、「良い」が一三％である。対して、下流（下）は自分で所有する家は六％弱しかなく、財産はほとんどない。賃貸にしても週極での支払いとなり、月極で支払う人はまずいない。下流（下）の家は、サイズはたいてい「小」で状態も「悪い」となる上に、どのサイズでも良く手入れされていない家となる。

そして、ウォーナーとランツは、それぞれの階層の家族生活における文化的な違いが家のタイプに反映され、家のタイプでシンボル化されていることを明らかにする［Warner and Lunt 1941：251］。

特に交際関係については、クリーク（clique 集まり）の構成員がすでに決められたものとして人々に認識されていたことがインタヴューから導き出されたことにより、ウォーナーとランツは階級測定に向けた道具としてクリークは避けて通れない重要な概念とみなす［Warner and Lunt 1941：110］。

上流はサーヴァントを持つことでレジャーの時間が手に入り、婦人はさまざまな地域の人々に注目される活動に参加する。男はさまざまなスポーツ、知的関心、コミュニティ活動をする。そのことが、また社会的位置を示すことになる。中流（上）のクラスは慈善組織に入る。中流（下）は慈善組織に入れず、友愛や秩序を好む組織に加入する。

以上が、デーヴィス、ウォーナーらによる『ブロンディ』掲載時におけるアメリカ社会の階層別生活の実態である。

3-3　バムステッド家の社会階層

では、『ブロンディ』に描かれた生活は、アメリカ社会全体の中でどのような位置にあったのであろうか。ここでは、アメリカ社会の生活が階層によってどのように異なるかを分析したデーヴィスやウォーナーらの研究と、前章での『ブロンディ』の内容分析を比較検討しながら明らかにしたい[7]。

デーヴィスやウォーナーらはともに、上流（上）と、上流（下）とを分けるのは、特定の家系を持つか持たないかにあると言う。その点から言えば、勘当された実家のバムステッド家は上流（上）に位置しない。ダグウッドの父が億万長者の鉄道王とはいえ、ウォーも述べているように成り金であり［Waugh 1947：103］、特定の「古い貴族」ではないからである。古くからの貴族をルーツとして持たない上流（下）は自己が築いた位置であるが、その子供が上流（上）に仲間入りする可能性がある［Davis et al. 1941：99］、と指摘するデーヴィスに沿って述べれば、ダグウッドの両親が築き上げた社会的位置から下降につながる息子の結婚に対して強く反発したのも不思議ではない。まして、結婚によって両親から勘当され、サラリーマンとなったダグウッドであることからも、ブロンディとダグウッドの家庭が上流に位置しないことは明確である。

ウォーナーらによれば、「それぞれの階層の家族生活における文化的な違いは、家のタイプに反映され、家のタイプでシンボル化される」［Warner and Lunt 1941：251］と言う。となれば、『ブロンディ』の社会的位置をあらわす家についてはどうであろうか。

バスで会社に向かうダグウッドと、ブロンディが夫のネクタイを買うためにダウンタウンへ行くところ［1949.4.4付］から、バムステッド家は郊外にあると考えられる。長男アリグサンダーとキャッチボールするほどの庭があるバムステッド家の構造は、一階はリビング、ダイニング、キッチン、広間、そして二階は夫婦の寝室、二人の子供部屋、風呂と洗面所、そして屋根裏となっている。ところが、「ダレか通りの上の方の10室ある家を買ったよ」と話すダグウッドに、ブロンディが「ワタシたちも、もっと部屋がほしいわね」［1950.4.23付］と答えていることから、満足できず、もっと大きな家を望んでいることがうかがえる。バムステッド家もけっこう大きな家とは思えるのだが、ウォーナーらの調査によれば上流の家は八〜二〇以上の部屋があるということであり［Warner and Lunt 1941：104］、これだけの家でも上流に位置しないということである。ましてデーヴィスが、中流(上)においては、サーヴァントがいること、また部屋としては、リビング、ダイニング、キッチンの上に、母や妻の裁縫部屋、父の喫煙室、子供たちの遊び場など特別な使用の部屋があること [Davis et al. 1941：109] と分析していることから推論すれば、バムステッド家は中流(上)にも位置しないことになる。また、雨漏りの場面や天井の修理、そして水道の水漏れに裏づけられるように、ブロンディのこまめに家事をこなす姿とは裏腹に、かなり老朽化している家と言わざるを得ない。中流(下)では、「中」サイズが五〇%、「小」が四二%、「大」が七%で、状態は五〇%あまりが「普通」で、「良い」と「悪い」がそれぞれ二五%と言うことから、総じて言えば「中」サイズで「普通」の状態の家に住むのが中流(下)[Warner and Lunt 1941：441]、とするウォーナーの指摘からも、バムステッド家は中流(下)の領域に位置づけられよう。

また、中流(上)に見られるような料理の注文の仕方や食器の使い方、食事中の会話の型にまで及ぶような数多くのテーブル・マナー [Davis et al. 1941：110] は、バムステッド家には見られない。ブロンディが食事における子供のしつけとして行なっているのは、食事前の手洗いと、あと片づけである。そこからも、3-1の(2)で示したデーヴィスの中流(下)の分析に該当すると言えよう。

ダグウッドはブロンディからさまざまな注意を受ける。最も頻繁なのが、ソファに寝そべって昼寝をしていると、食器洗いや修理にかり出されるシーンである。パイプ掃除と言って、煙草の灰をいい加減に捨てるシーンもある。しかしデーヴィスによれば、妻は、夫にとって身体的な快適さなど所有物の維持以上に重要とは考えておらず、横になってクッションを乱すことも、煙草の灰を床に落としてもいけないことが、中流家庭の生活実践であると言う [Davis et al. 1941：101]。言いかえれば、家とその所有物は十分に注意し維持することが家庭における最大の鉄則であり、妻はその管理者として夫に服従させているということになる。ただし、このような生活実践は、単に表層面から見た妻の強さではなく、家庭生活を維持していくにあたり中流の人々に身についた規律であり、またその規律を実践していくことによって中流の道徳をみずから形成していることにもなる。

そして、週単位でお金をブロンディに預けて家計を任せるダグウッドも、大きな買い物は自己決定である。また、ダグウッドからは浪費に見えるブロンディの行動に、怯える場面や注文をつける場面も少なくはない。この点についても、デーヴィスは次のように指摘する。

家や車などの大きな購入は、ふつう夫自身によってなされる。日常の消費は妻の領域であるにもかかわらず、このような場合の権限によって、夫は家庭でのある種の権威を持つことになる。[Davis et al. 1941：101]

また、ウォーナーらは、インタヴューから、人々はクリーク（集まり）の構成員はすでに決められたものとして認識していたことを捉え、階級測定に向けた道具としてクリークは避けて通れない重要な概念とみなしている[Warner and Lunt 1941：110]。そこで、『ブロンディ』の交友関係を見てみることにしよう。ダグウッドが実際に参加している場面が描かれるのは「トランプ」である。これらは、ダグウッドの社会的交際（association）というよりも、仲間うちの集まりでのクリークに該当するものと思われる。「トランプ」については、ブロンディの目を盗んででも出かけている［1950.6.16付］ことから、ダグウッドがこよなく愛する社交的楽しみであろう。

この点も、中流では夫は労働時間でのレクレーション活動を行ない、夕方には他の男たちとポーカーのトランプに興じる［Davis et al. 1941：102］という指摘に適合する社交であると言えよう。それにしても、この時代のアメリカでは、トランプが中流の一般的な遊びであったということである。また、中流でのパーティはカジュアルなものでなく、招待を受けて参加する。デーヴィスに依拠すれば、中流におけるパーティの内容は一般的にはカード遊び、縫い物、情報交換的なおしゃべりである［Davis et al. 1941：145］。『ブロンディ』では、ドレスアップした夫婦が隣のウッドレイからカード・パーティの招待を受けて参加する［1949.11.16付］ことからも、このことは実証される。ブロンディはＰＴＡ活動には参加しているようであるが、この点も、「子どもの活動を指揮するのは母親であり、ＰＴＡ活動などで子どもを見守る」［Davis et al. 1941：104］とするデーヴィスの論述に一致する。ただし、夫婦ともになんらかの協会組織に入って活動する場面は一切見られない。ウォーナーの「中流（上）は慈善組織に入る。中流（下）は慈善組織に入れず、友愛や秩序を好む組織に加入する」［Warner and Lunt 1941：89］との分析に従えば、バムステッド家はクリークの側面から見ても、中流（下）となる。

次に、職業の面から探っていく。描かれた画から、ダグウッドの職業はデスクワークのネクタイ族ということは分かるのだが、はたして具体的にどのような仕事をしているのか分からない。しかし、電話で商談をするところから推察すると、おそらく営業事務ということになるのではないか。ダグウッドの仕事場での様子に目を転じれば、真面目に働く意欲の欠片すら見えず、遅刻はおろか、勤務時間内の居眠りも常習化している。社長からの叱責にも、ダメージを受けた様子もない。当時のホワイト・カラーを称してＣ・Ｗ・ミルズは次のように述べる。

創造的な労働によってえられる喜びを味わえる人はますます少なくなりつつある。ホワイト・カラーを含めて一般に賃金労働者全体にとって、労働は神あるいは自己の心中にある他の神聖な存在に対する奉仕ではない。かれらには張り切った勤労意欲もないし、日日の勤労生活から積極的な満足を味わうこともない。［Mills 1951＝1957：203］

ダグウッドは、仕事に精神を注ぐほどの意欲をもっていなかった。しかし、それは当時のホワイト・カラーと称する人々の姿でもあった(8)。上流か中流（上）の職業は、専門職、地主、企業の所有者で、事務員、セミ熟練工は中流

（下）に位置し、非熟練工は下流に近い［Warner and Lunt 1941：261］とするウォーナーに依拠すれば、このようなダグウッドの職種と勤務状況からも、バムステッド家は中流（下）に位置づけられることになる。

さらに、家庭生活全般を鳥瞰図的に眺めてみよう。妻は家族に料理を準備し、快適な家庭生活のために手入れを怠らない。仕事を楯にして家庭ではくつろぐことを目的とする夫を、容易に容認するわけではない。ダグウッドは妻からの家事手伝いの指示を受ける。なんとか指示をかいくぐろうと戦術を練るものの、総じて言えば、家事をブロンディにのみ託しているわけではない。夫婦だけでなく、子供も含めた三者が互いに相手を思いやる。互いの主張が述べられるムードが漂う。そのため、それぞれの意見の応酬は見られるが、まともに喧嘩をするといったぶつかり合いはない。妻は、形の上においては夫を頂点に位置づけつつも、日常実践の中では家族を自己のコントロール下におくという実態を見事に描いている。それは、『ブロンディ』漫画に刻まれた中流という社会的な位置が身体化された規範なのであろう。デーヴィスは、中流の個人の行動は特に宗教的に形づけられた「道徳的で」、「立派な」行いをするようにコントロールされている点を捉えた［Davis et al. 1941：103］。そのようなデーヴィスの捉えた日常生活の機微が『ブロンディ』に描かれている。門限の時間、将来の結婚など、大人となるべき「事前の社会化」が、子育ての中に編み込まれてある。これこそが、『ブロンディ』が発信するアメリカにおける中流家庭の生活の現実であり、日常の民主的生活実践なのである。

この『ブロンディ』漫画が、かくも多くの読者を獲得したのはなぜであろう。それはおそらく、人々がバムステッド家で繰り広げられる生活に共感し、その生活に親近感を抱きつつ惹かれたからである。デーヴィスらは、フィールド調査から情報提供者の社会的位置が低くなるにつれ、徐々に上位階層の生活像を正確に描けなくなるということと合わせて、二つ上の階層を最もすばらしい階層とみなすことを明らかにした［Davis et al. 1941：71］。この知見に依拠すれば、『ブロンディ』が多くの読者を獲得したのは次のように説明できるのではないか。

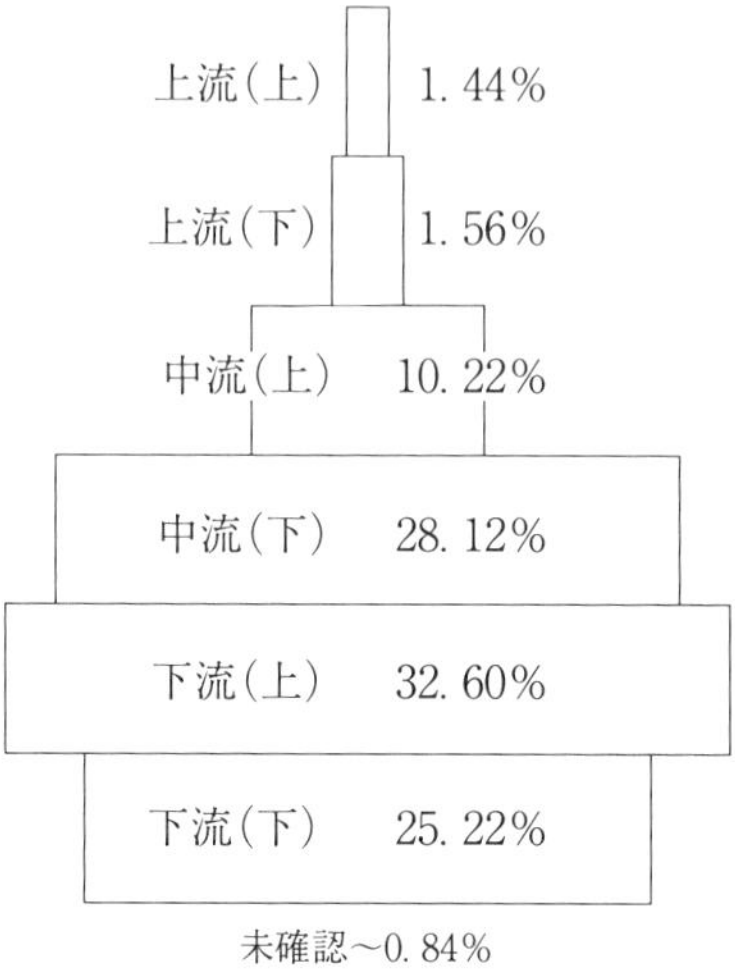

図3-1 ヤンキー・シティの階層比率
［Warner & Lunt, 1941: 88］

図3－1のウォーナーらによるヤンキー・シティでの階層別人口比を見てみよう。階層比率で最も多い層は下流（上）にあたる三二・六〇％である。その次に中流（下）である二八・一二％で、バムステッド家はこの層に入る。そして、三番目に多いのが下流（下）の二五・二二％となる。要するに六つの階層の下位三階層で全体の八五％強を占めていることが分かる。彼らには上位階層のイメージはおぼろげなものであり、親近感をいだけなかった層である。それゆえに仮に『ブロンディ』が上位三階層のどの層に依拠した生活世界を描いたとしても読者の支持する基盤はなく、これだけ多くの読者を獲得できなかったと言えよう。『ブロンディ』に描かれた生活実践は中流（下）のものであったからこそ、その生活に共感する同じ階層の中流（下）と、二つ上の階層の生活に憧れる下流（下）、さらにこの二つの層の狭間にあって似通いつつも目の前の上昇移動を目論む下流（上）といった、好意的かつ羨望のまなざしを注ぐ層によって『ブロンディ』を支える基盤が整っていたことが、この階層別人口比の構図から読みとれるのである。さらにウォーナーが、混乱を伴う戦争によって戦中・戦後の人々が情熱的に家庭生活を崇拝したことを論じたように［Waugh 1947：105］、中流家庭の生活実践が描かれた『ブロンディ』は、家庭の大切さをアピールするものとして人々の心をつかんだのであろう。

第Ⅱ部　敗戦直後の社会と『ブロンディ』

第4章

『ブロンディ』の日本上陸

一九四九年一月一日、なんの社告もなく『ブロンディ』が『朝日新聞』に掲載される。朝日新聞社史においても、『ブロンディ』掲載のいきさつについては何も触れられていない。

この章では、「何故に、この時期に『ブロンディ』が『朝日新聞』に掲載されたのであろうか」という謎に答えるべく、占領下のメディアの状況に目配せしながら議論する。言いかえれば、『ブロンディ』の登場と撤退との不自然さにスポットをあてつつ、社会的背景として大きくかかわる占領下の言論統制とを絡めて議論する。このことは、日本の情報発信者としてのメディアが、アメリカの言論統制をどのように受け止め、咀嚼してきたのかをあぶり出すことにもなろう。[1] それは、次のようなセルトーの指摘に応える作業でもある。

さまざまな手続きと、それらが力をおよぼしてゆく領域との関係をあきらかにするには、文化の戦争論的《ポレモロジック》な分析をとりいれなければならない。法律（これは文化の一モデルだが）とおなじように、文化はさまざまな対立を分節化し、強者の言い分を正当化したり、一部修正したり、調停をはかったりする。文化はさまざまな緊張のエレメント、いや、時には暴力のエレメントのなかで発達しながら、そこに象徴的均衡をもたらし、大なり小なり一時的な和合と妥協をもたらしてゆくのだ。消費と戦術とは、強者を利用しようとする弱者の知略であり、したがって、日常的実践の政治化にいきつくのである。［Certeau 1980=1987：22–23］

4－1 『ブロンディ』登場

『ブロンディ』が『朝日新聞』に連載されたのは一九四九年一月一日付からであり、以後五一年四月一五日付まで続くことになる。

図4–1『ブロンディ』連載開始［『朝日新聞』1949.1.1付］

記念すべき第一回目では、夫ダグウッドの出勤が描かれていた（図4－1）。バスに乗り遅れそうになり、急いでバス停に向かうべく玄関を駆け出していったダグウッドは、ブロンディに「キスのスにしがみついて出勤するというストーリーである。同時に、作者チック・ヤングによる日本の人々への挨拶文が書かれてあり、また新聞社側から『ブロンディ』紹介文が掲載されている。

『ブロンディ』は世界で最も人気のある漫画で、現在『ブロンディ』を掲載している新聞は一千百余紙にのぼり、その読者は二千万を超えるといわれています。［1949.1.1付］

実は『ブロンディ』は、『週刊朝日』では一九四六（昭和二一）年六月にすでに掲載されていた。(2) しかしなぜ、この時期に『朝日新聞』に掲載されることになったのであろうか。このことは、『朝日新聞社史』でも明らかにされていないのである。(3)

一九九〇（平成二）年七月一九日付の『朝日新聞』訃報欄には、「漫画ブロンディ紹介」との見出しで、一人の人物が紹介されている。その記事によると、朝日新聞出版局渉外課長であった長谷川幸雄氏が、一九四六年に『週刊朝日』で『ブロンディ』を紹介した人物であり、漫画を通して当時のアメリカの市民生活を日本に伝えた功労者としてその業績を称えられている。『ブロンディ』の翻訳も手がけていたことを報じているだけに、『ブロンディ』掲載に長谷川氏が大きくかかわっていたことだけは確かである。

『ブロンディ』の『朝日新聞』掲載に関する疑問は、連載開始時だけではない。一九五一年四月一五日に、なんの社告もなく連載が終了したのである。実はマッカーサーは四月一一日に解任され、一六日に日本を離れることが決まっていた。四月一五日付の『朝日新聞』には、「マッカーサーへの感謝状」の記事と、同じ紙面の左下に「あすからサザエさん連載」という記事が掲載されていた。マッカーサーの離日とともに、『ブロンディ』は姿を消したのである。占領政策と『ブロンディ』を並べてみると、そこには隠された策略を感ぜずにはおれない。

漫画『ブロンディ』を通して、ＧＨＱの占領政策を日本のなかに浸透させていこうという意図はあったのであろうか。同じ疑問をもつ天野正子は、作家・評論家の小野耕世にこの疑問を投げかけ、小野は「あっただろうと思いますね」と答えている［安田常雄・天野正子編 1991：117］。しかし、小野にしても、なんらそれを立証する材料は持ち合わせていない。

また、日本掲載の『ブロンディ』がアメリカでの連載と同時進行であったか、という疑問がある。占領政策の意図としての絡みで考えれば、日本版はアメリカ版の中から意図的に選択して掲載された、と考えられなくもないからである。一九四九年三月一一日付の『ブロンディ』では、「五年後の一九五四年が次の日食にあたる」として、次のような会話がなされている。

ダグウッドが本を読みながら入浴していると、押し売り（セールスマン）がやってきて、日食観測用の「くもりガラス」を売りに来る。ダグウッドが押し売りに「今度の日食はいつサ?」と聞き、「１９５４年ですヨ」と答えるので、「まだ5年もあるじゃないか　トットと帰れ!」、と追い返す［1949.3.11付］。

この画が掲載されたのが一九四九年であり、内容と一致していることから、漫画の製作時と『朝日新聞』掲載時が同時期であるということが立証される。この一点だけをもって結論付けるのは早計かもしれないが、『ブロンディ』掲載が占領軍あるいは朝日新聞社のある種の政治的意図でもって、製作済みのものの中から選択されたのではないということは言えるであろう。チック・ヤングの製作と同時進行の日本での掲載であったと断定できるのではないか。

それにしても現在残されている資料のなかに、『ブロンディ』がどのような経過で『朝日新聞』に連載されたかについての資料がないので、ＧＨＱの占領政策によるとの判断はあくまでも推測の域を出ないが、次節ではそのあたりの事情をもう少し詳しくみていく。

一、日本政府は新聞、ラジオ放送或はその他の出版物等により真実に符合せず若しくは公安を害するが如きニュースの撒布を阻止すべき必要な命令を発しなければならない。
二、連合軍最高司令官は既に言論の自由については、絶対に最小限度の制限をなすべき旨を命じた。日本の将来に関する事項の討論の自由は、日本が敗戦より、世界の平和愛好の国家の仲間入りする資格ある新しい国家として出発せんとする日本の努力に有害ならざる限り連合国より奨励されるものである。
三、論議し得ざる事項は、公式に発表されない部隊の動静又は連合国の虚偽又は破壊的な批判及び風説等である。
四、当分の間ラジオ放送は、主としてニュース、音楽的娯楽的性質のものを取扱はれたし。ニュースの解説や情報的放送は、東京放送局より放送されるものに限る。
五、真実に符合せず、又は公共の安寧を妨げる如き報道する出版物、若しくは放送局は、発行禁止又は業務禁止を命ず。

表4-1　言論および新聞の自由に関する覚書（1945年9月10日）

4-2『週刊朝日』への掲載――GHQとの関係から

ここでは、敗戦直後の占領軍によるメディア統制と絡めて、『ブロンディ』の『週刊朝日』登場について検討してみよう。

一九四五年九月一〇日、GHQは「言論および新聞の自由に関する覚書」（表4-1）を発表し、放送を含むすべての言論・報道機関に対する占領政策の一般原則を示した。続いて、一九日に十カ条からなるプレスコード（新聞、映画、演劇準則）指令（表4-2）、さらに二二日にはプレスコードとほぼ同じ内容のラジオコード（放送準則）が指令された。

矢継ぎ早に出されるGHQの指令をどのようにジャーナリストは受け止めたのであろうか。

「多くのジャーナリストが釈放されたのが昭和二十年の十月のことであった。晴れて自由な言論に身をひたす間もなく、彼らを待ち受けていたのは、こんどは外国人の手による言論統制であった」［福島鑄郎 1985：122］と、福島は語る。他の分野では間接的にGHQが日本政府に対して命令し、日本政府をして実施させるというやり方であったのに対して、この当時の言

一、報道は厳格に真実に符合しなければならない。
二、直接たると間接たるとを問わず公安を害するような事項を掲載してはならぬ。
三、連合軍に対し虚偽若しくは破壊的な批判をしてはならない。
四、連合国占領軍に対して破壊的な批判を加え、又は占領軍に対し不信もしくは怨恨を招来するような事項を掲載してはならない。
五、連合軍部隊の動静に関しては、公式に発表されない限り発表又は論議してはならない。
六、ニュースの筋は、事実通りを掲載し且つ完全に編集上の意見を払拭したものでなければならない。
七、ニュースの筋は宣伝の線にそうよう脚色されてはならぬ。
八、ニュースの筋は宣伝の企図を強調し若しくは展開すべく針小棒大に取扱ってはならぬ。
九、ニュースの筋は重要事実又は細部を省略してこれを歪曲してはならない。
十、新聞編集に当ってはニュースの筋は宣伝の意図を盛上げ又は展開する為に或事項を不当に顕出してはならない。

※表4－1、4－2ともに、福島鑄郎『新版 戦後雑誌発掘――焦土の時代精神』[1985：147-148] より作成

表4-2 プレスコード（新聞、映画、演劇準則）指令（1945年9月19日）

論・報道に関する占領軍の統治は、ＧＨＱが直接、当該の新聞社・放送局・出版社に対して指示し、命令するという直接統治であった［新井直之 1972：178-179］。統制という形だけに焦点をあてれば、占領下にあった日本において統制があったことはなんら不思議なことではない。しかし、注意しなければならないのは、制度としての言論統制の視点を置けばそれは支配者による弾圧として見てとれるが、「誰にとっての言論統制か」という視点を挟まないと、そこに含まれたさまざまな要素を捨ててしまうことになるということだ。
文藝春秋社社長であった池島信平は、次のように語っている。

占領下での検閲はそんなに気になりませんでしたよ。それよりも用紙不足のほうが大変でしたよ。戦中の検閲はまかり間違うと生命にも関係はありましたが、占領軍の検閲には生命の危険をかんじさせることはありませんでしたね。［松浦総三 1969：78-79］

また、当時、朝日新聞社代表取締役だった長谷部忠にしても、「新聞政策の事務的な面からいえば、日本の新聞は、戦時中の経験でこの制度になれていたので、事前検閲の制度自体については、大した不自由は感じなかった」(4)［新井直之 1972：182］と述べている。

一方で、一九四五年一〇月一〇日にGHQが命じた言論弾圧法規の撤廃によって、左翼の本が解禁になり、次に超国家主義や軍国主義の本が追放されていくという状況が生じた。この事態を、おそらく経営者側は問題視しただろうと考えられるが、各々のジャーナリストにとっては必ずしもそうとは言えない状況だったことが推察される。たとえば松浦総三は「知られざる占領下の言論弾圧――いわゆる〝戦犯図書〟をめぐって」で当時の言論弾圧について触れている。松浦によれば、初期占領軍の言論弾圧は、戦犯図書の追放や戦犯出版社幹部を追放するという形をとっており、それはこれまでの支配者側に向けられたものであり、「進歩的側面も持っていた」というのである。すなわち、これは各々のジャーナリストにとっては自由を味わえるものであり、歓迎すべき事態に見えたと言うのである［松浦総三 1972：219］。

ところが、一九四六年四月をもって、言論の自由、軍国主義の払拭、民主主義化といったGHQの政策に沿った言論統制が終わる［新井直之 1972：180］。

その契機となったのが、四月七日の出来事である。戦後最初の総選挙を三日後に控え、幣原内閣打倒を叫んで民衆が首相官邸に押しかけた時、ジープに乗って駆けつけたMPが棍棒をふるって民衆を蹴散らせ、六台の米軍装甲車が砲を民衆に向けて威嚇したのである。

そして、五月にはGHQの大幅な人事異動が実施された。一九四六年五月、CIEの新聞局課長は、バーコフからインボデンに替わる。バーコフはロシア系米人であり、「ソ連も民主主義国だ」と述べていた。当時、総合雑誌改造社の編集長であった松浦によれば、ジャーナリズム仲間では「あいつは21号館（ソ連の事務所があった三菱ビル）の回しものじゃないかな」と評されるほどバーコフは進歩的であったという。[5] バーコフの考えた民主主義とは反軍国主義、反封建、反右翼であった。ところが、インボデン新聞課長の描く民主主義とは、反軍国、反封建、反右翼に、反共が附随していた。特に反共意識が突出しており、反共のためならば右翼や封建制、さらには軍国主義との妥協をもやむを得ないとする姿勢であった。このバーコフからインボデンへの交替はGHQの民主主義概念の方向を大きく変えるものであった［松浦総三 1974：305–306］。

この時期に重なるかのように、六月から『ブロンディ』が『週刊朝日』に連載されはじめる。このことは、偶然なのであろうか。

漫画研究家の清水勲によれば、一九四六年五月一〇日に戦後三代目の『週刊朝日』編集長に就任した末松満時代に、『ブロンディ』が連載されることに決まったという。しかし、その意図も背景も言及されていない[6]［清水勲 1998：165–166］。

占領期の研究者である竹前栄治は、一九四六年五月一五日のG・アチソンが対日理事会で反共演説、そして同月二〇日のマッカーサー元帥による「食料メーデー」に対する「暴民を許さず」声明を挙げながら、「解放者」＝GHQの共産党に対する態度が急速に冷却化したことの背景には本国アメリカの政治姿勢が反映されたものとする［竹前栄治 1992：172］。アメリカの外交政策が対ソ強行路線へのシフト、さらにアメリカ国内政治における反共主義・マッカーシズムの台頭が、いっそう共産主義の排除へと向かわせた時期である。

この前年の一九四五年九月一八日、朝日新聞社はGHQから業務停止命令を受けている。『朝日新聞』は、米軍総指令部が発表した「比島日本兵の暴状」というフィリピンにおける日本軍の残虐行為を暴く記事を掲載する際、米軍の「確実な出所」があるとのコメントにも触れながらも、「ほとんど全部の日本人が異口同音にいっていることは、かかる暴虐は信じられないといふことである」という一文を付け加えたのである。それが朝日新聞社に対する業務停

年	月	日	事項
一九四五年	九月	四日	外国語による海外放送の禁止
		一〇日	「言論及ビ新聞ノ自由ニ関スル覚書」による新聞・雑誌検閲開始
		一四日	同盟通信社 一九時間業務停止命令（理由は明らかでない）
		一五日	事前検閲とする言論統制の具体方針を通達 同盟とニッポン・タイムス
		一八日	朝日新聞発行停止二日間
		一九日	プレスコード指令
		二二日	映画政策方針の指令
		二九日	中央三紙発売禁止
	一〇月	八日	CCD（民間検閲局）による在京五社（『朝日新聞』『毎日新聞』『読賣報知新聞』『日本産業経済新聞』『東京新聞』）の編集局長を招き、事前検閲の通告
		九日	『朝日』『毎日』『読売』『日本産業経済』『東京』の大新聞社も事前検閲開始

※福島鑄郎『新版 戦後雑誌発掘——焦土の時代精神』[1985：122]、ならびに新井直之「占領とジャーナリズム」[1972：178-179] より作成

表4-3　敗戦直後の言論統制

止の一因となった。おそらく、プレスコード四項「連合国占領軍に対して破壊的な批判を加え、又は占領軍に対し不信もしくは怨恨を招来するような事項を掲載してはならない」に該当したのではないかと考えられる。

同年一二月八日、通常は二ページしかなかった各新聞が特別に四ページに増ページされ、占領軍の民間情報教育局（CIE）によって作られた、満州事変からポツダム宣言受諾にいたる日本軍国主義の歴史「太平洋戦争史」がいっせいに掲載された。また、同じ内容の歴史として、翌九日から「真相はこうだ」のラジオ放送が開始されたのである。[7] 戦勝国によって強制的に日本の歴史が提示される。このGHQの意図を、朝日新聞社は先に貶すかのような行動をとってしまったのが、業務停止命令という現実であった。朝日新聞社としては、GHQへの汚点を消したかったのではないか。さらに、GHQの頂点に立つマッカーサーが人事異動の時期である一九四六年の五月二〇日に、『朝日新聞』は「新聞記事」に

関する声明を出している。

新聞報道の正確さについては今更のべるまでもないが、民主主義的新聞においては、さらに記事の公正が強調されねばならぬ、米国においては新聞の編集方針は社長、編集局長を中心とする編集幹部より成る編集協議会によって決定され、編集局長は報道の正否を確かめる責任を持っている。即ち編集に関する責任はここに確立し、編集局長の責任はいかなる理由の下においてもこれを回避することは許されず、これはそのまま編集局長の権利である。例えば労働組合によってこの権利が侵犯され、さらに記者の行動が組合の圧迫によって規制されるようなことがあっては、決して記事の公正は望まれない。［朝日新聞 1946.5.21付］

編集権が大きく提示された声明である。メディアの占領政策が現状の労働組合運動とはそぐわないことを公にしたのである。この声明に沿って、朝日新聞社の経営者は前年の汚点を晴らすべく、そしてGHQの人事異動に合わせるかのように、まず『週刊朝日』にアメリカの漫画『ブロンディ』を掲載したのではないか。これが、『週刊朝日』への『ブロンディ』導入に関する仮説である。次に、『朝日新聞』への導入について検討しよう。

4－3 『朝日新聞』への掲載——言論統制下の戦術

松浦総三は、占領下の言論統制を三期に区分する。[8]

第一期は、一九四五年九月から翌四六年五月までとし、この時期を解放期と名づける。GHQ内部のレッドパージによって進歩派のカルピンスキー（労働課長）やコンデ（映画課長）、そして新聞課長のバーコフ、そしてこれらニューディーラーの頂点にいたＣＩＥの局長ダイク准将らが総退場した時期である。

第二期は一九四五年五月から四九年末までとし、レッドパージ開始期と規定する。第二次読売争議から二・一スト弾圧、〝赤と赤字を退治する〟という東宝映画の大争議が行なわれ、『改造』や『日本評論』には分散的なレッドパージが行なわれた。

第三期は一九五〇年から単独講和発効（五二年四月）までで、レッドパージが吹き荒れた時期である。朝鮮戦争と講和条約論争の時代にあたるこの期間は、朝鮮戦争を始めるために全国の新聞、放送、通信社で七〇〇人にものぼる大量のレッドパージが行なわれた。ＧＨＱは第一期において軍国主義者を追放した人々を、逆に復活させて行くというまさに第一期の反転が実施された。

『日本評論』は、一二月号準備中であった一九四八年一〇月中旬、一一月号に載った伊藤律の論文「新たなるファシズムに抗して」が「プレスコード違反の疑いがある」との指摘を受け、ＣＩＥ新聞課長インボデンから編集長と社長に出頭命令が出された(9)。

　鈴木社長と野口肇編集長が、インボーデン《マ》のところへ出頭すると、インボーデン《マ》は野口を「無能にして無責任な編集長」ときめつけ、「もし野口を馘首しなければ、社長も軍事裁判で沖縄ゆきになるだろう」といった、という。野口はインボーデンにむかって「問題の論文のどこがわるいのだ、裁判にかけてくれ」と抗議したが、とりあげられなかった。［松浦総三 1974：271–272］

伊藤律の論文には占領政策を批判する箇所はどこにもなかったが、結局、野口は退社することになる。これが「『日本評論』プレスコード違反事件」である。

さらに、「一二月事件」が一九四八年一二月に起きる。「一二月事件」というのは民主的な伝統をもつ雑誌『改造』の編集者が、占領軍の公然たる干渉によって馘首《かくしゅ》された事件である。『改造』の労組が出していた壁新聞の記事に占領軍を批判する「配給砂糖にダニがいる」の文章が発端となり、編集者四人の首が飛んだのである。『改造』社長の山本実彦が壁新聞を「占領政策批判」としてでっち上げ、GHQのCIC（民間諜報局）の男に売ったためである。この時、取材に来たのが『朝日新聞』と『毎日新聞』である。しかし、『毎日新聞』は重役命令でその日のうちに取材を降りてしまった。『読売新聞』は、すでに二回にわたる争議の結果、そのような記事を取材すればそれだけでGHQに睨まれる、との雰囲気から取材には出かけなかった。ところが、『朝日新聞』は一〇日の全国版に「一二月事件」を掲載する。一〇行程の記事であったが、GHQのインボデン新聞課長はその記事を見て、カンカンに怒ったという［松浦総三 1974：254–257］。

一九四八年七月に新聞や一般雑誌は事後検閲になったことから、この記事が掲載される前にインボデンの目に触れることはなかった。しかし、このことが逆にインボデン新聞課長、さらに言えばインボデンの背後にいるマッカーサーすなわちGHQの、メディアとりわけ『朝日新聞』に対する、強い不信感となったことは否定できない。それが、一九四八年一二月という時期であった。

一九四九年は「ドッジ・プラン」を梃子にして、反共政策は強くなり、教員パージ、行政整理（定員法による）、企業整備に見られるように、日本政府、経営者、労組指導者を通じて内部指導を行ない、共産主義者が大量に職場から排除されていった［竹前栄治 1992：201］。一九五〇年は反共政策が露骨になり、五月三日の憲法三周年記念日の声明に見られる公然たる共産党攻撃がなされた。朝鮮戦争勃発の翌日である六月二六日には、『アカハタ』の一ヵ月発行停止（七月一八日以降無期限発行停止）指令、さらに七月二四日には、GHQは新聞協会に対してレッドパージを勧告する［竹前栄治 1992：202］。その後各分野にレッドパージが吹き荒れることになる。(10) 松浦は次のように述べている。

> 日本評論事件で野口は首を切られ、『改造』の十二月事件も終わった。そして昭和二四年ごろから、出版ジャーナリズムの気流は大きく変転していった。
>
> この十二月事件は、戦後の第一回目の言論ジャーナリズムの〝転向〟であった。戦後生まれたおびただしい数の総合雑誌は、いずれも濃淡の差はあれ占領軍の〝民主革命〟を支持していた。十二月事件はそういう〝革命ジャーナリズム〟の終わりを意味した。［松浦総三 1974：275］

松浦自身が昭和二三年をもって「〝革命ジャーナリズム〟の終わり」と述べながら占領下の言論統制の三区分の三期の始まりを昭和二五（一九五〇）年にすることは不自然である。すなわち私としては、一九四九年の幕開けこそが、レッドパージの浸透と拡張の第三期のスタートにふさわしいと考える[11]。

この出版ジャーナリズムにとって大きな変化の幕開けであった一九四九年一月一日、まさに期を違えずして『ブロンディ』が『朝日新聞』に掲載されたのである。この一致こそ、「一二月事件」に大きな影響があるのではないか。ＧＨＱの側から言えば、支配者の権力的な象徴としてとられかねない「一二月事件」は世間に伏せられたまま曝すことなく実行しておきたかったことである。それを、こともあろうに目配せがきかない朝日新聞社の行動により、全国版で掲載されたのである。

このＧＨＱと朝日新聞社との関係が、『ブロンディ』掲載に大きく関わるのではないかというのが、私の『朝日新聞』掲載の仮説となる。それは、まず占領軍による言論統制第一期の民主化の変更、すなわちＧＨＱ内のニューディーラーが姿を消していく一九四六年五月、共産主義を一掃するためには軍国主義者をも利用する意思をもった新聞課長インボデンの誕生に合わせるかのように、雑誌『週刊朝日』に『ブロンディ』が連載された。それは、前年の朝日新聞社が起こした業務停止処分というマイナス面を打ち消すための戦術であった。そして、今回も一九四八年の「一二月事件」という大きなダメージを回復するための一手、それが同じ切り札の『ブロンディ』であった。すでに『週刊朝日』で身につけた手法ではあったが、全国版で、それも毎朝、アメリカの生活文化を流布させることは、「一二月事件」にかかわった『朝日新聞』が背負ったGHQへの大きな負債に十分見合う返済になったのではないか。折しも、掲載開始は、GHQ内の新たな政策に沿ったレッドパージがジャーナリズム界に吹き荒れるスタートとなる時期であった。長谷川幸雄は、『週刊朝日』で『ブロンディ』を紹介した人物であり、朝日新聞出版局渉外課長として『朝日新聞』での連載にもかかわったわけである。同じ人物が、朝日新聞社の窮地を、GHQの言論統制の変更に合わせるべく、同じ切り札としての『ブロンディ』で救ったのだと考えられるのではないか。

このように、占領下の言論統制をくぐり抜けるために朝日新聞社がとった戦術は、自らの保身の担保として、GHQへの恭順のシンボル『ブロンディ』を雑誌と新聞に張り付けることであった。しかし、賎しくもオピニオンリーダーとしての朝日新聞社が、時の権力者GHQに自ら身を売るかのような手法を足跡として社史に残すわけにはいかなかった。だからこそ、『ブロンディ』は社史にも残らない形で掲載されたのではないか。もう一つの推測としては、新聞紙面の三面、それもわずか四コマ漫画を掲載することで、GHQからの信頼を回復し、さらに情報発信できるならば、痛みの少ない代償であると考えたのではないかと考えられる。そのような巧みな技法は、ジャーナリストなら自明のことであり、社史に掲載するに及ばないことであったのかもしれない。

4-4 翻訳掲載と仮説の検証

『ブロンディ』掲載となれば、翻訳掲載問題があるはずである。松浦総三は、占領下においていかに翻訳掲載が難しかったかを、次のように語る。

これらの記者の原稿を日本の新聞や雑誌に掲載したいと思っても、ＣＩＥの関門でひっかかってしまった。よほど心臓をつよくねばらぬかぎり、たいてい外人記者から直接翻訳許可をとってＣＩＥへもっていっても「こういうものを出すことはミスター××とあなたの出版社のためになりません」とやんわり翻訳の不許可を〝暗示〟してきた。それを頑張って出版すればどんな意地悪をされるかわかったものではなかった。〔松浦総三 1974：135〕

要するに、占領下では、外国出版物の翻訳権が言論統制に利用されたり、べらぼうに高いロイヤリティをとられたと言うのである。戦前の日本では、アメリカの出版物『風と共に去りぬ』『怒りのぶどう』『大地』などは、原著者と出版社の許可をとらずに翻訳発行していた。それは、戦前、日本が加入していたベルヌ条約（万国著作権条約）にアメリカが加入していなかったからである。ところが、敗戦でこれらの慣行がふっとんでしまったので、ＧＨＱからの翻訳許可は非常に難しい問題であった〔松浦総三 1974：132〕。ところが、『ブロンディ』に関して言えば、なんの問題もなく掲載されたのである。アメリカの連載漫画が朝日新聞社のみであるゆえに、ＧＨＱからの直接的なメディアへの掲載圧力とは考えがたい。おそらく、この翻訳許可からも、仮説のごとく、朝日新聞社の方から進んでＧＨＱの意に沿うかのように「模範生」を演じて掲載した、と捉える方が自然ではないか。

たとえば、「二・一月事件」後の『改造』一九四九年新年号は、次のような評価をＧＨＱから受けている。

昭和二四年の新年号や三月号の『改造』は、ＣＩＥから「満足すべき民主的編集」をしているとして、おほめの言葉をもらった。占領軍のいう〝民主的編集〟というのは、要するに反共論文をのせ、体制側の筆者に執筆させるこ

とであった。［松浦総三 1974：273］

おそらく、『朝日新聞』も『ブロンディ』掲載という恭順にＧＨＱから称賛されたのではなかろうか。要するに、メディア内の労働者が労働者として占領軍の言論統制を利用した時代があり、編集権の確立とレッドパージはメディア経営者にとっての利用の仕方があったということである。

もちろん、『ブロンディ』掲載だけで朝日新聞社は占領軍の統制を免れたわけではない。私が強調したいのは、その取り込み方である。すなわち、社として自己の利益にあうように、支配者のもつ意見をうまく咀嚼して変換していく過程である。それは、決して牙を向いて戦うのでなく、従順さを示しつつも、自己に利益のないものはしなりと受けながしつつ、利のあるもののみ手に入れていく姿である。

『朝日新聞』における占領軍の言論統制の厳しさを物語るのに、朝日新聞社が発行していた雑誌『朝日評論』の一九五〇年七月号がプレスコード抵触ということでＣＩＥから口頭注意を受けた事件がある。編集長である川村雄は、総司令部民間情報教育局を訪れ、新聞課長インボデンに会う。

「田中論文はプレスコード違反である。『朝日評論』は発行禁止、編集長は追放、朝日新聞社については、今後このようなことが再び起ったら、新聞そのものの処置についても考えねばならぬ。帰社したら長谷部社長にも伝えよ」とインボデンはいった。論文のどの点がプレスコード違反になるかはノー・コメントであった。インボデンは、横をむいたまま冷たくそういって、「しかし」と言葉をついだ。「しかし、今回だけは処置を見合わすことにしよう。君も追放しないし、発行も禁止もしない。もう一度やったらピシャリとやる」(12)。［福島鑄郎 1985：127–128］

インボデンの恫喝に、川村はすぐさまプレスコードに抵触しないための対応に出る。帰社するやいなや、部員を集めて総合雑誌のバックナンバーからプレスコードに抵触するような記事を選び読ませた。しかし、問題となった田中慎次郎の「冷たい戦争と日本」の内容よりも急進的な他社の論文は違反になっていなかった。この点について、福島鑄郎は、「〝朝日〟という一流の新聞社を背景にしてはGHQはだまっていられなかった。それは読者に対する影響力が大きかったからであった」［福島鑄郎 1985：128］と述べている。おそらく、『朝日評論』編集部員たちには十分にそのことを認識する契機になったであろう。このため、田中論文がプレスコードに抵触するのであれば、八月号掲載の中にも問題にされる論文があると判断した編集部は八月号を中止して、八、九月合併号を出したのである。その合併号の巻末には、八月号発行中止のお詫びとして、「編集部より」が掲載されており、「全く本社の自発的措置」であることが記載されていた(13)。

表向きには自発的措置としてこの問題をおさめようとする『朝日評論』の姿は、GHQへの忍従と同時に権力の下で生き抜くジャーナリズムの技法を透けてみせるものである。絶大なる権力を持つGHQからの睨みに、常に『朝日新聞』は曝されており、自社の独立を勝ち取る方向は、GHQの考えを先取りして編集することであった。それが最もリスクの少ない方法であったのではないか。このことは、編集権という名のもとに、自己規制という形で「外」にある権力を「内」に取り込み、主体的という回路で言論活動を行なうことであった。

朝日新聞ジャーナリストの中野五郎は、『アメリカに学ぶ』の中で、次のように書いている。

> マッ《マ》クアーサ《マ》ー元帥をはじめ、アメリカの有職者が日本の民主化について常に警告し或は強調するところの趣旨は、このデモクラシー革命を偉大なる精神革命として日本人自身の手で実行する能力を涵養して、誠心誠意努力することである。［中野五郎 1949：40］

日本人自身が、マッカーサーの狙いである民主化を自己目的化することを訴える文面である。しかし、その表現から、中野自身がマッカーサーの意を汲んで実行していることを宣言していることが読み取れる。ジャーナリストたちがその方向線上に乗っていたことを吐露する証言である。

4-5 さよなら『ブロンディ』

一九五一年四月一五日付では、「さゝげる六百三十万の感謝　帰国のマ元帥へ都議会で決議」との記事が掲載されており、一六日に帰米するマッカーサー元帥を感謝の気持ちを込めて沿道で見送るよう、都知事代理岡安副知事の談話を載せている。そこには、理解ある指導者として首都の復興に尽くしたマッカーサー元帥に対して都議会が都民を代表して感謝状を送ることが書かれてある。翌日の一六日付では、「さようなら！　マ元帥、有難う」、「夜も祈る主婦の姿」と題して次のように書かれている。

この日、官邸の門外にはチラとでも元帥の姿を見たいという人々が群れ、夜になっても去らず、なかには何を祈るのか、頭を垂れる主婦のつつましい姿もみられた。きようはこの建物に元帥の姿はないのだ。しかし足かけ六年、あのパイプをくわえた元帥の長身の姿は、永遠に日本人のまぶたにのこっていることであろう。［1951.4.16付］

このように、マッカーサーが日本を立つことを惜しむ記事で埋め尽くされている。そして、マッカーサー帰国に際し、政府は名誉国民の称号まで贈るのである［1951.4.17付］。

敵国であったアメリカによって占領されていたのにもかかわらず、そのトップとして君臨していた総司令長官マッカーサーが帰米することを、強く惜しむという当時の人々の意識が漂う紙面である。それほどまでに、マッカーサーを象徴とするアメリカに好感を抱いていたということであろう。

おおくの日本人は、占領軍が厳重な検閲や言論・報道の統制をやっていることはうすうす感じていた。しかし、敗戦の悲しさで、我慢するよりほかに仕方がなかった。

だが、日本人の知らない舞台では、占領軍の言論・報道統制にたいする闘いが、アメリカ軍が上陸して二ヵ月もたたぬうちからはじまっていた。ＧＨＱと進歩的外人記者との争いである。［松浦総三 1974：138］

日本の記者が、敗戦という事態のなかで、言論統制を忍従していた。しかし、日本での言論統制に対してＧＨＱと外人記者との軋轢が生じていたという事態は、国内外のジャーナリストたちの間では周知の事実であった。この問題が顕現化するかしないかという違いはあっても、ジャーナリストという同じ職業に携わる者には、言論統制という制度に好感を持てないというのは共有される感情であろう。要するに、利用という面の報酬は日本の記者にあったにせよ、共通するジャーナリストとしての職業意識から、ＧＨＱという権力には反発心を抱いていたということである[14]。

このように新聞記者には、日本の一般の人々のマッカーサーへの好感と乖離した心情があった。そのマッカーサーが解任され日本を去る日が、一九五一年の四月一五日であった。常に大きな政治の場において、ＧＨＱによる断罪を避ける手段として『ブロンディ』を利用してきた朝日新聞社にとって、それは一つの区切りでもあった。ＧＨＱのシンボルであるマッカーサーに、表で恭順を示してきた朝日が、最後に振り向くマッカーサーの裏でベロを出して叫んだのではないか。「さよならマッカーサー、さよならダグウッド[15]」。

第5章

日本でのブロンディ像

敗戦直後の日本において、初めてアメリカの日常生活を描いた漫画『ブロンディ』を見た読者は、どのように感じたのだろうか。

本章の目的は、できうる限り『ブロンディ』の語りを拾い集め、日本の人々がこの四コマ漫画をどのように受け止めたのかを検討することにある。ただし『ブロンディ』の語りには、数少ないとはいえさまざまなものがある。

そこで、まずそれらの語りを「掲載時」のものか、それとも当時を振り返った「掲載後」のものかという時間軸で分類した。「掲載時」の期間については、『朝日新聞』での連載開始の一九四九年から『週刊朝日』での連載終了の一九五六年までとした。これ以降の『ブロンディ』の語りは、掲載時に読んだ印象から導いたものになる。要するに、現在進行形で語られたものを「掲載時」とし、後から記憶をたどって語られたものを「掲載後」と分類したということである。折しも一九五六年は、『経済白書』において「もはや戦後ではない」と明記され、また国際連合加入という日本の国際舞台復帰がなされた年でもあり、アメリカ漫画『ブロンディ』が日本から去るのと奇妙に一致する年でもある。

次に、それらを「研究書」のなかの語りか、「一般書」のものか、という違いによって分類した。もちろん、これらを明確に区別するのは難しいが、ここでは「知識人を対象に分析的な視点で書かれたもの＝研究書」、「一般読者を対象に身近な視点で書かれたもの＝一般書」という軸で分類した。この分類を用いる背景には、当時のアメリカ文化受容について「一般の人々のまなざし」から検討してみたいという本書のねらいがある。しかし実際には、一般の人が公の言論空間で発言する機会は新聞の「声」の欄ぐらいでほとんどないと言ってもよい。そこで、一般読者を対象とする「一般書」の語りにおいては、分析の伴う研究者という役割を担っておらず一般の人に通じるものであると判断し、以上のような分類軸を設けることにした[1]。

以下では、語りを分析する前に、まずは現代の日本社会において、『ブロンディ』がどのような存在であったと捉えられているのかを見てみる（5－1）。それから5－2と5－3において、二つの分類軸にそって『ブロンディ』の語りを検討していく。

5－1　現代のブロンディ像

現代の日本の人々には、『ブロンディ』が掲載時にどのような漫画だったと位置づけられているのであろうか。

ＴＢＳテレビは二〇〇〇年八月二八日から三夜連続で、『百年の物語』を放映した。第二夜の「愛は哀しみをこえて」では、アメリカの占領下にあった一九四九年の夏、学校視察のためにジープで乗り込んできたＧＨＱ民間情報教育局の軍人たちが見守る中、小学校教師・横山純子（松島菜々子）が児童に作文を読ませる場面があった[2]。

高橋（児童）「漫画の『ブロンディ』には電気冷蔵庫や電気掃除機がでてきます。電気洗濯機もあります。自家

図5-1右 サンドイッチを持つダグウッド［1949.3.7付］
図5-2左 電気掃除機で掃除するブロンディ［1949.7.21付］
※ いずれもＴＶドラマ『百年の物語』で放映されたシーン。
『朝日新聞』より転載。

用自動車もあります。私の家には氷を入れて冷やす冷蔵庫もありません。アメリカはいいなあと思います。私もアメリカに生まれたらよかったのになあと思います。おわり」

横山先生　「今の高松さんの作文について感想のある人？　はい、斎藤君」

斎藤（児童）　「はい。ぼくは『ブロンディ』の漫画を見てこんなに厚いサンドイッチを食べるところがうらやましかったです」

〈笑いが起こる〉

横山先生　「はい。鈴木さん」

鈴木（児童）　「私も大きくなったら英語を勉強してアメリカに行きたいです」

〈「私も行ってみたい！」……幾人かの声〉

児童Ａ（男）　「日本だって、古橋とか橋爪が水泳で世界新記録を出したから、がんばれば、アメリカに負けないと思います」

児童Ｂ（女）　「でも、『日本は3等国だ』って、となりのおじさんが言っていたよ」

児童Ｃ（男）　「それに、日本はいつも停電するから電気のものはつかえないよ」

児童の作文に登場した『ブロンディ』とは、当時の『朝日新聞』に連載されていた漫画『ブロンディ』であり、漫画のカットもあわせて映し出されていた。それは、作文内容にともなったダグウッドが冷蔵庫をバックにサンドイッチを持つ姿（図5－1）と、電気掃除機で掃除するブロンディの姿（図5－2）であった。漫画『ブロンディ』は、敗戦直後の日本という時代設定のもとに物語をつくるには、舞台背景として欠かせないものなのであろうか。同じくTBSでは『百年の物語』より前の一九九二年八月一〇日、一七日の二夜にわたって、今野勉と堀川とんこうによる小説『ジャック アンド ベティ物語――いつもアメリカがあった』をドラマ化し、放映している。そこでも、敗戦直後という時代を強く印象づける材料として、『ブロンディ』が登場する。

みんなの興味は、研磨機よりも、信彦が進駐軍からもらってきた新聞に連載されている漫画『ブロンディ』に集中した。

そこには、アメリカの平均的な家庭がおもしろおかしく描かれており、全員が特に注目したのは、電気掃除機の絵だった。

「おじさん、何なの？　これ」

勝雄の問いかけに、信彦は、研磨機のスイッチを切った。

「お前たち、何も知らないんだな。それは、電気掃除機だ」

「電気掃除機！」

和子が信彦を見てかん高い声を上げた。

「電気でモーターを回して、中を真空にしてほこりを吸い取るんだ。こんな家だったら、一分で掃除できるんだぞ」

「へえ……すごい」

今度は昭太郎以外の全員が声を出した。

「おじさん、見たことあるんですか？」

「うん、進駐軍のキャンプでね」

「アメリカ人の家に入ったことあるの」

「ああ」

「アメリカ人の家では、みんな電気掃除機を使っているんですか」

四人の質問が、信彦に集中した。

「電気掃除機だけじゃないぞ、たいていの家に電気冷蔵庫があるんだ……。これからはな、日本もだんだんそうなってくる。世の中は変わるぞ。俺たちだってがんばれば、アメリカと同じ生活を送れるようになるんだ」

みんな、シンとなって信彦の言葉に聞き入った。そして、それぞれが、それぞれの胸にアメリカへの憧れをふくらませるのだった。［今野勉・堀川とんこう 1992：58–60］

このように、漫画『ブロンディ』は、現在でも敗戦後の日本を描いた物語に登場する。ここでは、『ブロンディ』が敗戦直後の日本という舞台にリアリティを持たせる装置となっている。そして登場人物たちは「家庭電化製品」が登場するアメリカに思いを馳せて、「がんばれば、アメリカに負けないと思います」（『百年の物語』）、「俺たちだってがんばれば、アメリカと同じ生活を送れるようになるんだ」（『ジャックアンドベティ物語』）と言うのである。これらのシーンからは、『ブロンディ』を通してみるアメリカが「憧れ」の存在として受け止められていたことが分かる。これらすなわち、これらのドラマにおいて『ブロンディ』は、敗戦直後の人々にとって憧れだった、と描かれているのである。

ここで疑問なのは、はたして敗戦直後の日本において、『ブロンディ』は本当にこのように「憧れ」として受け止められていただけなのだろうか、ということである。5－2では、当時の文献に残されている語りから、そのことを検討する。

5－2　掲載時のブロンディ像（一九四九～五六年）

(1) 資本主義がもたらす哀れな生活――研究書のなかの語り

それでは掲載時の『ブロンディ』は、どのように語られていたのであろうか。まずは研究書に描かれた語りから検討する。

これまで調べた結果、『ブロンディ』を分析している研究書は、今村太平の「アメリカ漫画と日本漫画」[3]〔今村太平1992（初出1953）〕と、矢内原伊作の「ブロンディ論――現代人の笑いについて」〔矢内原伊作 1950〕、そして南博による「『ブロンディ』の悲劇――アメリカ型『テスト』のユーモア」〔南博 2001（初出1950）〕以外に見当らない。矢内原と南の論文は『ブロンディ』が『朝日新聞』で掲載されていた同時期のものであり、今村の論文は一九五三年に書かれたもの、すなわち連載を終えて二年後であり、共に掲載時の『ブロンディ』分析として非常に興味深いものである。この三つの論文は『ブロンディ』をどのように捉えていたのであろうか。

今村は、「バムステッド家の生活は、標準的なアメリカ市民の家庭」であり、その『ブロンディ』漫画から示されるものは、「アメリカ市民の生活が日本の我々が想像するほど決して豊かではないということ」で、「彼等もまた日本人と変わりない生活の苦しみをなめている」と述べる。そして、その生活とは、決して豊かな暮らしではないことの根拠を示す。

毎日あくせく働いても彼らは思う存分肉を食べるわけにはゆかない。子供にこづかいやるにも考え、帽子を買うにも頭をなやまし、電気の節約に寸秒を争い、たまの外食も渋らなければならない。それはみじめな生活である。
［今村太平 1992：234］

さらに、『ブロンディ』を「賃金奴隷としての哀れな俸給生活者を浮彫りにしたもの」と結論づけるのである。そこには、テレビドラマの中での「物質的憧れ」や、後の研究者が位置づける「豊かさ」のあらわれとしての『ブロンディ』（5－3の(1)を参照）など微塵も見られない。

まして、登場人物にいたる分析では、ブロンディを夫ダグウッドよりは理性的としながらも、良き妻、良き母を目指すべく家庭に閉じこもることで社会から離れてしまい、「夫を迎える一つの家庭的な機械となった」と位置づける。そして、ブロンディは、社会について何一つ考えなくなった「人形」と言い切るのである。またダグウッドについては、「最大の快楽は、寝ることのつぎに食うことである」と述べ、日々の労働が人の頭脳を進化させず反対にそれを退化させてしだいに考える能力を失わせつつある姿として、「思考することなき人間」とみなすのである。

要するに、『ブロンディ』は日本と同じアメリカ市民の賃金労働者の悲哀さを描いたものであり、資本主義がもたらす〝人間性喪失〟の姿である、というのが今村のブロンディ論である。

このような資本主義社会がもたらす〝人間性喪失〟の警鐘を引き出す分析は、矢内原伊作においてもなされていた。今村分析の二年前に出された矢内原論文は、『ブロンディ』に描かれた夫婦間のコミュニケーションにベルクソンの説く「笑いの本質」が織り込まれていると述べ、ブロンディとダグウッドはともに一本調子で、人間的な個性や意志や感情を失った機械人形として位置づけられている。(4)

さらに、今村が『ブロンディ』には「豊かさ」がないと切り捨てるのに対して、矢内原は、快適な安楽イスもいつでもお湯がでる風呂もあり、電話も冷蔵庫もある、なに不自由ない生活であることを記述している。ところがそれすら、「何の不安も何の不自由もないということ自体が、生活がそれほどまでに機械化され、人間的なものがそれほどまで抑圧されていることを意味する」［矢内原伊作 1950：58］と持論を強化する。そして、機械文明の奴隷となった人間の悲惨さをチャップリン自ら演じて発信した映画『モダン・タイムス』[5]に重ねながら、『ブロンディ』には機械化されることに対する風刺も反抗も見られないこと、そのことこそが資本主義の抱える大きな問題点であることを指摘する。

> 人はもはや考えることをせずただ食べることを欲し、嘆くことをせずただ風呂に入ることを欲し、夢見ることをせずただ眠ることを欲するのである。……略……たゞ、ブロンディが機械化した社会に完全に安住し、自己をやすやすと機械化し、其のこわばりを彼女自身感ぜず人にも感じさせないほど寛いでいるのに反して、ひたすら休息を欲するダグウッドはそれだけ機械化した社会を圧迫として受け取っている、ということだけを指摘しておこう。［矢内原伊作 1950：59、傍点ママ］

矢内原にしても、今村同様、『ブロンディ』を社会の機械化がより一層進んで人間自身が機械化したことを意味する作品と位置づけ、描かれたアメリカの日常生活に内包する資本主義の問題に警鐘を鳴らしていたということである。また、二人の議論には前提として、夫も妻も社会に対する批判的な意識を持つ姿こそを理想の人間とするものであった。

このような『ブロンディ』分析の視点は、南博にも共通する。[6]南は、「『ブロンディ』漫画は、作者の意図と読者の反応如何にかかわらず、アメリカの悲劇である」〔南博 2001：88〕と切り捨てる。たとえ作者が平凡な日常の滑稽さを著わそうとしていたとしても、日米読者の大部分がこのことをおかしく受けとっていたとしても、毎日毎日繰り返される主人公ダグウッドの不器用な動作からは、個性を持たない自動人形としての人間像が読みとれるのである、と批判的に論ずるのである。

以上、掲載時の研究書のなかの語りを見てきたが、これは5－1で見た「現在のブロンディ像」とはまったく両極の捉え方をしており、まるで二つの異なった『ブロンディ』が存在していたかのようである。では、次に掲載時の一般書によるブロンディ像を見てみることにする。

(2) 民主的な家庭生活――一般書のなかの語り

一九四九年一月二一日付『朝日新聞』には、夫ダグウッドとその妻ブロンディ、息子のアリグサンダーと娘クッキー、愛犬デージィと小犬たちで構成されたバムステッド家をはじめとする『ブロンディ』の登場人物の紹介記事がある（図5－3）。この長谷川幸雄による人物紹介によると、まれに見るお人好しの夫ダグウッドは作者チック・ヤングを思わせる人物であり、ブロンディもヤング夫人に似ているということから、モデルは作者自身ではないかと推測し、また「現代人は大なり小なり疲労している」とのヤング自身の言葉を引用しながら、その回復のための快食、快眠、入浴のシーンが多く描かれているのだと、漫画の特徴を述べている。(7)

その紹介記事と同一紙面には、漫画家の清水崑による『ブロンディ』観も掲載されている。

この漫画の全体の魅力は、バラバラに見ないでまとめて観賞すればわかることだが、適当に〝カカァ天下〟であると同時に過不足なく〝テイシュ関白〟であるところの、平和にして愛情あふるる安サラリーマンの家庭を描いたところにあるのだろう。（……）洋服を着る国の人間ならだれにでも通じる善良な凡人一対の心理をよくとらえてある。［朝日新聞 1949.1.21付］

安サラリーマンという社会的位置づけをしながらも、家庭の関係性に目が注がれ、善良で愛情あふれる生活を描いたものというのが清水の意見である。発信者である朝日新聞社が掲載するブロンディ像とは、このように、アメリカの日常生活を描いた漫画『ブロンディ』であった。

図５–３　長谷川幸雄による登場人物紹介［『朝日新聞』1949.1.21 付］

後日、清水は一一年前に製作された映画『ブロンディ』を鑑賞した感想を述べている(8)。

のべつ、しかめたり、りきんだり、泣き笑いしたり、……略……ちと度が過ぎる。ひいてこの映画全体が機械人間化されて体温がなかった。（もっとも、人形じみた冷たさは漫画ブロンディにも共通の特徴だが）そのアホウなダグウッドが五つになる自分のせがれに「キ印」と評されて、まゆの上にタテじわをよせて当惑してる。いかにも適評だから、観客は同情もしなければ微笑もしない。そこへブロンディがまたてい主に劣らず女学生流のセンチな子ボンノウときてる。こういう甘やかな家庭に育つ一人息子の行末が案ぜられる次第だがその案ぜられる五歳の坊やの天真振りによって、足なえの少女が歩けるようになった、という脱帽に値する新派的ハッピーエンドでこの一編が結ばれる。［朝日新聞 1950.2.26付］

映画から体温を感じられなかった清水は、この映画化された漫画の魅力を受け止めきれないでいる。そして清水の関心が、漫画だけでなく、漫画に引き寄せられるアメリカの人々に対する疑問へと方向づけられていることが分かる。広告家の宮山峻は、「アメリカの漫画をリードする三鬼才」で『ブロンディ』を紹介する。(9)

最近もりもり人気のあがっているのはチック・ヤングの『ブロンデー《ママ》』で、横びんから二本の髪の毛を突出させた陽気な青年を主人公に活躍させている。［宮山峻 1948：21］

少ない紙幅の紹介で宮山が表現したのは、特徴的なダグウッドの髪型であった。
他にも、六枚の写真に会話文を載せながらブロンディ漫画を下敷きにしたコント仕立ての「イタズラ電話――和製ブロンディ」が、『大映ファン』に掲載されている。(10)

夫が婚約時代の夢を見たと妻に向かって愛情を込めて語る。妻もほろりとなり、甘いムードになるのだが、その途中に電話がかかる。なんと、その電話は女性からであった。妻に電話の主が女性と分ってしまい、「会社のタイピスト」と釈明するのだが、妻のご機嫌は斜めである。妻のその態度に困りはてる夫は、その罪滅ぼしに掃除をする。その夫の態度で妻のご機嫌は戻り、夫に抱きついて、「アナタア……ン、アイ・ラブ・ユーだわ」というストーリーである。このコント仕立ては、『ブロンディ』のエッセンスをうまく捉えたものと思える。

また、詩人の佐藤きみは、『ブロンディ』の内容にも触れて、次のように述べる。

私は毎朝新聞を手にとると、朝日新聞の連載漫画を見るのが最近の楽しみになっている。米国作家チック・ヤングの「ブロンディ」がそれです。

日常生活に当嵌められたこの漫画は決して人を不愉快にさせるものでもなく充分に大衆性があるうえに品位も失われていない。ひとりでに色彩が湧き、私も共にその中で動きたいような気持に誘れる。時として私は、その中の一員であったりする。ダグウッド氏のブラシのように突き立った髪と、ブロンディのおでこのあたりをカムフラージュするカールの対象。小さな部分さえ生きて私のものとなってしまったようだ。そうして作品全体が充分立体性を持っていることと、作者がいかに小市民を捕え代表しているかは、読者がみづからを問えばよくわかるであろう。あくまでも飾り気のないありのままが、私をこうも楽しくさせ、時には快い嫉妬に気づいたりするのだが。［佐藤きみ 1949：23］

ブロンディのカールへアーとダグウッドのブラシのごとく立った髪型という風変わりなヘアー・スタイルに目を惹きつけられるが、それすら自然と受け入れられるほどに親近感のある漫画である、とのコメントである。『ブロンディ』のストーリーと日本の生活が大きくかけ離れているとの印象はない。まして、「読者がみづからを問えばよくわかるであろう」と日本の小市民にも通じるものがあることを明確に述べている。そうであるならば、描かれた『ブロンディ』の家庭生活と当時の日本の家庭生活とが重なりあっていたということであろうか。ただ、「私をこうも楽しくさせ、時には快い嫉妬に気づいたりする」との感想には、女性が夫に対して主張できるような関係への佐藤のなんとも羨ましい気持ちがにじみ出ている。

読者の視点から『ブロンディ』について最も詳しく感想を述べているのが、作家の獅子文六である。

アメリカ漫画の「ブロンディ」が、日本の新聞に連載された当初は、誰でも、ちょいと馴染《なじ》み悪《にく》かった。例えば、ブロンディの亭主ダグウッドが、二本の角のように髪を直立させ、ミッキィ・マウスのやうな顔つきをしてるのが、誇張に過ぎ、人間離れがして、興味を誘わなかったのである。

ところが、毎日あれを見ているうちに、いつともなしに、読者の情が移ってくるのは、不思議の感があった。

それは、どういう理由であるか、私の考えでは、あんな突ッ飛な筋や事件が、描かれていても、その底にアメリカの小サラリーマンの家庭生活が、いろいろ伺われる節があり、それが現在の日本人の興味を誘う性質を持っている（……）反対に、まるで知合いの日本人であるかのように、親しみと現実性を感じてくるのである。

るからではないか、と思う。

単に、アメリカの小サラリー・マンの家庭生活のみならず、それを通して、あの漫画は、日本人に対して、極く端的にアメリカやアメリカ人を教えてくれるのである。むつかしいアメリカ研究の本より、あの漫画を見る方が、解りが早く、解り方も具体的である。あのダブルベッドのみならず、電気機具その他の文化的設備も、フランス人やイギリス人の安月給取りの家庭では、まだ、夢にも考えられないことである。（……）われわれがあの生活を羨むのは、少し気が早いということにもなる。日本の最大の富豪でも、ブロンディ一家だけの設備を持っている家はないと思われる。

しかし、もっと大きな差を、私たちは、主婦としてのブロンディの上に、発見しなければならない。（……）ああいう形で、一家の主権が細君の手にあるのは、ブロンディの家庭ばかりではないのであろう。やはり、ああいう家庭生活がアメリカに多く、それによって、アメリカ人は家庭の幸福を見出しているのであろう。それにしても、我々の家庭と比べて、なんという相違であるか。日本の主婦も、亭主より賢くなる時代がきたら、やはり、ブロンディ一家のように、主権在主婦になるのであろうが、その将来は近いか、それとも遠いか。〔獅子文六 1949：26–27、ルビの一部を省略〕

獅子は家庭電化製品などの文化設備にふれながらも、それがアメリカの幸福の条件とみなしておらず、そのことよりも「もっと大きな差を、私たちは、主婦としてのブロンディの上に、発見しなければならない」と家庭の妻の位置に強く目を注いでいた。アメリカ人が幸福を見出しているのは、主婦が家庭の主権を握っているからだ、と断定する。「主権在主婦」とまで名づけた『ブロンディ』を象徴とするアメリカの家庭生活は、獅子にとっては危惧として映った。

アメリカ生活も経験している坂西志保は、朝日新聞社から出版されていた『ブロンディ』の単行本第四集の末尾に感想を載せている(11)。

主題は女主人公になっているが、彼女は実際は脇役で、人生喜劇の主人公はダグウッドである。バムステッド家はアメリカの中産階級を代表しているといってもよく、ブロンディ型の女性と、ダグウッド型の男性はたくさんある。ハリウッドの映画をアメリカの生活の全部だと心得ていた者は、この漫画を見て、私たちの生活とあまりかけ離れていないのに驚くであろう。毎日勤めに出ている主人公は、朝バスに乗りおくれないこと、夕方帰って来る時には疲れて食物と睡眠と熱い風呂のことしか考えられない。私たちはみんな疲れている。時代のテンポに比べて、生理的に人間は進化がおくれ、追いつけないのである。居間の長椅子に横になり、先ず一休みし、ブロンディの作ってくれた御馳走を食べ、熱い風呂に入って寝るのが人生の最大の幸福で、作家チック・ヤングは疲労の哲学を考えつき、それで読者をひきつけている。〔坂西志保 1948：56〕

坂西もまた、佐藤と同じく「私たちの生活とあまりかけ離れていないのに驚くであろう」と述べている。サラリーマンの生活のリズムというものは、中産階級を代表するバムステッド家のアメリカと変わらないことを告げながら、記者アレクサンダーの分析と同じ「疲労の哲学」を披露する。[12] 同じ年、坂西は『暮しの手帖』の「アメリカの暮しと日本の暮し」においても、「疲労の哲学」を示しながら、『ブロンディ』について、次のように述べる。

> 家族四人、犬三匹、女中がいないので家事に追われ、疲れてヘトヘトになるというブロンデ《ママ》ーにしても、ラジオ、電気冷蔵庫、暖房、電話から始まって、台所にはガスの料理用ストーブ、コーヒー、トーストをつくる電気器具がそろっている。電気洗濯機、掃除機、二十四時間熱湯が出て、私たちからいったら百万長者のような生活をしている。［坂西志保 1948：47、傍点筆者］

一般書のなかにも、『ブロンディ』の恵まれた家庭電化製品についての記述を見ることができる。もちろん、日本とアメリカの暮らしの比較をテーマとするところから、生活設備の違いとして、アメリカの暮らしの中にある家庭電化製品が挙げられるのは当然なことと言えよう。しかし、その言説の中に、「女中がいないので」との断わりが入っている。そのことは、デーヴィスがサーヴァントを持っているのが上流、ないし中流（上）と規定していたことからも、バムステッド家の社会的位置の指標を示しているわけで、女中のいる日本の家庭は別としても、女中のいない日本の庶民から見れば羨ましさをかき立てるアメリカ中流家庭（庶民）としてあらわされているわけである。続けて、生活設備から百万長者のように見える暮らしだけが幸福ではないとして、坂西は次のように説く。

私たちが楽しく、意味ある生活をするためには、物質的に恵まれた、豊かな環境も重大であるが、同時に現在のような場合にも、お互いに人間的な理解と同情とがあれば、もう少し生活は楽しくなると思う。［坂西志保 1948：49］

「労働の疲れを癒す」場としての家庭の機能面に焦点をあてる坂西には、アメリカの暮らしを紹介するにあたって、『ブロンディ』を引き出し、あくまでもアメリカの家族関係の良さを学ぼうとすることが視点であった。

一九四九年四月一二日付『朝日新聞』の天声人語は、次のように『ブロンディ』を評している。

どこにでもころがっている小市民の家庭だが、その中にはいつでも食糧が入っている。台所は電化されてるし、主婦としての悩みは皿洗いだけだ。冷蔵庫もあるし、家計の苦労という場面は一度も出てこない。一家の責任者は亭主ではあるが、家庭の主権者はむしろ主婦である。どちらかといえば、夫の方から男女同権をさけびたいくらい。家庭における主婦の地位と権威はたいしたものである。［朝日新聞 1949.4.12付］

この評にも、家庭における高い主婦の位置に感嘆する。ブロンディの家をどこにでもある小市民の家庭と捉え、電化された生活も妻の苦労が軽減されている点に還元され、家庭の中における妻の位置が主たる関心であることが理解できる。

坂西と同じく、『ブロンディ』単行本第七集の末尾に、荒垣秀雄が「ブロンディ漫画の魅力」を寄せている。荒垣は、日本の漫画の主人公に比べてブロンディ夫人の美しさにいたく感心する。

彼女は原子爆弾が目の前で爆発しても、美しい顔を歪めそうにもない。それに、あの腰から脚にかけての色っぽい美しさはどうだろう。（……）ブロンディの表情は、アメリカ標準型大量生産のモナ・リザのように永劫不変だが、腰から下の線には清潔なエロティシズムの千姿万態が湛えられている。［荒垣秀雄 1950：57］

そして荒垣は、作者が夫と夫人のどちらに愛情を注いでいるかについて言及しながら空想する。

夫のダグウッドはいつも失敗ばかりして、いつも愛妻にシテやられてばかりいる。確かに彼は喜劇の主人公である。しかし作者はこの哀れな愛すべき男に満腔の愛情を注いでいるように見える。画面では明かにブロンディ夫人が常に勝利者ではあるが、作者はこの若く美しい奥さんを媒体にしてアメリカ女性に痛烈な批判を浴びせかけているように思えることもある。漫画は文明批評である。

それで僕はフトこんなことを空想することがある。ダグウッド君をいつか一度日本に招待して、ドテラでも着せて「オーイ」と女房を顎でこき使って亭主関白を極めこませて見せようかな……だが、すぐに思い直して、余計なお節介はすまいと思う。そんなことをしたら「ブロンディ」は一ぺんで世界の人気を失墜してしまうだろう。あれが、廿世紀なかばにおける小市民の、平凡なる幸福の最大公約数なのだろうから……。［荒垣秀雄 1950：57］

妻の家庭での勝利はチック・ヤングのひねりであって、女性に批判を込めているものと述べる荒垣は、日本の土俵に立った夫という位置から発した思考に他ならない。それは、日本という場にダグウッドを立たせた空想の亭主関白像に如実に示される。それでいて荒垣には現状の夫の位置からの思考であるという自覚があり、妻が家庭の勝利者になることは多くの人が認める幸福への教えである、と自己を戒めるのである。

掲載時の読者は、主人公の奇抜なヘアー・スタイルなど一目で目に飛び込むものにも注目したものの、一番には、家庭での妻の高い位置に目を見張ったのである。それは、第2章で論じた『ブロンディ』の内容分析における家族関係の領域であり、その中でも当時の人々は特に夫婦関係の妻の位置に最も強い関心を寄せたわけである。そのことから、明確に述べてはいないが、『ブロンディ』に描かれた夫婦関係から、ぼんやりと「民主的」なもののイメージを見ていたのではないか。夫の位置からは妻が勝利をおさめる家庭が日本において現実化することに居心地の悪さを示しつつも、読者としてはその関係をすこぶる明るく捉えていた。また、たとえ家庭電化製品が目に入っても、それは妻の家庭での高い位置を論ずる上で述べたに過ぎなかったのである。

以上で見てきたように、掲載時の『ブロンディ』はさまざまな語り方をされていたが、それが掲載終了後に振り返られる際には、どのような漫画だったとして語られるのだろうか。5－3では、『ブロンディ』掲載後、すなわち一九五七年以降に文献にあらわれた語りついて見てみることにする。

5－3　掲載後のブロンディ像（一九五七年〜）

(1) アメリカ的生活様式への誘い――研究書のなかの語り

では、掲載後に当時を振り返った研究文献において、『ブロンディ』はどのように記述され、位置づけられているのかをみていくことにする。

安田常雄は、「アメリカニゼーションの光と影」の中で、次のように述べる。

占領下で日本人がこの漫画に見たものは、まず電気冷蔵庫、電気洗濯機、電気掃除機にはじまって、居間、食堂、浴室、寝室のダブルベッドという「モノ」の威力であったことは疑いない。それは五〇年に、獅子文六をして「日本の最大の富豪でも、ブロンディ家だけの設備を持つ家はない」とためいきをつかせたのである。おそらく庶民にとっても、ダグウッドが夜中に腹がへると、台所から両腕いっぱいに食べ物をもって、寝室にもどり、大きなサンドウイッチを作ってベッドでムシャムシャ食べる場面に、引き込まれたと思われる。〔安田常雄 1995：266〕

当時の日本の人々にアメリカの生活様式への憧れを喚起させたのは、漫画『ブロンディ』であった、というのである。

文化人類学者の石毛直道も、昭和二〇年代の日本を、特定の国であるアメリカ文明の全体像をモデルとして採用しかけた時期と捉え、以下のように、『ブロンディ』が「アメリカ的生活様式への憧れ」をつくる大きな要因であったとする。

アメリカ的生活様式へのあこがれは消費生活の豊かさ、生活をささえる機能的装置群に集中した。それは、ブロンディの漫画における冷蔵庫（そのなかにはいつも食料がつまっており、分厚いサンドイッチがすぐにつくれる）、洗濯機、テレビ、自動車などに象徴されるくらしであり、アメリカ映画もその媒体であった。〔石毛直道 1987：40〕

また、映画評論家の佐藤忠男も、『アメリカと日本』の中で、「幸福な生活」と「アメリカ」のイメージが『ブロンディ』によってつくられたとして、次のように述べる。

冷蔵庫、自動車、近代住宅、ハイウエーなどわれわれが現在、何とはなしにいだいている「幸福な生活」の原型。あるいは「手前勝手なところもあるがおおよそ善良」というアメリカ人に対するイメージ。こういったものは、あの

ころのアメリカ映画とブロンディ漫画によって形づくられたものでしょう。〔朝日新聞社編 1971：133〕

このように、掲載後の「研究書」のなかの語りにおいては、敗戦直後の日本の人々がアメリカの生活様式、それも家庭電化製品や自動車といった文明機械装置に憧れを抱いたことを論述する際に『ブロンディ』が引用されており、『ブロンディ』がアメリカの生活様式を誘う存在であったということが分かる。言いかえれば、『ブロンディ』に描かれたアメリカの生活様式が「戦後日本のモデル像」になったという捉え方がなされているのである。ここにみられる語りは、掲載時のようにこの漫画をさまざまな受け止め方で見るのではなく、『ブロンディ』＝憧れ＝文明機械装置（家庭電化製品や自動車などのモノ）、という単線的な切り口で見ていることが分かる。そして、こうした語りが登場することによって、掲載後の人々にとって『ブロンディ』は、掲載時（敗戦直後）の日本の人々がアメリカの暮らしへの憧れを抱いた漫画だったとして受け止められていくのである。

では最後に、掲載後の「一般書」のなかの語りに登場するブロンディ像は、どのようなものであろうか。

(2) 豊かな国＝アメリカ——一般書のなかの語り(13)

『ブロンディ』が『朝日新聞』に連載された頃、高校生であった井出孫六は毎日欠かさず『ブロンディ』を読んでいたようで、後の著書で「ダグウッドとブロンディ夫婦の演ずるアメリカの中流家庭の日常は、当時の空腹をかかえた日本人にはちょっと高嶺の花にみえ」たと語る〔井出孫六 1991：115〕。空腹を抱えた井出にとって「アメリカの日常」とは、「ダグウッドがものすごく大きなサンドイッチを食べるのを見て、アメリカの豊かさを見せつけられたような感じがした」〔鶴見俊輔・亀井俊介 1980：11-12〕、と亀井俊介が述べるサンドイッチなどの食べ物を指すのであろうか。TVドラマ『百年の物語』で放映された一九四九年三月七日付の『ブロンディ』漫画では、冷蔵庫をバックに両手一杯に抱えた大きなサンドイッチを抱えて、ダグウッドは「寝床で食べるなんて妙な習慣をどこでおぼえたんだろうナ！」と語っている。おそらく、この漫画に見られるようなシーンから上述の印象が形成されたのであろう。同じように、自分史を語るなかで『ブロンディ』の大きな影響を述べる山本明は、次のように語る。

家事合理化が進んでいて、電気掃除機、電気洗濯機が使われ、風呂は、自動給湯機つきだし、大きな電気冷蔵庫には、ハム、ソーセージ、タマゴがいつも入っている。ダグウッドは、夜食に大きなサンドイッチを作って、ベッドでパクつくのである。

私たちは、こういうアメリカ式生活様式を、「ブロンディ」で知って、「いつになったら、こんな豪華な生活ができるのだろう」と、半ばあきらめ気分で、アメリカを夢みたのであった。「ブロンディ」は、アメリカの日常生活が印刷されたショーウィンドゥであった。〔山本明 1986：111〕

懐かしそうに当時を語る彼らは、ダグウッドが夜食にサンドイッチをとる姿に、アメリカの豊かな中流家庭の日常生活を見ていたのである。

ただし、食べ物にのみ注目して豊かさを捉えるだけではなく、食べ物の背後にある電気冷蔵庫、そして他の家庭電化製品をも捉えていた。台所を舞台に描かれたサンドイッチに代表される食べ物の豊かさを、電気冷蔵庫と共にパッケージ化させていたのだ。食べ物と電気冷蔵庫がパッケージ化された『ブロンディ』の生活を、アメリカの日常生活と捉え、「アメリカの生活様式」として刻んだのである。山本は、「私にとって、アメリカの生活とは『ブロンディ』に見る生活のことであった」と言い切っている〔山本明 1986：178〕。

また、小野耕世は『ブロンディ』の思い出を次のように語る。

電気冷蔵庫があって、洗濯機があって、文化的な生活なんですね。そして、そういう生活の細部とともに、暮らしのなかのモラルみたいなものが描かれているんですよ。〔安田常雄・天野正子編 1991：117〕

舞台背景の家庭電化製品に導かれた文化的生活に引きずられるように、家族の関係のモラルが描かれたと語る。また、ある女性読者は、敗戦後を振り返る中で『ブロンディ』への思いを語っている。自分の家の台所では、一日に二、三回も水がきれ、チョロチョロとしか流れない心細い水道と、配給の生木の薪で煙だらけであった。その現実を前に毎朝目に飛び込む『ブロンディ』の暮らしは、読むたびに彼女にため息をつかせた、として次のように語る。

亭主のダグウッドが家庭のなかで小さくなってオドオドしているのに、ブロンディの若々しく活動的なこと、それも手を汚さないで掃除や洗濯のできる電化生活と何か関係があるように思っていました。〔天野正子・桜井厚 1992：137〕

彼女にしても、家庭での主婦の生き生きとした活動は家庭電化製品に起因するものと捉えていた。掲載後の一般書のなかの語りには、活動的な主婦の原動力は家庭電化製品という論理が埋め込まれているのである。言いかえれば、家庭電化製品に支えられてこそ、妻が高い位置にある家庭生活が可能という筋書きである。手にしたこともない『ブロンディ』に描かれた電化製品が、あたかも魔法の杖のごとく主婦の地位を高めるものとして捉えていた。掲載後の人々にとって、アメリカの家庭電化製品への憧れを強く誘うメディア、それが漫画『ブロンディ』だったのである。

以上、まずは5-1で『ブロンディ』が現在はどのように捉えられているのかを示し、つづく5-2、5-3において、『ブロンディ』の語りを、「掲載時」か「掲載後」か、さらにそれが「研究書」のなかの語りか「一般書」のなかのものか、という二つの軸で分類し整理した。

その過程からはいくつか読みとれることがある。まず、掲載時の「一般書」の語りにおいて見られた「憧れ」としての『ブロンディ』が、掲載後に当時を振り返った「一般書」や「研究書」の語りを経て、現在に継承されているということである。

しかし、ここで注目したいのは、掲載時の人々は、ただ家庭電化製品や巨大サンドイッチへ憧れていたというよりも、夫婦の関係に見られる言葉にならない「民主的」なものを求める感情が強く存在していたということである。しかし、掲載後はそういった側面は削ぎ落とされ、振り返って語られる際には、ただ平板な憧れの存在として語られている。さらに、そのような平板な語りに正統性を付与し、アメリカ的生活様式への憧れを誘っている存在としてブロンディ像を描いたのが、掲載後の「研究書」の語りである。

なぜに掲載時の「研究書」の分析が、同時期の「一般書」の語りと背離し、そしてそれらが、なぜに掲載後の語りのなかでは消えてしまったのであろうか。ブロンディ像のズレ、ならびにその社会的背景と定説化に至るメカニズムを解明することは、戦後日本の社会意識とアメリカ文化の受容を解く鍵になるのではないか。

第6章

『ブロンディ』の社会的知覚とアメリカ（1）

第5章では受信者側の大きなズレが浮き彫りにされたのだが、なぜに、同じ漫画であるにもかかわらず、掲載時と掲載後、研究書と一般書で、これほど大きく異なる『ブロンディ』像が生まれたのであろうか。そこには第2章で分析した発信元の漫画と受信者側の捉え方とを単純に比較検討するだけでは回収できない問題がある。すなわち、各々の語りに大きく影響していると考えられる、語り手の社会的位置や時代状況を見ていく必要があると考える。

そこで本章では、まず6‐1において、ズレ解明のための方法論を検討・提示する。ここでは、物事の認識のあり方を「社会的知覚」「知覚の網」という考え方で整理し、さらに社会的知覚のあり方を「属性」「投影性」「時代性」という三段階に分けて検討することを提案する。そして6‐2で分析するデータを整理し、6‐3から6‐5において、実際の資料を読み解くなかで「知覚の網」形成のメカニズムを明らかにする。こうした記述を通して、掲載時にはさまざまに語られていた『ブロンディ』が、掲載後の語りのなかで抽象化／平板化され、その平板化された『ブロンディ』像が正統性を獲得するに至った過程を解明したい。

6－1 「社会的知覚」と「知覚の網」――方法論

同じ『ブロンディ』を見たのにもかかわらず、異なる受けとめ方となるのはどうしてなのであろうか。このこだわりこそ、社会学的関心を大いにかき立てるものであった。

「対象化された主観性の記述は客観性の内在化された記述を暗に示している」[Bourdieu 1965=1990：4]と説くピエール・ブルデューは、人々が意識せずに撮った写真にも、各集団あるいは各階級がそれぞれに持つ固有の利害に応じた機能が入り込むものだとみなし、「写真」を研究するにあたっては、個々の実践に付与されるそれらの利害が、写真撮影という実践をいかに規制し、そして組織しているのかを明らかにしなければならない、と提示するのである[Bourdieu 1965=1990：11–12]。

上記のブルデューの示唆は、メディア発信者の背後にある客観性を問題にする議論である。『ブロンディ』に援用すれば、『ブロンディ』の作者チック・ヤングが描く内容には作者が位置する階級内の価値、関心が織り込まれるということになる。すでに第Ⅰ部で明らかにしたように、彼の描くアメリカの生活は、中流（下）の集団が持つ関心なり、利害に応じたものであった。

このようなメディアにおける客観性の問題は、発信者の側だけですまされるものではない。ブルデューに沿って述べれば、メディアの受け手の知覚や印象の中にも、各集団あるいは各階級が持つ固有の利害に応じた機能が入り込むことになる。それゆえ、発信者、受信者共に検討すべき問題と言えよう。要するに、写真だけではなく、文学、小説、映画、漫画などの作品は、それ自身がメッセージを発するとともに、発信者／受信者双方が、社会のなかでどのような関心や利害を持つ集団にあるかという自己認知の媒体ともなっているということである。

もう少し別の角度から説明しよう。図6－1をご覧いただきたい。アの写真は一八五三年に開国を求めて浦賀港にやってきたアメリカ使節マシュー・C・ペリーである。ペリーは日本の人々にとって初めて認識されたアメリカ人であった。肉筆画のイ「北亜墨利加共和政治州使節ヘルリ真像」ではペリーはさながら鬼のような顔である。また、ウ「船大将欽差大臣提督海軍統帥まつちうせぺるり」では写真に近いとはいえ、手に注目すると爪が長く鳥のようである。欽差大臣とは清国で特定の問題について全権を皇帝から与えられた役職のことを指すわけで、それゆえエの「欽差全権国王使節」では中国の武将のように描かれている。浦賀に威容をはなった黒船と見知らぬ国の人に、当時の人々はこれまで抱いていた恐ろしいイメージや知っている異国人のイメージを重ねあわせて、アメリカ人像に仕立てあげたということであろう。ところが、オの「北亜墨利加人物ペルリ像」では西郷に似た愛くるしい顔のペリーである。加藤祐三［『朝日新聞』2000.10.29付］は、役者絵、武者絵、美人画というものが画家による相手への思いをその絵に表現したものであるように、描いた者の心理的な距離の取り方でペリーは目じりを下げた童顔となったり、異形となったりしたのではないかと述べる。個人的かつ心理的な距離感が、対象をねじ曲げて、自己のこれまでに蓄積されたカテゴリーに該当する画像をその対象に投影するということである。

このように、対象との距離や、職業などの社会的役割など、さまざまな社会的要因によって社会的に構成された認識のあり方を、バリー・マルコヴスキーは「社会的知覚（Social Perception）」と名付けている［Markovsky 1994］(2)。その例として、オーディオ・コンポが入っている大きなガラスドアの付いた一メートル程の高さのキャビネットを見る時、建具屋は建具や仕上げに関心を示し、オーディオマニアはキャビネットの中のオーディオ・コンポにのみ目を注ぐことを指摘する［Markovsky 1994：76］。

では、このような社会的知覚を生んだ社会的要因については、どのように考えればよいのだろうか。ガストン・バシュラールは、人は、世界すべてを知覚することができずに、対象のある部分を剥ぎ取りながら見ていると言う。す

イ 北亜墨利加共和政治州使節
ヘルリ真像

ア ペリーの写真

エ 欽差全権国王使節

ウ 船大将欽差大臣提督海軍統帥
まつちうせぺるり

図6-1　ペリー像にみる社会的知覚
※ アは家永三郎編『日本の歴史4 ――明治維新』[ほるぷ出版 1977：23] より。
※ イ～オは『朝日新聞』(日曜版)[「イメージの1000年王国をゆく　名画日本史」2000.10.29付] の「ペリー図」より。なおイは肉筆画で、ウ・エ・オは瓦版であり、この四点は黒船館所蔵である。

オ 北亜墨利加人物ペルリ像

なわち、人は現実に直面した時、自己の知識の範囲内で対象を認識し、それ以外のものを蔽い隠してしまう。そのため、現実とは、人が当然そう考えるべきであるものとしてあらわれるものだと言うのである［Bachelard 1938=1975：19］。バシュラールは、このような客体（＝対象）の認識をはばむ障害を「認識論的障害」と名付け、これを明らかにする視座として、まず第一印象、次にその対象について流布する一般的な概念、すなわち先入観を挙げている［Bachelard 1938=1975］。

また、W・リップマンは「疑似環境」と名づけた環境イメージを提示した［Lippmann 1922=1987］。対象となるものが、時間的にも空間的にも閉ざされていたり、対象そのものがあまりにも複雑で捉えきることができなかったりした場合には、自己の頭の中にその対象にかかわる映像を思い描く「環境イメージ」を構成する。そして、その環境イメージに対応させながら人間は行動することになるというのである。特に、現代社会が膨大かつ複雑になった現実に取り囲まれているがゆえに、疑似環境に頼らざるを得なくなり、現実の環境と齟齬を起こすのだという。また、未知の事物や状況に出会った時、人は所属する集団内で広く受け入れられている普遍的で画一的な観念やイメージに頼ることによって、その意味を確定しようとする傾向がある。それゆえリップマンは、ステレオタイプはある程度不可避であるとして、次のように述べる。

> われわれはたいていの場合、見てから定義しないで、定義してから見る。外界の、大きくて、盛んで、騒がしい混沌状態の中から、すでにわれわれの文化がわれわれのために定義してくれているものを拾い上げる。そしてこうして拾い上げたものを、われわれの文化によってステレオタイプ化されたかたちのままで知覚しがちである。
> ［Lippmann 1922=1987上：111-112］

日本を占領するアメリカには、さまざまな階層からなる文化があったであろう。しかし、その複雑性を抱いたまま受け入れたのでは、安堵した生活はできない。複雑なアメリカを平板なアメリカとしてイメージ化する過程が、日本の場においてあったのではないかと考えられる。

バシュラールやリップマンを参考に考えれば、人は、対象をそのまま知覚するのではなく、認識の過程で障害となるものや、一般的なイメージに頼るなど、何かしらのフィルターを通して「社会的知覚」に至っているということになる。本稿では、そういったフィルターを総称して、「知覚の網」と名付ける。

以上のことをまとめると、本章の目的は、当初さまざまに受け止められていた『ブロンディ』が、一つの平板な「社会的知覚」へと至る過程にあった「知覚の網」を捉えることであると言える。

さらに本稿では、より詳細に検討するため、「社会的知覚」を次の三段階に分けて整理することにしたい。まず、知覚する側の社会的位置や役割が対象を限定する知覚、これを「属性知覚」と呼ぶことにする。次に、知覚する側が前もって抱くイメージが対象を捉える際に投影されることで対象を限定する知覚、これを「投影性知覚」と呼ぶことにする。最後に、これら二つの社会的知覚をも包み込み、かつ起動させる知覚、すなわち、時代が持つ価値が社会全体を覆い、知覚すべき対象や対象のどの側面を知覚すべきかまでをも限定する知覚、これを「時代性知覚」と呼ぶことにする。これら三つの段階について、それぞれ6－3、6－4、6－5において検討したい。

6－2　バイアスのかかった社会的知覚——分析データの整理

マルコヴスキーは、自分たちの態度に影響を与える要素、すなわち社会的知覚に充分気づかず、事実の後に自分の行動を説明したりしていることを問題として捉えつつも、これまでの社会的知覚研究には際立った論考がないことを指摘する。そして、社会的知覚研究に向けた最も意義深い着眼点は「人間の判断におけるバイアス」にあることを示唆する。マルコヴスキーの示唆に沿って、「知覚の網」を検討するとなれば、まず着手すべきことは実際に発信された『ブロンディ』を知覚する人々にどのようなバイアスがあったのかを浮き彫りにする事に他ならない。となれば、第2章で行なった内容分析だけでなく、ある基準に基づいた客観的な『ブロンディ』像を立ち上げることが必要となる。上述のペリー像の例でいえば、写真機を通して映し出された客観的なペリーの肖像写真によってはじめてさまざまに描かれたペリー像のバイアスが明確になるわけで、本章の分析においても、この写真に該当する客観的基準となる『ブロンディ』像が必要になる。

そこで、『ブロンディ』に登場する道具や内容などを計量化し、基準となる『ブロンディ』像を設定した。この像をもとに、さまざまな語り――たとえば「家庭電化製品に溢れた豊かさ」と「豊かではない」という両極に位置する語り――が生じた背景を考察する。基準となる数値から「語り」が大きくかけ離れていればいるほど、すなわちバイアスは大きく、そこに検討すべき「知覚の網」が存在するということになる。また、どちらの「語り」が、実際の『ブロンディ』像に見合っているのかを検討することもできる。

計量化にあたっては、『朝日新聞』に掲載されたすべての『ブロンディ』、すなわち一九四九年の三五五日、五〇年の三〇九日、五一年の七〇日の、合計七三四日分を対象とし、四コマに登場した「舞台装置・道具」および「内容」をそれぞれ項目別に分類し、登場回数をカウントした。また、描かれた一つの分類項目が一コマでも、あるいは四コマすべてに描かれていても、一つのストーリー展開の中で描かれたものとして一つと数えた（そのため、登場回数の数値は登場日数を指すことにもなる）。ただし、「舞台装置・道具」の数値には、画として描かれていなくとも、会話に登場したものは回数に入れた。「内容」についてのカウント方法については、たとえば、ダグウッドが出勤を急いで家を出るものの、ブロンディにキスを催促されて戻るシーンが描かれていた初回の掲載漫画（図4－1）は、「出勤を急ぐ」、「妻からの指示」、「キス」の三項目の内容が重なっているので、それぞれの項目にカウントした(そのため数値は、延べ数となる)。このような規準に基づいて計量化した『ブロンディ』が表6-1である。

(1) 舞台装置・道具のデータをめぐって(表6-1)

最初に舞台装置・道具のデータから検討してみることにしよう。

最も多く登場した舞台装置は「パーソナルチェアー」の一三七であった。二番目に多かったのはブロンディの料理の場「キッチン」の一一〇である。「キッチン」と朝食時における夫婦の会話の舞台となる「ダイニング」四六と合わせると一五六にもなる。これらは、内容のデータ(表6-3)の項目「食事」一四二に示されるように、いかに日常生活の中で食事が中心に描かれているかをうかがわせる。そのことは、食事が家族をつなげる場として示すことでもある。ただ、『ブロンディ』掲載後の一般書のなかで読者が羨ましく思った、食の豊かさの象徴であるサンドイッチは三三であり、合計七三四から考えると三三の登場数値は、彼らが強く印象づけられた印象度に相当する数値とは言いがたい。ダグウッド・サンドイッチが夜食として登場し、通常の食生活以上の食べ物として描かれているゆえに、強く印象づけられたとも解釈できる。

では、そのダグウッド・サンドイッチと共に、山本明をして「こんな生活は、当時の日本人にとっては、夢のまた夢であった」[山本明 1986:138]と言わしめた〝豊かさ〟の象徴としての「家庭電化製品」はどうであろう。さすがに「冷蔵庫」は八七と登場回数は多く、家庭電化製品の総合計は二〇七になる。しかし、家庭生活を和ませ楽しませる機能や、家事労働に代わる利便性の機能とは用途の異なる「電話」と「玄関ブザー」を除くと、「冷蔵庫」以外の家庭電化製品は三七にしかすぎず、そのうち「掃除機」が一八で、その他の道具として描かれる電化でない掃除用具「ほうき」一一と比べて、はたして多いと言えるのであろうか。また、「洗濯機」にいたっては、わずか四回の登場に

表6−1 『ブロンディ』に描かれた舞台装置・道具の統計

	1949年(355)	1950年(309)	1951年(70)	合計(734)
〈家庭電化製品類〉	**92**	**98**	**17**	**207**
冷蔵庫	38	42	7	87
掃除機	6	9	3	18
洗濯機	2	2	0	4
電気パン焼器	3	0	0	3
ラジオ	0	3	0	3
テレビ	0	3	0	3
アイロン	2	2	0	4
ヘヤードライヤー	0	1	0	1
電気缶あけ機	1	1	0	2
電話	30	30	5	65
玄関ブザー	10	5	2	17
〈その他の家庭機器〉	**29**	**35**	**3**	**67**
ガスコンロ	20	28	2	50
湯沸かし機	0	0	1	1
ストーブ	9	7	0	16
〈他の道具〉	**40**	**30**	**6**	**76**
ほうき	6	5	0	11
ちりとり	1	0	0	1
モップ	1	3	2	6
手動掃除機	0	0	2	2
芝刈り機	3	2	0	5
水まきホース	4	1	0	5
パイプ	19	15	2	36
万年筆	3	4	0	7
ゆたんぽ	3	0	0	3
〈住まい・インテリア〉	**257**	**269**	**64**	**590**
パーソナルチェアー	57	61	19	137
ソファー（寝椅子）	35	30	12	77
洗面・バス	33	34	8	75
ベッド	41	46	5	92
キッチン	52	47	11	110

	1949年(355)	1950年(309)	1951年(70)	合計(734)
ダイニング	16	25	5	46
地下室	3	1	0	4
庭	6	4	0	10
子供部屋	2	3	1	6
子供の机椅子	4	0	1	5
クローゼット	8	18	2	28
〈交通〉	**22**	**5**	**3**	**30**
バス	13	4	2	19
バス停	7	0	1	8
タクシー	2	0	0	2
車	0	1	0	1
〈食べ物〉	**63**	**49**	**9**	**121**
サンドイッチ	13	17	3	33
ハンバーガー	1	0	0	1
ドーナツ	2	1	1	4
パン	2	4	1	7
ケーキ	1	0	0	1
パイ	3	1	1	5
スープ	2	1	0	3
サラダ	1	3	0	4
肉類	6	6	0	12
たまご	3	7	0	10
ミルク	2	0	0	2
コーヒー	10	3	1	14
アイスクリーム	2	1	0	3
ガム	2	1	0	3
菓子類	10	3	2	15
ジュース類	3	1	0	4

※ 表6-1～6-3まですべて、拙稿「ブロンディ（1）——戦後日本におけるアメリカニゼーション」［1997：161］より作成（カウントしたのは1949年1月～1951年4月15日の間に掲載された合計734日分の『ブロンディ』）

※ 燃料が電気ではないもの、あるいは限定できないものは〈その他の家庭機器〉としてまとめた。

しかすぎないのである。さらに、「電気カンあけ器」一にしても時折バムステッド家にやってきては信用のおけない商品を売りつけようとする押し売りが差し出す得体の知れない電気製品であり、決して実用価値のあるものとして描かれたものではない。トータル七三四の分母数から考えてみると、「冷蔵庫」を除く家庭電化製品の数値が他の装置・道具に比べて多いとは言いがたい。「家庭電化製品に溢れた生活」という掲載後の一般書における語りや、掲載後の研究者である安田常雄が「モノ」の威力であった［安田常雄 1995：265–266］と位置づけるのに見合う数値とは思えない。

そこで、もう少し詳細に検討してみることにする。

キッチンを舞台にした画（図2－17、五七ページ）に注目してもらいたい。内容は、自分たち用に大きな家をほしかったものの妻の家事負担が増えると思って断念したことをダグウッドがブロンディに告げたことで、ブロンディから掃除を指示されるものである。一コマ目ではブロンディがコンロで鍋を持ちながら料理をしている。ダグウッドは新聞を片手に妻に語りかけているが、その背後にある長方形の形をした装置は三コマ目にも描かれていて、キッチンという場面設定からも冷蔵庫と知覚できよう。そして、四コマ目ではダグウッドがほうきやバケツなどの掃除用具をいっぱい持って立ち去る姿が描かれている。よく見れば、その用具のなかに電気掃除機も知覚できる。

しかし、このような知覚は、家庭電化製品に溢れた現代ゆえに、シンプルなイラスト図でも電気冷蔵庫や電気掃除機として、自明のごとく捉えられるのである。当時の日本の人々は氷を入れて冷やす冷蔵庫も所有していなかった。まして『ブロンディ』漫画で描かれている冷蔵庫には、電気コードも描かれておらず、何故に貯氷式の冷蔵庫でなく電気冷蔵庫と知覚できたのであろうか。さらに言えば、冷蔵庫や電気掃除機が現実に存在しない生活の中で暮す人々にとっては、その機能が示されていなければ、電気冷蔵庫や電気掃除機を知覚することはできないのではないか。たとえばドラマ『百年の物語』で放映された『ブロンディ』（図5－1）ならば、ダグウッドが抱えるサンドイッチの背後に扉が開けられた冷蔵庫が描かれており、そこから材料を取り出したものとしての機能が示されているわけで、その文脈から、冷蔵庫と知覚することは可能だったであろう。また、図5-2のようにブロンディが「大急ぎでソウジをして」と愛犬デージィに語りながら掃除機を動かす画であるならば、掃除用具の掃除機として知覚可能となろう。

ところが、上述の大きい家をめぐるストーリーの『ブロンディ』(図2-17)では、電気冷蔵庫も電気掃除機も使用されていない。どのような機能を果たすものかを理解できた上ではじめて、読者はどのような装置かを知覚できるわけであって、はじめて見る装置を電化製品と知覚できるものではない。ところが、機能を示していないものも電気冷蔵庫として合計八七の中にカウントしたので、客観性を示すデータ自身に、客観性を疑う要素が入り込んでいたことになる。チック・ヤングはこれらを台所を表現する舞台装置の一つとして描いているわけで、電気冷蔵庫を知らない読者が、単なる家具の一種と知覚しても不思議ではない。毎日のように『ブロンディ』を読み、一度でも機能を果たした道具として描かれていたがゆえに、そのことを深く頭に刻み込んだ読者か、すでに家庭電化製品についてある一定の知覚水準を持った読者でもない限り、知覚することはできない。このように突き詰めて考えれば、あらかじめ機能が理解されてはじめて、その製品が正しく家庭電化製品として知覚可能となる。特に冷蔵庫の場合は、使用されずにキッチンの家具システムに組み込まれただけでは、よほど注意をしない限り冷蔵庫と知覚できない。

このような問題から、「家庭電化製品」の項目について、新たなデータの精緻化を試みた。まず、用途の異なる「電話」と「玄関ブザー」を除き、四コマ漫画の中で家庭電化製品が使用されつつ描かれている場面や、たとえ舞台背景であったとしても、読者が明確に家庭電化製品として読み取れる画を数え上げてみることにした。その数値が表6-2で示したものである。すると、「冷蔵庫」に関してもほぼ正確に冷蔵庫と知覚しうるものは二〇となる。先の二つを除いた家庭電化製品全体の合計は四二で、ダグウッドが愛用する「パイプ」の数値三六と変わらないことになる。また、「電気掃除機」の一二の数値は、掃除という同じ機能を果たす「ほうき」の一一と「ちりとり」の一を合

表6-2　機能が描かれた家庭電化製品統計

	1949年(355)	1950年(309)	1951年(70)	合計(734)
冷蔵庫	13	5	2	20
掃除機	5	6	1	12
洗濯機	1	1	0	2
電気パン焼機	3	0	0	3
ラジオ	0	2	0	2
テレビ	0	0	0	0
アイロン	1	1	0	2
ヘヤードライヤー	0	1	0	1
電気缶あけ機	0	0	0	0
合計	**23**	**16**	**3**	**42**

わせた数値とまったく等しい数値となる。このように機能を理解できる数値を基準に電化製品を検討して見ると、「家庭電化製品に溢れた生活」との知覚のされ方に疑問を抱かざるを得ない。

「電気パン焼機」にしても、食事にかかわる「ダイニング」の四六の数値に見合う登場があってもおかしくないのだが、三回しか登場していない。余暇としてイスに座っている場面が一三七あり、もしバムステッド家が家庭電化製品に満たされているならばその登場回数に見合った数値でラジオやテレビを楽しんでも良いと思われるのだが、「ラジオ」や「テレビ」の項目は共に三であり、しかも機能を示す登場では「ラジオ」の二回だけである。毎日欠かさず『ブロンディ』を愛読していた読者でもない限り、バムステッド家にある家庭電化製品のすべてを把握することなどできるはずがない。にもかかわらず、「家庭電化製品に溢れた『ブロンディ』」と知覚されるのである。たった一度かもしれない、ある品目の家庭電化製品との出会いをもとに、読者は他の家庭電化製品を連想しながら『ブロンディ』を読んでいたとしか説明しようがない。このようなことから、掲載時の読者は家庭電化製品に対し、少ない登場回数にもかかわらず強く印象づけられていたということであり、めったに目に触れることができない電気掃除機や電気洗濯機等についても意識的に目が注がれていたということで、掲載後の読者の家庭電化製品に対するバイアスのかかった知覚が浮き彫りになる。

　さらに驚かされるのは、知覚のバイアスだけではなく、実際の『ブロンディ』では所有されてもいないものまでが、所有されていたものとして、語られていたことである。石毛直道は『ブロンディ』漫画から、冷蔵庫・洗濯機とあわせてテレビ・自動車に象徴されるアメリカの生活様式に憧れを抱いたことを語っていた［石毛直道 1987：40］。佐藤忠男も、『幸福な生活』の原型がブロンディ漫画によって形づけられたとして、冷蔵庫と共に自動車・ハイウエー等を挙げていた［朝日新聞社編 1971：133］。また、ドラマ『百年の物語』［TBSテレビ 2000.8.28］でも、子供の作文朗読に「自家用車もあります」と語らせていた。しかし、バムステッド家には車もテレビもないのである。新聞に初めて掲載された『ブロンディ』（図4－1）で、ダグウッドがバスに乗り遅れるシーンを描いていたように、バムステッド家には自家用車はなく、「車」の項目の一は、娘クッキーが「モーター・スクーターを買って」と安いアイスクリームを仕留める戦術として父ダグウッドにとんでもない高価なものを挙げるシーン（図2－7）を、会話に登場した物として「車」にカウントしたにすぎない。「バス」一九のデータに示されるようにダグウッドは毎日バスで会社に通うサラリーマンである。「タクシー」の二を除いて、車は一切登場しない。

　また、テレビに関しても、確かに統計上では三回登場する。隣のウッドレイがプロレスを見ないかとダグウッドを誘う場面［1950.3.28付］、入浴中のダグウッドに調査員がテレビのアンケート調査に来る場面［1950.5.27付］。そして、隣のウッドレイが所有するテレビを盗み見するため大きな鏡を持ち出し、家族そろってその映像を鏡に映して見ようとする場面（図6－2）の三回である。このように、『朝日新聞』に掲載された『ブロンディ』に関する限り、バムステッド家にはテレビもなく、自動車も所有していないのである。所有しないものをも含めて、『ブロンディ』に登場する家庭電化製品はおろか、その延長線上の電化製品や進んだ乗り物としての自家用車までパッケージ化して、「戦後日本のモデル像」と定義づけたのである。

このような「家庭電化製品」に対する知覚のバイアスは、ジャック・アレクサンダーの報告によっても裏づけられる。アレクサンダーは、作者チック・ヤングが幅広い読者を抱えていたがゆえに、多岐にわたる読者からのクレームを避けるため、いろいろと配慮しながら『ブロンディ』を描いていたとして、次のように語るのである。

> バムステッドの漫画には、いろいろのきまりがあるが、そのほかにも、がっちりした倫理規定がある。この規定は、シンジケートの検閲係がもうけたのもあり、海外の配給先で決めたものもある。またヤング氏自身の、品のいいものを好む感覚から、生まれたものもある。
>
> シガレットは、いまだに、多くの人に害になるものだという理由で、漫画には使われていない。ただし、ダグウッドは時々、パイプを吸う。政治とか、宗教とか、物議のタネになりそうなものは避け、酒類、酒場は、全然出てこない。
>
> ラジオと新聞は互いに競争相手なので、ラジオも次のような場合にしか、絵に入れられていない。つまり、バムステッド家のラジオがこわれたとか、ダグウッドが、ラジオをやかましがっているとかいう時だけ出てくる。

図6-2　テレビ［『朝日新聞』1950.11.5付］

冷蔵庫も、大分、あいまいに描かれていて、電気冷蔵庫なのか、氷を使うものかは、読者にはわからない。もし、品物の型がはっきりわかるようにかいてあると、電気冷蔵庫のメーカーからも、氷販売業者からも、文句がくるからだ。

台所のガス・レンジとか、その他一般に最も多く使われている、名の通ったメーカーものの家庭用品も同じこと。読者は、バムステッド家の道具類をみて、それは、手で動かすものか、ガスを使うものか、電力なのかすぐ見抜いてしまうからだ。［アレクサンダー 1956：48-49］

つまり、作者チック・ヤングは、家庭電化製品についても、できるだけ物議のタネにならないように、電力で動くものかどうかあいまいに描いていたのである。にもかかわらず、掲載後の読者には〝冷蔵庫のようなもの〟は〝冷蔵庫〟として、しかも〝電気冷蔵庫〟として、他の〝電化装置のようなもの〟についても同じく〝電化製品〟として知覚されていたということである。さらに、掲載後の研究者までもが、このような掲載後の読者の「家庭電化製品」へのバイアスに依拠して『ブロンディ』を語り、結果としてバイアスのある「社会的知覚」が生じるに至ったのである。

(2) 内容のデータをめぐって（表6-3）

次に、内容のデータから、『ブロンディ』の生活と家族関係を中心に検討してみることにしよう。

図5-1に見られる夜食や、図2-17の料理の場面、そしてダグウッドのつまみ食いなどを含めた「食事」に関するものは一四二ある。また「睡眠」については、寝室での睡眠八八だけではなく、図6-3に見られるように、ダグウッドの大好きな寝イスと呼ばれるソファに横になる昼寝五三を合わせると、合計一四一にもおよぶ。「食事」と「睡眠」のシーンが数多く登場していて、どちらも同等に表現されていることがわかる。次に多く採り上げられてい

表6-3 『ブロンディ』に描かれた内容の統計

	1949年	1950年	1951年	合計
〈家庭の内容〉	**383**	**376**	**99**	**858**
食事	57	73	12	142
睡眠	38	45	5	88
昼寝	23	21	9	53
入浴	16	14	5	35
出勤を急ぐ	14	9	2	25
キス	11	8	6	25
消費	27	36	10	73
夫の家事手伝い	35	19	6	60
（皿洗い）	(13)	(5)	(3)	(21)
（掃除）	(4)	(3)	(0)	(7)
（修理）	(0)	(7)	(3)	(10)
（その他）	(18)	(4)	(0)	(22)
妻から夫への指示	78	59	18	155
夫から妻への指示	9	8	3	20
妻にやりこめられる夫	18	11	4	33
社会批判	0	1	0	1
夫の読書	43	57	14	114
（新聞）	(24)	(23)	(8)	(55)
（雑誌）	(19)	(34)	(6)	(59)
妻の読書	10	12	3	25
（新聞）	(4)	(8)	(2)	(14)
（雑誌）	(6)	(4)	(1)	(11)
妻の編物	4	3	2	9
〈職場の内容〉	**9**	**10**	**3**	**22**
賃上げ	2	0	1	3
遅刻	4	2	1	7
昼寝	2	2	0	4
その他	1	6	1	8

る内容は「消費」の七三である。ダグウッドには浪費とみえるブロンディの衣料品の購入と外食であり、この消費を象徴的に示すのがレストランに外食するために衣料品の購入にまで及ぶ図2－13である。また、図6－4に見られるように、バムステッドにたびたび訪れる〝押し売り〟まがいのセールスマンもこの数値に入る。どちらにしても、第2章の内容分析で導き出されたように、消費の主体は妻ブロンディであったことから、消費の担い手としてブロンディがかなり登場したことを物語る数値と言えよう。そして、ゆったりと本を読んで入浴しているダグウッドに邪魔が入る面白さを描いた図6－5に見られる「入浴」三五がある。このような高い数値に示された項目は、アメリカの日常生活が展開する主だった行為と、そのシーンを示すものであろう。

続いて、ダグウッドが出勤を急ぎつつも忘れ物のキスをするために戻る場面（図4－1）に描かれた「出勤を急ぐ」と「キス」がそれぞれ二五となる。現在の日本でも、人前での夫婦間の「キス」は奇異に感じられる行為と思えるのだが、掲載時において具体的にこの項目について言及したものはない。しかし、話題に上らないことは、逆にあまりにもアメリカの習慣として自明のものと見做していたのではないかと考えられる。

それにしても、修理を含めた夫ダグウッドの「家事手伝い」は六〇にのぼるわけで、図6－3に見られる皿洗い二一がその主だったものである。[3] 第2章の内容分析によって、夫の家事労働については、次のようなことが導かれていた。

飼いならされたかのような夫ダグウッドであるが、ブロンディの夫操縦法には巧みさがあって、逃避しようとするダグウッドの行為を直接咎めることなく、夫の面子を保ったまま家事手伝いへと導く。特に「皿洗い」に関して、ブロンディの巧みな技が発揮されていた。この点については、内容データから「妻からの夫への指示」が「夫から妻への指示」の約八倍にもいたる一五五であり、ほぼ五日に一度の割合で描かれていることからも裏づけられる。

矢内原や今村には、なぜ夫婦関係を中心にした家族関係に目が注がれていなかったのであろうか。それに反して、

図6−3　皿洗いの手伝い
［『朝日新聞』1951.2.16 付］

図6−4　セールスマン
［『朝日新聞』1951.4.13 付］

図6−5　入　浴
［『朝日新聞』1951.2.11 付］

当時の読者は『ブロンディ』漫画のストーリーの中心をなす夫婦のやりとりに目を注いでいた。

第2章の内容分析から、『ブロンディ』は、子供、妻、夫という三者が互いの思いやりをベースにしながら、形の上においては夫を頂点に位置づけつつも、日常実践の中では妻のコントロール下にある家族という形態を見事に描いていることが明らかとなった。

その『ブロンディ』を、佐藤きみは「私をこうも楽しくさせ、時には快い嫉妬に気づいたりするのだが」［佐藤きみ 1949：23］と夫に主張できるような関係の羨ましさを述べ、獅子文六は、夫と堂々とわたりあいながら一家を操縦する妻ブロンディの姿を家庭での妻の位置の高さとして解釈した。〝主権在主婦〟とまで名づけた獅子には、当時の夫としての脅威があらわれていたわけで、佐藤の女性としての羨ましさと合わせて、当時の読者は、明確ではないにしても、「民主的な家庭生活」が描かれたものとして理解されていたのである。

ところが当時の研究者は、登場人物が社会に対する批判を持っていないとして、「機械的な人間」を描いたものと分析していた。実際の『ブロンディ』で政治的な話題が登場するのは一度だけである。それも、〝自由の国＝アメリカ〟とはいえ、家庭生活での「細君」の前だけは表現の自由が保障されてはいないことをダグウッドが長男のアリグサンダーに愚痴っている画［1950.7.2付］である。自由であり、かつ平等であるアメリカがいかにすばらしいものであるかを前提とするもので、言いかえれば、幸福な家庭生活を営むにはアメリカのように自由な国でなければならないというメッセージとして捉えられる。ブロンディの夫操縦法などに見られる戦術の妙にしても、活動的であり、人間的と見えるのであるが、掲載時の研究者にはその姿は視界から排除され、描かれた日常生活の決まりきった繰り返しに照準を定め、「機械的な人間」として定義づけたのである。

　では、今村が述べる「賃金奴隷としてのあわれな俸給生活者」［今村太平 1992：239］という分析についてはどうであろうか。仕事について見ると、「職場の内容」は二二となる。そのうち「遅刻」と「昼寝」の二つを合わせると一一と半分を占めることになる。その項目だけをとっても「あわれな俸給生活者」との連想に結びつかない。第２章の内容分析から、仕事中の居眠り（図２－９）だけでなく、ヨーヨーで遊ぶダグウッドの姿（図２－10）に象徴されるように、賃金奴隷のイメージには遠く及ばない。

　図２－11（四五ページ）にしても、賃上げの要求を餌に社長から食事をご馳走になるシーンを描いたものである。ご馳走の後、同僚たちに「賃上げしてもらえるとは、思ってもいなかったのさ、でも社長はいつも賃上げできないわけを話すのにゴチソウするのさ」と抜け目のないダグウッドが描かれている。まして、社長はたびたびバムステッド家を訪れ、宿泊までしていた。雇用主と被雇用者とのむつまじさが表現されていたのである。

　その上、仕事に失敗した社長が社長婦人の許しを得るためとはいえ、跪《ひざまず》いてダグウッドの手をとりキスをして喜ぶシーン［1950.11.3付］に見られるように、従業員も社長も共に奥様に頭が上がらない共通の姿が浮かび上がったとしても、厳しい労働条件のもとに働く一方的に悲惨な労働者像とはとうてい思えない。

以上、第2章の内容分析と計量的データから、掲載後に生まれ現在まで語り継がれている『ブロンディ』像にバイアスがかかっていたことが明らかとなった。掲載後の一般書の語りにあらわれる、「家庭電化製品に溢れた『ブロンディ』」像も、今村、矢内原、南ら掲載時の研究書に描かれた「資本主義による人間性喪失を描いた『ブロンディ』」像にも、実際の『ブロンディ』は合致しないものであった[4]。当時の研究書の中でも、特に今村論文には大きなバイアスがかかっていた。

ところが、掲載後の研究者は、掲載時の研究書の語りに目を通すことも検討することもなく、掲載後の一般書にみられるバイアスのかかった知覚になんの疑いも抱かずに戦後研究を進め、さらには、実際に描かれていないモノまで描かれていたとして変換し固定化したのである。このように新たにつくりあげられた『ブロンディ』の「社会的知覚」が、現代まで語り継がれているのである。

では、このような社会的知覚を生んだ「知覚の網」とはいったい何だったのか。つづく三節において、冒頭で示した社会的知覚の三段階にそって、それぞれ検討していく。

6-3 出会った年齢とマルクス主義的世界観——属性知覚

この節では「属性知覚」について検討する。すなわち、知覚する側の社会的位置や役割が、対象を捉える際にいかに影響を及ぼしているのかを見ていく。

(1) 『ブロンディ』に出会った年齢

ここでは、『ブロンディ』に出会った年齢に焦点をあててみていく。

掲載当時の『ブロンディ』研究者（研究書の書き手）の年齢を測ると、今村太平は一九一一年生まれで、矢内原伊作は一九一八年の生まれ、南博は一九一四年生まれであり、彼らが、『朝日新聞』に掲載された『ブロンディ』に出会った年齢は、三一歳から三八歳ということになる。彼らは知的言語空間の場を縦横無尽に飛び回る意気盛んな知識人であった。そうであるならば、掲載時の研究者と読者は、同時期に言語空間の場にいたことになるわけで、その場での異なる知覚は、社会的位置関係によって異なる「知覚の網」があったことを示すものである。

読者に照準を合わせれば、同じ読者でありながら『ブロンディ』像が異なるのは、「掲載時の読者」と「掲載後の読者」の表現時間にズレがある点から、『ブロンディ』に出会った時の年齢格差、いわゆるジェネレーション・ギャップの問題が存在するからではないか。そのような疑問から年齢を比較した。

まず、掲載当時の読者の年齢である。坂西志保（一八九六年生）五三歳、獅子文六（一八九三年生）五六歳、清水崑（一九一二年生）三七歳、荒垣秀雄（一九〇三年生）四六歳、と清水以外は熟年と言える領域にある。彼らは、現実に展開する日常の家庭生活と対比してアメリカの家庭生活を見ていたのであろう。

それでは、振り返って語る読者が『ブロンディ』に出会った年齢はどうであろうか。井出孫六（一九三一年生）一八歳、亀井俊介（一九三二年生）一七歳、山本明（一九三二年生）一七歳、小野耕世（一九三九年生）一〇歳、共に一九三〇年代生まれであった。小野は小学生で、他は高校生として学校に通っていた世代である。その彼らが言語空間に自己の足場を築き『ブロンディ』を語れる時期はというと、それぞれ異なるとはいえ四〇歳から六〇歳であり、自己の人生の歩みを敗戦直後に出会った『ブロンディ』を挟みながら語っていたのである。

私たちは、こういうアメリカ式生活様式を、「ブロンディ」で知って、「いつになったら、こんな豪華な生活がで

きるのだろう」と、半ばあきらめ気分で、アメリカを夢みたのであった。〔山本明 1986：111〕

掲載後の一般書における語りが、掲載後の研究書の語りによって戦後の歴史に位置づけられた。一見したところ、そのように即断してしまいかねない。安田常雄が一九四六年生まれで、掲載時は三〜五歳という年齢であることから、リアルタイムでは読める年齢ではなかった。しかし、安田にいたる前の研究者は、石毛直道が一九三七年生まれ、佐藤忠男は一九三〇年生まれと、掲載後の読者と同世代にあたる。『ブロンディ』像を、次のように位置づける石毛と山本に表現の違いはあっても内容は変わらない。

アメリカ的生活様式へのあこがれは消費生活の豊かさ、生活をささえる機能的装置群に集中した。〔石毛直道 1987：40〕。

安田は別にすると、彼らは同世代であり、研究領域にかかわらず、家庭電化製品へのバイアスと誤認に彩られた「知覚の網」があったことが分かる。

モーリス・アルヴァックスは、「集合的記憶」という概念を提起し、記憶の集団性を述べる。

われわれの思い出は集合的なものであって、たとえそれが、われわれだけが関与した出来事や、われわれだけが見た事物にかかわるものであっても、他の人びとによって想い起こされるのである。〔Halbwachs 1950=1989：2〕

掲載後の読者の「社会的知覚」は、集合的記憶として掲載後の研究者にも共有されており、それが現代の人々にも語り継がれているということである。すなわち、掲載後の世代の「知覚の網」によって築かれた「憧れのブロンディ」像が、現代にも共有されているのである。そしてこの像が、掲載時の読者や研究者の語りに見られた複雑なブロンディ像をかき消してしまったのである。

(2)「賃金奴隷」とみなす研究者的まなざし

ダグウッドは仕事に精神を注ぐほどの意欲はなく、遅刻も、勤務時間内の居眠りも常習化している。社長からの叱責にも、ダメージを受けた様子もない。にもかかわらず、今村太平は「賃金奴隷としてのあわれな俸給生活者」[今村太平 1992：239] と捉えた。このように、掲載時の研究書に描かれた『ブロンディ』像が実際のデータから導かれる像に合致しないことが6－2より明らかとなったが、ではこの背景にある「知覚の網」は何だったのであろうか。今村らの語りを、少し詳細にみていく。

今村は、ダグウッドが都心のバスで通勤する姿を「ハンコで押したよう」と表現し、妻ブロンディの「バスにあと一分よ」の言葉かけにも「せきたてられ」の表現となり、あわてて飛び乗るバスにいたっては「囚人車」とまで表現する [今村太平 1992：231]。急いで会社に向かう姿を強制労働下にあるかのごとく表現する技は、賃金奴隷としての労働者に結びつける錬金術師のごとくである。このレトリックにはさらに磨きがかかる。

ブロンディとダグウッドの単調な日々、それはまたこの漫画を読む数千万読者の生活である。この味気ないサラリーマン生活は、また不断の失業の脅威下にある。首になるのを考えれば、とにかく食べていけるだけでも一日一日は幸福である。それはいつ切れるかわからない一本の綱にすがりついている者が、「まだ生きていた」という安堵感だ。バムステッド家の幸福感はこの種のはかない安堵感である。それはときどき彼等の家庭にあらわれる飢え

た失業者に比べての幸福にすぎない。[今村太平 1992：235–236]

チック・ヤングが描いた現代人の持つ「疲労の哲学」は、今村によってブルジョアに対峙するプロレタリアという枠組みで捉えられた。このようなマルクス主義的な「知覚の網」で捉えた今村には、おそらく、遅刻の言い訳も「首を切られるかもしれない恐れ」と知覚され、職場での昼寝も搾取された労働者の疲れた姿と映ったのであろう。このような知覚ゆえに、職場でヨーヨーに興じるダグウッドの姿など、すっぽりと抜け落ちていた。それゆえに、家庭電化製品に目が注がれないことはもちろんのこと、バムステッド家では車やテレビが所有されているといった誤認に至ることなどあろうはずもなかった。また、食べ物についても「毎日あくせく働いても彼らは思う存分肉を食べるわけにはいかない」[今村太平 1992：234]、と「満たされた肉」を食べることが普通の労働者生活の指標として貧しさのあらわれとみなす。ところが、敗戦当時の生活状況は、自己の服などを売ってでも食糧を手に入れようとする「たけのこ生活」と呼ばれる時代であった。人々はまさに飢えていたのだ。特に一九四五年から四七年の三年間は、「食うこと」がすべてに先行した。共同通信の調査によれば、一九四六年六月一〇日現在は、欠配二〇日に達した東京都で「米不足を野菜その他を半分まぜておぎなっている」が八七％、「代用食のみ」が一〇％、「一食あるいは二食ぬく」が三％という状況であった[尾崎秀樹・山田宗睦 1966：14]。新聞で見る限り、一九四七年の食糧事情は非常に悪かったとみえ、食糧事情の悪化を訴える記事が数多く掲載されている。『朝日新聞』の天声人語から、代表的なものを採り上げてみると、まず一月一日付では、「本当の敗戦苦は、蓄積の食いつぶしで一年半延期されていたが敗戦とはなるほどこんなものであったかと、はらの底までがてんが行くほど今年は味あわされそうである」と本当の敗戦の苦しさを予感している。その予感が的中したというべきか、四月一六日付で、「『食えないからヤミでもやるかな』という言葉が、あいさつの一つの型をなしている」とまで書かれている。また、七月二七日付では、「隣の家ではどうして食つているのか。（……）計画欠配という『食糧政策』も今の場合やむを得ぬかもしれぬが、しかし米びつゼロのまゝで『これから五日間の欠配だよ。よろしくおやり』では、どうしてやりくり出来るか」と述べている。今村の食べ物に対する「豊かさ」の指標は当時の人々と大きく乖離したものであり、「満たされた肉」の指標から貧しいと帰結する分析は、掲載後の読者が「豊かな生活」と捉える知覚とはまったく両極端にならざるを得ないものであった。[5]

今村には、労働者の苦しさをもたらすのは資本主義であるというまなざしが常に起動していた。それゆえに、今村の分析には、マルクス主義によって構成された社会的知覚によるバイアスがかかり、『ブロンディ』が「あわれな俸給生活者を描いた漫画」として映し出された。まさに、今村がマルクス主義という「知覚の網」を通して社会を捉えていたことが分かる。このことを立証する上で、『ブロンディ』以外でもマルクス主義に縛られた知覚があったのかどうか検討する必要があろう。

一九四一年の『漫画映画論』の中で、今村はディズニー映画の分析を通してアメリカニズム批判を行なっている。

意地わるい無慈悲な機械に取りかこまれた家鴨の姿を通じて、高度資本主義のつくり上げた、人気のない荒涼たる風景が眺められている。これと同じ世界を、チャールス・チャップリンは『モダン・タイムス』で描いた。機械の螺旋をしめる仕事に追われて発狂するチャップリンと、便利な機械のために虐待されて悲鳴をあげるドナルドとは、ともにアメリカ資本主義の機械的合理主義なるものの他の一面を告白しているものである。[今村太平の会 1991：124]

ディズニー映画においても、今村はマルクス主義に依拠した視点から、資本主義を眺めていたのである。[6] 言いかえれば、今村にはマルクス主義という「知覚の網」が構成されていて、その網を通して、『ブロンディ』を捉えたのである。

ベルクソン研究者でもある矢内原に関して言えば、実存主義の視点とも重ねあわせて、人間疎外に焦点をあてて『ブロンディ』を捉えていた。それゆえ、今村とは違って家庭電化製品の存在は知覚していた。しかし、それすら、掲載後の読者が語る〝豊かさ〟としての認識とはまったく異なったものであり、人間が機械化されている証とみなしたのである。

さらに、家庭会話の中に、社会を論じることなどめったにない家庭と、家庭に閉じこもっているブロンディを通して、社会に対して疑問も持たない「機械的人間」とみなす矢内原の分析には、今村と共通する資本主義を問う視点があった。おそらく、資本主義が労働者を搾取するという社会構造の問題に迫るべき意欲的な分析を行なおうとの意図が、掲載当時の研究者にはあったのであろう。矢内原は『ブロンディ』の読者に向けて、機械化した人間の解放を得る方向性として、次のように呼びかけて論考を閉じる。

現代の機械化した社会の圧迫が我々の生存そのものを脅かしている以上、私は必ず此の道は見出され得ると信ずる、もしも我々が空しい笑によって自らを欺くことなく、この笑の中にこもる解放への激しい意志を抑圧している当のものに向けさえするならば。［矢内原伊作 1950：61］

矢内原も、人間を機械化するという資本主義のもつ人間疎外の問題として『ブロンディ』を捉える視点から、ブルジョアへの闘争にまで踏み込んだ議論を展開していた[7]。

考え方や議論の骨格を、仮に「思考軸」と呼ぶならば、矢内原の「思考軸」には、常に生活を営む個人が社会に向けられた視点を持っているかどうかという点でもって議論されていた。この「思考軸」こそが、矢内原の「知覚の網」であり、『ブロンディ』でも適用されたのである。

南博にしても、ダグウッドの滑稽さは、習慣的動作のつまずきでしかなく、機械的人間とし「大量に生産された同一の機械運動に似ている」［南博 2001：89］と分析する。さらに南は、「社会的適応」と称して対人関係にも着目する。夫婦間に見られる、なんとか妥協し歩みより、場合によっては一時を糊塗するごまかしの面こそが、あらかじめ定められた枠を壊さない限度内のやりくりといった消極的な生活態度のあらわれであると論じる［南博 2001：88-92］。そして、描かれた漫画に批判的精神がないことから、その精神がアメリカ人すべてを含むものとして拡張させる。南の「思考軸」は批判的精神があるかないかの物差しで社会現象を捉えていた。

「あなたは、政治的、宗教的、社会的な信念で、世間一般の人たちと一致しないことが多いですか？」（……）このテストを受けようとする小心な、哀れなアメリカ小市民の姿を頭に浮かべて見たまえ。彼は、もちろん「いいえ」と答えるにちがいない。彼に許される答えは、当然「わたくしは、他人様に逆らいません。わたくしは常識外れの、大それた意見は持ちません」ということである。［南博 2001：95-96］

このように「機械的人間」という知覚は、当時の研究者に共通のものであった。もちろん、日常の生活は、決まりきった繰り返しを基本として成り立っているわけで、その骨組みを透視すれば、機械仕掛けの動きが浮き上がってきても不思議ではない。しかし、表現には微妙な違いがあれ、このような生活が資本主義に起因するという掲載当時の研究者に共通する視点は、その背後にある力、すなわちなんらかの価値、イデオロギーによるものではないか。

橋爪大三郎は、戦後の知識人の特徴を次のように述べる。

戦後知識人は、大部分が、マルクス主義（カール・マルクスに始まる、共産主義革命の思想）のシンパ（一種のファン）である。マルクス主義は、社会科学の代表格であった。そのマルクス主義が、資本主義社会を批判している。そこで彼等も、戦後日本社会を批判するようになった。民主主義なのはよいが、資本主義なのはよくない、というわけだ。［橋爪大三郎 1989：16］

京都造形大学長である芳賀徹（二〇〇一年現在）も、一九四八年の旧制一校時代を振り返って、当時の学生がいかにマルクス主義に傾倒していたかを物語る。寮内食堂の出口の扉には、読み終えた本を売るという内容を掲示した紙切れがいっぱい貼ってあって、その多くがマルクス、エンゲルス、カント、ベルクソンなどの本であったと言う。入寮した芳賀は、中寮十七番の「社会科学研究会」が「社会科」でなく『共産党宣言』などがおかれたマッカな部屋であったことに驚くのである。(8)

掲載当時の研究者には、温度差はあっても、マルクス主義の価値イデオロギーが作動して構成されたマルクス主義的世界観という「知覚の網」が覆いかぶされていたわけである。

6-4 具体化するアメリカ・イメージ――投影性知覚

この節では掲載後のバイアスのかかった『ブロンディ』像を生む背景となった「知覚の網」について、「投影性知覚」、すなわち知覚する側が元々もっているイメージが、対象を捉える際に投影されているという側面に焦点をあてる。具体的には、敗戦直後から『ブロンディ』掲載が始まる一九四九年一月までの間に『ブロンディ』受信にいたった「アメリカ」のおぼろげなイメージが、どのように形成されていたのかを追っていく。

(1) アメリカへの感情の変容、関心の高まり

一七歳で敗戦を迎えた森毅は、次のように述べる。

僕は一番非国民ですから、昭和二十年になると友達と賭けしたりしてね、日本が降伏する月は丁か半かとやっていました。ぼくは本土決戦になって武器を渡されたら、せめて自分が死ぬまえに、あの威張っとる軍人を一人ぐらい殺さな死んでも死にきれんと思ってましたけどね。あれわりと不思議なんですけど、空の高い所飛んではるアメリカ兵というのは、わりと憎らしくないわけ。どなりちらしている日本の軍人が憎らしいてしゃあない。これはもう理屈ではなく感覚の問題。［安田常雄・天野正子編 1991：11］

日本が降伏する日を予想していた森には、感覚的とは言え、身近にいる日本の軍人に対する憎しみの方が強かったのである。このような形で、そもそも民衆はアメリカに身近に接していたわけではなかったが、戦中における「鬼畜米英」のスローガンのもとに浸透していた敵国アメリカという憎悪のイメージが、敗戦を迎える民衆の日常のなかでは、すでに溶解しはじめていた。

敗戦日から二日たった八月一七日付の『朝日新聞』には、「脱ぐな心の防空服　女子は隙なき服装　指示あるまで灯火管制」との見出しで、「戦争は終結した、だが停戦協定が正式に取決められるまでは若干の戦闘行為は継続されるものと見ねばならない」と引き続き緊張感の持続を促しつつ、特に女子にはしっかりした剛健な服装を持続するよう、慎重な行動を求めている。

かつてパリ陥落の日、入城したドイツ兵の眼にけばけばしいお化粧をした巴里女性が映ったという、かかる光景は断じて日本に現出せしめてはならぬ。われ等は一億痛惜に泣いた日を忘れない。生きる日の限り毅然たる日本女性であってほしいと思う。[1945.8.17付]

九月一日の「鉄筆の欄」でも、「取亂すな」と題した記事がある。国民品位は国家の名誉であるがゆえに、口紅や白粉を塗る必要がない。しかし、「身だしなみは敗れたりとはいえ、シャンとしていたい。だらけた姿は恥である」[1945.9.1付]と述べている。この記事内容からは、敵国に対して持つべき気構えが、憎悪心から警戒心へと装いを替えていることが分かる。

また、九日には「米英人にはこんな風習が」との見出しの後、「折衝には代表一人で　学校英語は駄目　下手な会話大怪我のもと」というリード文が掲載されている。記事の呼びかけを箇条書きにすると、次のようなものである。

・アメリカ人にはイエス・ノーをはっきりさせ、態度を明解にすべきこと。
・服装面では衛生的にだらしなくないようにすること。
・派手な着物や、アッパッパなどを着るのは禁物で、変な洋服は相手に軽蔑されるので自重すること。
・汽車などの公共の場では赤ん坊に乳を飲ませないよう、止むを得ない場合はハンカチで隠すこと。
・とくに女性が意味もなく話しかけたり笑顔をみせたりすること（「その種の女性」と間違えられるから絶対にしない）[『大阪朝日新聞』1945.9.9付]

軍人（男）によって進められた戦争が敗戦によって、結果的に女性をも守ることができないことを曝すことになった。そこで、鎧を剥ぎ取られた指導者たち（男）は、その腑甲斐無さを自己に向けるのでなく、女性自身の責任という形に転化し、委ねたのである。

しかし、女性の側は、すでに市川房枝が八月二〇日付の『朝日新聞』で「自主的な行動を」と呼びかけていた。市川房枝が座長となって、戦後における婦人関係の諸対策を打ち出し、政府当局に提言することを目的とした「戦後対策婦人委員会」が九月一一日に結成される。すぐさま、「モンペの常用」と合わせて「進駐の連合国軍に対しては、日本婦人の誇りをもって毅然たる態度を」示すことが、申し合せの項目として告げられる［1945.9.12付］。この時点での女性の主体性とは、自己責任の形をとったアメリカ兵からの護身であり、占領軍に対して毅然たる態度をとることに置き換えられたものであった。しかしこのことが、国や家ではなく、女性の個人としての意識が前面に出る契機となった。女性が主体性を持つことの大切さが、敗戦直後のこの時期に生み出されたということである。

敗戦直後の日本の人々は、「対アメリカ」の枠組みを設定して、日本がとるべき態度はどうあるべきかを模索していた。それが、敗戦の翌年、「朗らかな笑い・進駐軍のおかげです」［1946.7.19付］に表現される。「野菜入りパンをつかんで知らず知らず笑いのうかぶ顔」と、進駐軍放出の食料を喜ぶ姿が写真入りで掲載されている。また、八月二八日付でも、写真入りで「チョコレートをありがとう」と、マッカーサー指令部直属の幹部ウイーラー大佐に、東京都の子供たちがお礼として花束を届けている記事がある。「アメリカへ感謝の行進」［1946.11.29付］と題した記事では、二八日に東京後楽園スタジアムで「アメリカへの感謝祭」があったことを次のように報じている。

都下各中等学生、一般都民ら約一万五千名が集まって各政党代表から「占領郡当局の厚意にたいし感謝を表明するには一日も早く民主主義国家を建設せねばならぬ」との講演あり、感謝文を決議……。［1946.11.29付］

決議後、日本橋、銀座通りを感謝行進した姿は、もはや敗戦直後のアメリカに対する警戒心は消え、好感どころか熱狂的な歓迎を示すものであった。

その意識の反映は、英語への関心となってあらわれる。

父が私にむかっていったことで、二つのことをはっきり覚えてます。一つは「一〇歳の女の子でも、どこかにかくまわないと強姦されるかもしれない」と。（……）もう一つは「これからは英語をやらなあかん」と。［安田常雄・天野正子編 1991：32］

これは、一〇歳で敗戦を迎えた詩人の富岡多恵子に、敗戦後すぐに語った父の言葉である。日華事変を中国でむかえた富岡の父には、戦勝国はロクなことはしないという体験から、年齢と関係なく強姦されるのではないか、という恐れがあった。そして、大阪商人であったことから、英語を学ばせようとする時代の先取りによるものが入り交じっていた。占領前の新聞紙上で、女性の毅然たる態度が求められていたが、そのような言説を生む空気があったことを裏づける証言である。と同時に、その意識が民衆にしっかりと定着していたことをも示す。ただし、「これからは英語をやらなあかん」の言葉には、アメリカの進駐という避けられない現実を受け入れる姿勢が芽生えていた(9)。

敗戦時は、英語への関心だけではなく、アメリカに対する警戒心も含意されていたのである。しかし、警戒心の弛緩とともに、関心の強さが英語へのまなざしに跳ね返ってあらわれる。

敗戦の年一〇月に発行された『日米会話手帳』は、その年の暮れまでのわずか二ヵ月で、三〇〇万部も売れるという戦後最初のベストセラーとなった。この四六半裁判、三二ページという小冊子出版の企画は、一九四五年八月一五日に千葉県に出張していた誠文堂新光社の社長小川菊松が、岩井駅頭で終戦の報に接し、帰りの車中で脳裏にひらめいたものである。

これから続々と、連合軍の兵士が進駐してくる。好むと好まざるとにかかわらず進駐軍将兵と接する機会が多くなる、どうしても英会話の必要性が生じてくると、いろいろ策をねりながら社に戻り、号令一発、一夜で原稿を作った。［福島鑄郎 1987］

当時の人々には英語に対する高い関心があった。その英語を求める空気を感じ取った『日米会話手帳』の出現であった。敗戦の翌年二月にはＮＨＫラジオで平川唯一の「英語会話」が始まり、「証城寺の狸囃子」のメロディに乗ったCome Come, everybodyの歌は、アッという間に全国の子供に唱われた。また、『リーダース・ダイジェスト』についても、一九四六年六月の創刊号は、一〇万部の印刷がたった三時間で売り切れ、以下三〇万、六〇万と増え、一九四九年には一四八万部というピークに達した。売価にもプレミアムがつき、書店では「リーダイを仕込めば蔵が立つ」とさえいわれたほどであった［袖井林二郎編 1980：115–116］。

敗戦後の英語への関心は堰を切ったように広がった。そのことが『ブロンディ』受容の背景にあったことは確かであろう。井出孫六は『ブロンディ』を語る中で、漫画とあわせて英語への興味もあったことを示す。

一九四九年（昭和二四）、朝日新聞には、チック・ヤングの「ブロンディ」という、アメリカ中流家庭の日常を描く四コマ漫画が連載されており、高校生のぼくはそれを毎日欠かさず読んでいた。吹出しの会話は日本語になっていたが、その原文が各コマの下についていて、それがけっこう米会話のイディオムの勉強にもなったからだ。［井出孫六 1991：115］

井出のごとく、『ブロンディ』漫画から英語を学ぼうとする読者は多くいた。最初二回の『ブロンディ』では、英文も並載されていた。その後、英文が消え日本文のみに変わっていたのだが、一月二一日付から英文も並載され、以後中止まで並載は続くのである。「『ブロンディ』に原文を並載」と題した二一日付の並載理由の記述には、「読者の要望に応えて、きょうから『ブロンディ』の原文を載せます。『ブロンディ』のアメリカ語は、あちらの一般家庭で普通に使われている会話用語ですから、読者にとって、生きたアメリカ語会話の教材にもなると思います」と日米両国の実態の相違から相当の意訳があると断りはするものの、読者の英語に対する強い関心が、新聞社をして『ブロンディ』をも突き動かすほどのものであったことを物語る。『ブロンディ』漫画への関心と、英語への関心は共に相乗効果となってアメリカに向けられる。見方をかえて言えば、アメリカに対する関心が『ブロンディ』漫画と英語に向け

ア『朝日新聞』1945.10.3付

図6-6　日米文化を比較した記事3点

一騎うち
電氣計算器と算盤

イ『朝日新聞』1946.11.8付

近代的だった奈良朝音樂
アメリカ管樂器と調律は全く同じ
正倉院御物の笛・尺八

ウ『朝日新聞』1948.11.10付

られた、とも言えよう。

(2) メディアが作ったアメリカ・イメージ

当時は占領下にあったがゆえに、直接アメリカの生活を垣間見てアメリカをイメージすることもあったであろうが、大多数の人々は毎朝家庭に配られる新聞からの情報と知識に依存していたわけで、アメリカに関する記事内容を通してアメリカを知り、そしてアメリカに対するイメージを構成していたと考えられる。ここでは、メディア空間の中でアメリカをどのように表現し、語っていたかについて、敗戦直後の『朝日新聞』から、アメリカの生活・文化に関する記事をピックアップし、図6-6と図6-7にまとめた。図6-6のアは一九四五年一〇月三日付「科学シリイズ」欄の「寫眞《しゃしん》で日米文化の交流　羨ましい住宅と朝食製造器の話」（ルビは筆者）である。まず、組立建物について上部に写真も掲載され、次のように書かれている。

明るいこの建物はいま流行している組立建物です。この式のものは米国では決して目新しいとはいえないが、今日では専門家が現場へ行って組み立てるというのではなく、素人でも数時間でバタバタ竣工させてしまうところまで進んでいる。（……）大量生産の強味で壁や屋根は申すにおよばずバス、台所、暖房装置までちゃんと備わっており（……）住宅難のわれわ

れにとって羨ましいだけでは心すまぬではないか［1945.10.3付］

また、下の写真は「ブレクファアスター」と名づけられた朝食製造器で、次のように紹介されている。

トースター、肉あぶり、湯わかしとみんな一つの電気器具におさまっている、珍奇ではないが、この式のものが広く一般家庭に行きわたっている点いかに米国人の生活が能率《のうりつ》本位に動いているかがうかがえる。［1945.10.3付］

これらの記事は、共にアメリカの進んだ技術が生活の中に導入されていることを伝えながらも、そのことは別段驚くことでもなく、アメリカ社会では通常のことであるとする記事内容である。一九四六年一二月二二日付では、日本にいる進駐軍の子供たちにサンタクロースがやってきた模様を書いている。「サンタクロースも飛行機で」の見出しにあるように、記者にとってサンタクロースがやって来たことが主たるトピックではなく、アメリカの進んだ文明水準を象徴する「飛行機に乗るサンタクロース」が関心事なのである。とはいえ、日常の中ではジープに乗ったアメリカ兵が基本の姿として映っていたのであろう。同年の七月一五日付では「夏はジープに乗って」の見出しで、「14日の日曜日は御盆と重り、ジープで乗りつけた進駐軍将兵を混へて鎌倉海岸は非常に賑わった」と書かれており、ジープに乗ったアメリカ兵が日本のいたる所で闊歩する姿は、あわせて車への羨望をかき立てていた。いつの時代も、子供は手に入れたい憧れのものを、その代替えとしてミニチュアに求めるとされる。しかし、大人が子供に自己の思いを投影させてミニチュアに込める、といった側面も大きい。ジープが憧れの車を象徴するものとして、同年の一一月二六日付の「可愛い豆ジープ」では、玩具としてジュラルミン製の可愛い豆ジープが登場したことを告げている。

さて、日本とアメリカを具体的な例でもって、比較する記事がイとウである。イの一九四六年一一月八日付の「一

『朝日新聞』1948.9.3付

『朝日新聞』1946.10.13付

『朝日新聞』1949.1.3付

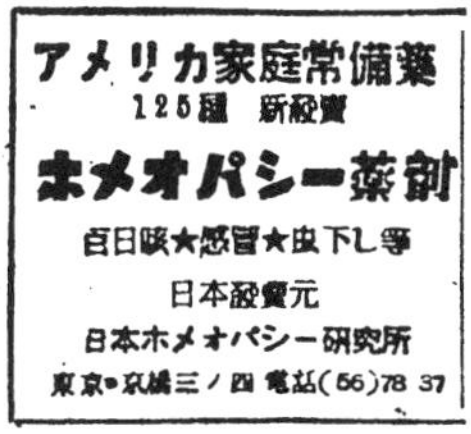

『朝日新聞』1946.9.27付

図6-7 「アメリカ」付与の広告

騎うち しんちゅうぐん電気計算器とちよきんきよく算盤」では、アメリカの電気計算器と日本の算盤との計算対決が紹介されている。後日の記事では、日本の算盤が勝ったと報じられているが、問題は勝敗にあるのではない。日本の算盤に対してアメリカの電気計算器という組みあわせそのものが、なんとも日本の科学技術の遅れを象徴するかのような記事としか言いようがない。

ウの一九四八年一一月一〇日付の「アメリカ管楽器と調律は全く同じ 正倉院御物の笛・尺八」記事は、「正倉院御物の横笛や尺八が最も近代的なアメリカ管楽器に使用する管楽器の調律と同様四四〇サイクルであることがわかった」と述べている。内容そのものは、日本古来の笛と尺八がアメリカ管楽器と同じ調律であったというものに過ぎない。それにしても、奈良時代の楽器とアメリカの現代使用されている楽器とを、わざわざ比較すること自体、奇異に感じないわけにはいかない。とにもかくにも、近代的であるかどうか、すなわち優れているかどうかの物差しの基準はアメリカであった。見出しにおいても〝全く同じ〟が大きく強調されていることから、アメリカと肩を並べることは最も近代的であることを枠づけ、「最も進んだ国アメリカ」というメタメッセージを読者に伝えていたのである。

新聞広告に目を転じてみよう。塩野義製薬は、「アメリカのビタミン剤はたったの一錠で元気がでる　顔色がよくなる　ポパイのホウレン草のようです」［1950.10.25付］と、ポパイを象徴化しながらアメリカを進んだ国として、商品価値を高めていた。図6－7に挙げた四点の新聞広告も、製品とアメリカとの関連性が別段あるとは思えないにもかかわらず、「アメリカ好みの……」「アメリカでは……」「今アメリカで流行……」といったキャッチフレーズが使われている。アメリカを持ち出すことによって、その製品価値が高まることを織り込み済みでもない限り、このような広告はあり得ない。近代的で進んだ商品のイメージを作り出し、消費者に訴えかけているのである。

このような〝進んだ国＝アメリカ〟のイメージはラジオでも流されていた。一九四八年の二月に人気番組「アメリカ便り」では、「電気ＯＫの世界」との触れ込みで、次のように語っていた。

電気の目ざまし時計で起き、電気の安全カミソリでヒゲを剃ります。汽車の洗面や大学の寄宿舎にも、この電気カミソリのためソケットがついています。朝食にまずオレンジか、人参やセロリーなどの野菜を電気の機械で簡単にしぼった汁をのんで、狐色に焼けたパンにバターをつけます。電気のトースターだとほんのり焼けたところで自動的にポンと出るのです。コーヒーを飲みながらラジオのニュースと天気予報を聞いて、ご主人は働きに出かけ、奥さんは台所のあと片づけと洗濯と、家の中のお掃除をいっしょにやります。台所の片隅にある洗濯機械の中に、シーツ、タオル、シャツ、子供の服、ハンカチなどをほうりこみ、粉石けんを入れてスイッチをひねる。（……）その間に奥さんは電気の真空掃除機でブーンと掃除をしてしまう。ハタキでバタバタやったり、ホウキではくのはこまかいホコリを舞い上がらせるだけで、からだのためによくありませんが、真空掃除機でやるとホコリもゴミもきれいに機械の中に吸いとられて、うすいカーテンや厚い毛氈《もうせん》の敷物の塵、ホコリなどもすっかりとれます。〔石川弘義 1989：33-34〕

新聞だけではなくラジオにおいても、アメリカの生活文化様式、それも科学技術の導入されたアメリカの生活面を報じていた。そして、その進んだ文明が合理性を作り出し、主婦の家事労働の解放と豊かな生活を築くといった意識上での整理づけがメディア空間で行なわれていた。

このような整理づけが当時の人々に刻み込まれ、自己の目指すべき目標になっていたことを物語る読者の投書が一九四七年三月三〇日付に掲載されている。

最近の雑誌で見ると、米国では料理にも短波を応用した電波調理器が発明されて、ビスケットは二九秒で、ハンバーグステーキは三五秒で、えびは二分で、とり肉は五分で料理できるという。一日の中で主婦が家事労働に費す時間はせいぜい四、五時間で、それも前記のような新しい発明によって日一日と縮めつつあるようである。それにくらべて、私達はまた何と非文明的な、非合理的な生活をしていることであろう。一日の殆ど全部を家事と育児に費して、一片の新聞すら隅々まで落着いて読む暇のない現状である。〔1947.3.30付〕

この投書は、電子レンジのことが引き合いに出され、アメリカと日本の暮らしの大きな違いから、非文明国として日本を嘆いている文である。とりわけ、家事に追われる日本の主婦の現状が、家庭電化生活に支えられていない非文明・非合理から生じているとの解釈がなされている。その認識から、主婦生活のユートピアが実現されるには家庭電化生活の条件整備にあるとの確固たる方向性が築かれる。

この投書に呼応するように、同じ年の四月七日付の「色も香もない主婦生活」と題した「天声人語」の記事がある。

家庭の主婦ほどみじめな存在はない。試みに手をごらんなさい。どこの家庭でも、男の手の方がやさしくて、主婦の手は松根ッこのように、節くれだち荒れている。(……)台所電化でボタン一つおせば三十分ぐらいで食事の支度ができ主婦も教養や娯楽や見だしなみに時間の余裕をもつ。そういう時代はいつくるのか。憲法で、婦人の解放、男女の平等は保障されたが、今のところ空証文を渡されただけで、バスに乗る権利はあっても、かんじんのバスが動かないのと同様である。民主主義の活字をいくら造ってみても、家庭生活の民主化がなければ、民主主義は身につかない。家庭生活の民主化は、台所地獄からの女の解放である。[1947.4.7付]

このように当時のメディアは、アメリカの生活様式とは文明機器、すなわち科学技術が家庭に浸透している点に、大きくスポットをあてて紹介していた。そして主婦たちのなかには、それを鏡に自己(日本の生活様式)を見つめる意識が滋養されていた。

アメリカを、科学技術が家庭生活に浸透した国とする認識方法を規定する語彙が繰り返し列ねられ、アメリカをまなざす「知覚の網」が作られていった。この「知覚の網」が、日本国民とアメリカ国民とを対比する役割を担い、それによって日本人の「文化達成度の低さ」は自明の理となり、アメリカの生活様式に示される文明化と合理性をことさら際立たせることになったのである。

当時の新聞に表現されたアメリカは、メディアと読者が一体となって「アメリカ=生活の科学技術浸透」というイメージを醸成させるものであった。加えて言うならば、新聞が単なる読者への情報伝達装置ではなく、その表現活動を通して構成されたアメリカのイメージにリアリティを付与していく装置となっていたのである。その意味では、掲載後の読者による「家庭電化製品に溢れた生活」という『ブロンディ』へのバイアスのかかった知覚は、アメリカのイメージから構成された「知覚の網」を通して生じたものであった。

(3) 経験者の語り、アメリカ博覧会、教科書

新聞やラジオなどのメディアによってアメリカ・イメージが形成されたことを見たが、ここではさらに、そのイメージに拍車をかけたものとして、アメリカを経験した者の語りや、メディア・イベントとしてのアメリカ博覧会、教科書などに焦点をあて、アメリカがどのような国として人々に捉えられていたか、またアメリカのどのような側面をどのように日本と絡めて受容していたのか、について見ていく。

経験者の語り

中野五郎は、一九四九年に『アメリカに学ぶ』〔中野五郎 1949〕を著わしている。中野は、朝日新聞社一六年在任の元ニューヨーク特派員であった。「はしがき」には、新日本建設を目指すべく、「民主的な社会と生活への手引き」として参考になるようにアメリカから何を学ぶべきかを書いたものであることを記している[10]〔中野五郎 1949 : 3-9〕。一九四九年当時、日本ではお題目のごとく民主主義が叫ばれていた。そのことを、中野は次のように述べている。

新日本の建設に乗出したわれわれ八千万の日本人は、新聞や雑誌やラジオによってデモクラシーという言葉を此の三年間、耳にタコが出来る位に聞いている。〔中野五郎 1949 : 212〕

しかしながら、中野から見れば、それはかけ声だけであり、自分の生活で体験したことのない大部分の日本人にはデモクラシーの生き生きとした姿がよく理解されていない。そこで、中野はデモクラシーについて「アメリカから学ぼう」と呼びかける。都会の青少年、少女には、アメリカ映画の尖端的な風俗、すなわち流行の衣装の派手なスタイルや色彩をまねたり、帽子をあみだに被ってチューインガムを噛んだりすることがアメリカニズムの勉強のように勘違いしていると批判する。そのような表層的な面ではなく、日本人の老若男女が衣食住を改善向上して、「貧しくとも楽しく」、そして「苦しくとも明るい」生活こそが、デモクラシーの神髄であると訴える。

特に、アメリカの偉大な気質は能率性と実用性にあるとして次のように述べる。

人生をより楽しく、生活をより良くするために、彼女たちは家庭でも職場でも、実にムダを省き、工夫をこらして能率的に生活をいとなんでいる。これは金持階級でも貧乏家庭でも全く同様だ。そして万事、虚飾や見栄を打破して、実用本位の堅実な生活態度を重んじている。世界一の繁栄国として四人に一台の割で自動車が普及し、各家庭に一台の電気冷蔵庫と平均二台のラジオ（自動車用ラジオおよび手提用ラジオを含む）が常備されているアメリカであるから、ゼイタクすれば全く際限がないが、しかしアメリカ人は常に各人または各家庭の収入と経済能力を十分にわきまえて、ムダと虚飾および虚礼を省き、健全財政の生活を誇りとしている。そして各人の努力と精神と知能によって「より良い生活」を目指して向上と成功を望んでいる。［中野五郎 1949：91–92］

第I部でアメリカのフィールド調査研究は、アメリカにはさまざまな階層があり、その階層に沿った生活文化が営まれていたことを示していた。しかし、アメリカでは、階級を問わず、四人に一台の割で自動車を所有し、各家庭には一台の電気冷蔵庫と平均二台のラジオが常備されているとの中野の語りは、フィールド調査が示す異なる階層文化は宙づりにされ、すべてのアメリカ人家庭における科学技術の浸透ぶりを伝えるものである。アメリカ特派員であった発信者の語りゆえ、アメリカを知らない読者はこれを額面通り受け取ったのではないか。

特派員時代のアメリカ生活を懐かしむ中野は、アメリカにおける快適であった冬の生活環境を特筆する形で述べる。日本人が厳しい自然をしのぎやすくすることを悪徳として戒めていたことは、支配者の都合のよいイデオロギーによるものであったことに言及しながら、アメリカという国に住む人々がこぞって快適な生活を営んでいることのすばらしさを披露する。

金持階級だけが暖房の完備した邸宅で暖かい冬を楽しみ、貧しい勤労階級が凍るような室内で寒気に震えているような非民主的な社会には、誰でも断じて甘んじないのだ。［中野五郎 1949：134］

階級の違いを超えて、すべてのアメリカ人が快適な生活環境のもとに人生を切り開いている。そのことが、民主主義である。このような中野によるアメリカ生活の紹介は、空調設備をすべてのアメリカ人が享受しているものとして語りかける。(11)

また、首相退陣後の一九四九年に二ヵ月三週間のアメリカ旅行へでかけた片山哲も、「さらばアメリカ　すべてが大がかり　うらやましい機械力」と題して、次のように渡米記でアメリカ生活のすばらしさを伝える。(12)

豊富なる物資を思う存分遣い科学知識の浸透を徹底化しているところにアメリカの特色がある。それらはあらゆる面に現れているが飛行機、自動車、電話がトップを切っている。現在はまさに飛行機の時代だ。私もアメリカでは全部航空路で、汽車には一つも乗らなかった。（……）一日数回の定期航があり、お婆さんも、娘さんも、さも気軽そうに、カバン一つで乗り降りしている。（……）農家は飛行機で種をまき、肥料をやり、花屋はその日の花を空路大都会へ運ぶというから実用向となっている。自動車に至っては何んといっていいかほとんど形容の言葉のない程、数多くの行列をなしてアメリカ全土にあふれている。ロサンゼルスでは市民平均二人に一つのカーを持っているというのだから豪勢にビックリする。［1949.8.19付］

片山と同じ視点で書かれた渡米記は、一九五〇年の一地方の高校新聞にも掲載されている[13]。

普通の家庭における電水調理機、電気冷蔵庫、掃除機、洗濯機、街頭やドラッグストアにある切手、コカコラ、チユインガム等の自動販売機、電気カミソリ、テレビジョン等、我々には夢のような機械類がアメリカの日常生活を能率化し、人手を省くのに貢献している。だから、彼等の文化水準が高まる訳である。時間と労力の節約が彼等の文化活動、社会活動を盛んにしているのである。機械でやれる一切の仕事は、全て機械に委せ、人間の本質的な活動に出来るだけ多くのエネルギーをさこうという精神は矢張り人間尊重の精神でもあると思われる。［『啓明新聞』第18号 1950.9.1付］

アメリカへ渡った者の語りには、アメリカを捉える枠組みが完全に確立していた。中野と同じように、階層差など関係なく、家庭電化製品に溢れた生活を「普通の家庭でも」実現したいと望んでいた。これらの表現には、機械文明を批判的に見る姿勢などまったくない。機械文明を基盤とするアメリカの人間的、かつ民主的な生活を、羨ましく思う内容となっている。

渡米記の言説は、アメリカを直接目にする前にアメリカのイメージによって構成された「知覚の網」によって捉えられたアメリカの現実であったのかもしれない。また「アメリカは機械文明化されているはずだ」という期待を込めたまなざしが前提となり、それに見合った現実に照準を合わせていたとも考えられる。しかし、中野の『アメリカに学ぶ』にしても、渡米記にしても、アメリカの社会資本が整備された姿や家庭電化製品の浸透ぶりを知らしめ、文化水準の高い豊かなアメリカのイメージに拍車をかけるものであった。

ただし、機械文明の発達を紹介する表現には、家庭生活がセットになっていた。日常生活を能率化する機械は、人間の本来の活動を充実させる意味からも欠かせないとする解釈には、女性の家事労働軽減という民主的視点の起動があってのことと考えられる。

さらに、一九五一年七月二九日発行の『週刊朝日』は、「簡易洗濯」と題して「依然として猫も杓子もアメリカ渡航時代、土産話しはきまって、電気冷蔵庫と電気洗濯機のある、アチラの台所の話である」［『週刊朝日』1951.7.29：31］と、アメリカ渡航者の土産話に対する意見が掲載されている。

また、科学者の中谷宇吉郎は「電気冷蔵庫という表題を見ただけで『ああ、又アメリカ文化の話か、もう分かったよ』という人が、相当あることだろうと思う」［『オール讀物』1952.6：72］と言っている。

この二つの記事は、家庭電化製品の浸透ぶりを伝える渡米話に日本の人々が辟易していることを物語る。アメリカのイメージから構成された「知覚の網」を通して見たアメリカは、『ブロンディ』に限定されることなく、あらゆる場面で家庭電化製品を象徴とする「生活に科学技術が浸透する国」として映し出された。そのことが、アメリカを語る際にはあらかじめ設定されたアメリカの定義からはみ出さず、なおかつその枠組みの中にあって、我こそはその最先端でアメリカを捉える者である、との主張へとつながったのである。人々の頭の画像には、「アメリカ」と言えば「家庭電化製品」、と条件反応のごとく浮かび上がるようセットされていた。

しかし、アメリカのイメージ形成過程をたどることによって、占領のもとで生きていく人々のしたたかさもあぶり出される。アメリカを語る発信者は、家庭電化製品などに満たされた暮らしを語り、そして受信者もまた、後に自己が言語空間に参入した時、その語りを内在化したアメリカを語る。この過程に、占領下にあった当時の民衆が自己の利益からアメリカの文化のある一面を剥ぎ取り、手に入れようとする姿が浮き彫りにされる。それは、日本の人々が抱く理想を、アメリカに置き換えて具体化するプロセスであった。この技こそが、セルトーが次のように述べる実践の型式（フォルマリテ）ではないか。

実践には「民衆の」知恵（ratio）がはたらいており、行動のしかたのなかにおのずと考えかたがふくまれ、ものを使いこなす術とものを組みあわせる術とがわかちがたく結びつきながら発揮されているのである。[Certeau 1980=1987：19]

アメリカ博覧会

また、敗戦後は、アメリカをテーマにした催し物が数多く行なわれていた。それは、アメリカに関する展覧会が百貨店において開催されるとの新聞広告が、数多く掲載されていることからも理解できる。とりわけ、朝日新聞社主催の「アメリカ博覧会」（図6-8）は、その規模と入場者数において突出したものであった。一九五〇年三月一八日から六月一一日まで西宮で開かれたが、すでに入場券の前売り申込段階で「2百万を突破した」［1950.2.2付］という。「アメリカ博覧会」の企図は、当時の国民が最も関心を有しているアメリカ合衆国を重点的に採り上げ、その歴史・政治・経済・教育・芸術・文化・生活など多岐にわたって最新の生産品や多数の図表、写真などを総合展示し、その紹介を行なうものであった［平井常次郎編 1950］。第一会場には科学の粋を集めた製品陳列場、野外劇場では毎日アメリカものの演劇があり、さらに模範住宅、テレビ館、水耕農場、農業館などズラリと偉容をそろえられ、第二会場でも呼び物として子供遊園地や図書館があり、一分間で印画が出来上がるポラロイド・ランド・カメラ、五〇ごとのレコードを自動的にかけるジューク・ボックス、自動車王国の誇る五十年型新車三〇台、野球ファンのためにはスイッチ一つでどんな球でも自由に投げるピッチング・マシンなど見たことのない珍品が並べられることを報じている。この「アメリカ博覧会」に入場し、展示品を見た人々が、そこから何を剥ぎ取って見ていたのであろうか。

「アメリカ博覧会」のエッセイ・コンテストを主催者側が行なっていた。そのコンテストの小学生の部で賞を獲得した、大阪市立南百済小学校六年二組の西埜眞二君のエッセイが資料として残っている。この資料は、振り返って『ブロンディ』を語る読者と同世代である。掲載当時の意見として、貴重な資料である。

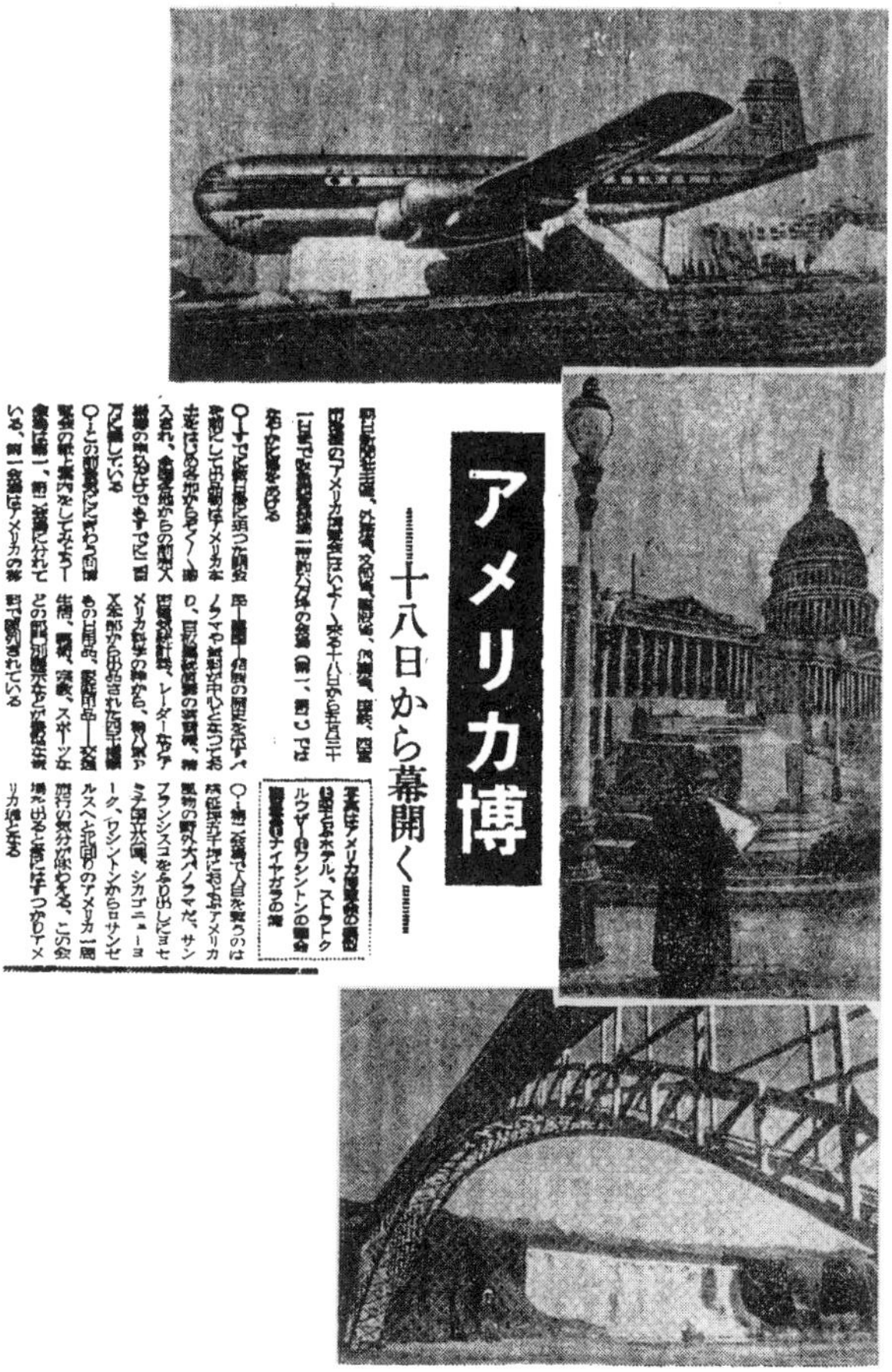

図6−8　アメリカ博覧会の記事［『朝日新聞』1950.3.15付］

ぼくはアメリカ人の生活をしらべて見ることにした。第一会場でアメリカの住宅や模型をみた。中を見てまずぼくは大へん明るいと思った。それは窓の大きい事と、壁や道具の色が白や青・緑など明るい色をつかっている為である。それから大へん便利にできている事だ。とくに台所がよいと思った。ピカピカ光った電熱器・電気れいぞうこ・たてにならんだ戸だな、その戸だなは一つ一つ引きだし式になっている。（……）おそうじの道具やパン焼きコーヒーわかしも皆電熱で大へんきれいだ。アメリカのお母さんは大変仕事が楽で、電気のスイッチをちょっと入れておくと、時間が来ればもうおいしいパンやコーヒーが出来ているといった調子だ。本をよんだり、ラジオを聞いたりする時間がたくさんあって、ぼくの家もこんなんだったらどれほどお母さんが喜ばれるだろう。(14)［平井常次郎編 1950：66-67］

アメリカの人々の生活における家庭電化製品の充実ぶりに目が注がれていた。そして、家庭電化製品の充実が、家事の合理化を実現し、母親に余暇を与えるとの論理構成で認識されている。さらに、西埜君は単なる羨望視だけに留まらず、いかに現実化すべきであるのかについて、次のように述べる。

ではどうしたらアメリカの人々のようなよい生活が出来るだろうか。それにはお金も必要だろうが、もっと科学のお勉強をして、色々の機械や道具を作ることだと思う。そしてそれを自由に使える科学的な国民にならなければならないと思う。［平井常次郎編 1950：67］

彼の心の中には、科学的な国民を目指して学ぼうとする意志と科学技術を身につけた人間像が内在化し、方向づけられていた。

同じく中学生の部で賞をとった池田君のエッセイはどうであろうか。

現在アメリカ合衆国はあらゆる方面において世界の国の頂点に立っています。政治にしろ産業にしろ文化・教育・

科学・交通・貿易などについて理想的なものが実現されています。科学を基礎に大量生産をめざす産業や、その中でもことに機械化された農業や工業、進歩した教育制度も高度に発達した交通機関も、我々日本に影響があるばかりではなく、手本として大いに見習い我国の進歩発展に尽くすように心がけなければなりません。[15]［平井常次郎編 1950：67］

アメリカが世界の頂点に立っているのは、科学を基礎にしているからであるとの認識から、そのアメリカを手本とする日本の将来の方向性を語る。アメリカ博覧会場内の新産業ホールにて展示されている日本の製品に、再建にむけ努力している日本の姿を見てとった池田君は、「今後世界に誇る優秀な製品をどんどんつくり、世界平和に貢献できるのも夢ではないでしょう」と、自らの目標と重ねあわせた日本の将来像を述べる。また、彼は博覧会を通じて、アメリカの家庭生活にも言及する。

アメリカの家庭生活が民主的であるようなこともありありとわかります。個人の尊重と共に、市民の親切さが身にしみるように思いました。衛生的で科学的なアメリカ人民の生活の素晴しさもアメリカをよく表わしています。［平井常次郎編 1950：67］

当時の子供たちは、アメリカを科学技術の最も進んだ国と理解するが、ただ単に科学技術の進歩だけを捉えるのではなかった。家庭生活とリンクさせ、科学技術が家庭生活に反映されることで、民主的な生活に到達すると認識する。「家庭電化製品＝理想の家庭」であるという認識は、一地方高校新聞の渡米記の中で、科学技術が日常生活の中に根をおろすことが人間尊重につながるとの解釈過程と同様である。

アメリカ博覧会を通して科学技術に目を注いだ子供たちは、アメリカが世界に誇る科学技術の進んだ国であることも、家庭生活が民主的であることも、すべてを家庭電化製品に置きかえて捉えた。このように、憧れのアメリカ生活の現実化とは家庭電化製品に支えられてこそ可能である、とする認識プロセスは、『ブロンディ』掲載後の読者の語りと同様のものであった。このことは、彼らの世代の認識プロセス、すなわち「アメリカの生活文化＝家庭電化製品」という捉え方が、漫画連載当時から屈折することなく抱かれ続けていたということである。

当時の子供たちが、言語空間でつくりあげられたアメリカのイメージを語ることとは、何を意味するのであろうか。このエッセイが賞を獲得したことは、主催者側の狙いにかなったからである。朝日新聞社が、「アメリカ博覧会」を開催することが、すでにアメリカを歓迎する姿勢であり、ＧＨＱに手を振る姿であった。その博覧会に提出するエッセイに何を書けば喜ばれるのかについて、主催者側の意図を事前に汲み取ることができなくとも、自己を包む環境の中で、どのような発言をすべきかを身につけることが、優秀な生徒としての社会的位置を手に入れることにつながる。逆に言えば、彼ら子供たちこそ、時代精神の複雑さを縮減する能力を持った人物であった。もちろん、時代の風を読み取ることは、自己の将来の夢とも重なりあっていたであろう。さまざまな言説の中から、彼らなりの利益にあった価値を取り入れる姿でもあった。このような、社会化の先取りを行なえる生徒たちが優等生として、将来、言語空間に参入できる人物へと向かう。賞という形で正統性を獲得したエッセイと同じ内容を、山本明や亀井俊介が後に語ってもなんら不思議なことではなかったのである。

教科書における理想の家庭生活像

それにしても、子供たちが大人たちの価値を先取りする上で、教育は欠かせない領域である。教育の舞台で、彼らは称号を得る。彼らにとって学校は、価値を見抜く触覚が磨きあげられる場である。ここでは、学校の教科書にあらわれたアメリカについて見ていく。

グラムシは、ヘゲモニー装置としてメディア空間と教育を示した。「家庭電化製品の充実が家庭の合理化を導き、主婦の余暇を作り出す」という認識が共有された時代認識であったとすれば、メディアだけではなく、ヘゲモニー装置として重要な役割を担う教育においても、家電製品の家庭への浸透が促されていたはずである。

一九五一年に文部省検定済となった中学校一年生用社会科教科書『中学生の社会1 学校と家庭』〔安部能成編 1953〕では、学校と家庭生活が中心に取り扱われている。生活から社会を考えていくコアカリキュラムに沿った授業が展開されていた[16]。

「第12章 家庭生活の改善」〔安部能成編 1953：94-103〕では、科学の進歩で産業は合理化したものの、掃除、洗濯、食事をはじめ、暗い電燈の下で繕い物をする主婦の家事労働の生活は、昔とかわっていない現状を浮き彫りにしながら、その生活に比較して「外国の主婦は楽な生活をしている」と日本の現状を打破すべき方向性を示すのである[17]。

電気器具をつかって、テーブルでコーヒーも、トーストも卵のフライもできる。（……）せんたくはまとめて週二回ぐらい、公共のせんたくじょにいき、電気せんたく器をかりてする。〔阿倍能成編 1953：95〕

日本家庭の暮らしの改善は、アメリカの人々が所有する電化製品の道具によるものと説く。ただし、家事労働の軽減は、家庭の合理化、すなわち家庭電化製品であり、夫の家事手伝いには触れられていない。この点については、家事はあくまでも女性が担うものとの前提があったからに他ならない。

そして、電話や通信、交通機関の発達がわれわれの生活を便利にしたように、そのことで時間と労力が節約でき、余暇が生じることに結びつける。

科学を利用して時間の余裕をうみだす時に、私たちは日常の雑事から解放され、ゆったりした気持ちで自分のすきなことができる。［阿倍能成編 1953：97］

続けて、母親が本を読んだりラジオを聞いたりできる暮らしを生徒たちにイメージさせながら、父親は職場で科学的かつ、合理的に仕事をしているにもかかわらず、家庭生活においては変化に逆らってまで昔の生活を維持しようとする傾向が強い現状を憂える。現在の家庭生活に対する批判の芽を育てつつ、次のように生徒たちの意識変化を喚起して将来へと結ぶのである。

私たちが将来の家庭にのぞむことは、生活の改善により、社会の進歩におくれず、むだをはぶき能率的に家庭を運営し、時間と労力を節約することである。［阿倍能成編 1953：103］

さらに、章の終わりには生徒たちへの課題として「研究」があり、余暇の利用や娯楽、地域の社会施設を調べることなど五点を挙げているのだが、その最初には「各自の家庭の非科学的な、非合理的な点をあげ、どうしたならば改善できるか考える」とある。「研究」項目に挙げられているものの、教科書の内容に沿えば、おのずとその答えは「家庭電化製品」に帰結することを想定したものであり、生徒個人の内面に家庭電化製品獲得に向けた主体性がつくられることに狙いが定められていることが分かる。

この狙いに応える生徒が、明日をつくり出す次期世代であった。彼らの、未来は形あるものとして可視化され、将来どのような物を獲得すべきかという動機が形成されていた。また、どのような家庭をつくるべきか、といったイメージが熟成されていたのである。

「家庭電化製品＝生活の民主化」が理想像として教育というヘゲモニー装置の中で展開されることは、もちろんその民主的な家庭生活が真理として市民社会の中で受け入れられている証であった、と理解することができる。その社会的な雰囲気はメディア空間においてもあらわれていた。

一体、この戦争後、婦人の地位は向上したかどうかという問題で、本社が若い婦人たちを対象に世論を問うたところ、その答えははなはだぼんやりしていたが、ただ一つはっきりした答えが出ているのは女性解放という立場から「家庭生活の合理化」をしなくてはいけない、という要求だけが熱烈だということである。毎日毎日同じことに時間を使ったり、一日中を台所で暮らし、新聞も読めない、という苦情、要するに、台所中心の生活で自分の時間がないという訴えである。〔今日の問題「台所の高さ」『朝日新聞』夕刊 1950.2.4付〕

「婦人の地位向上」といった抽象的な問題には答えが出にくくとも、読書ができるかどうかという時間の合理化を「家庭生活の合理化」とみなしていたわけで、おのずと時間の合理化は家庭電化製品によってもたらされるとの答えにたどり着く環境は整備されていたのだ(18)。

掲載時に子供であり、後に言語空間で発言力をもつにいたった人々には、アメリカと家庭電化製品を結びつける「知覚の網」があったが、それは以上のような子供の語りや教科書に見て取ることができよう（掲載時にすでにメディアで表現できる年齢であれば、家庭電化製品に触れることがあったとしても、あくまでも家庭生活の方に注目して、その関連で家庭電化製品も知覚されていただけなのである）。掲載時の子供たちは、アメリカの生活を理想とする時代の風を受け、その理想像を家庭電化製品に映して取り込み、目指すべき未来を見ていたのだ。

6-5 敗戦後の真理――時代性知覚

この節では「時代性知覚」、すなわち時代が持つ価値・真理が、知覚すべき対象を捉える際にどのように影響を及ぼしていたのかについて見ていく。

P・L・バーガーとH・ケルナーは、「近代の社会学的なものの見方の中心にあるのは、人間の集合体は、自律的でしかもしばしば隠れた動力学によって動かされている、という認識である」[Berger and Kellner 1981=1987：5] と述べる。『ブロンディ』へのバイアスのかかった知覚の問題に置き換えれば、次のようになろう。敗戦直後の日本の人々が『ブロンディ』をどう捉えたかは、人々の自律的な行為によるものと判断しがちである。ところが、自律的な分析を行なったかに見える先行研究者たちはマルクス主義によって突き動かされていた。また、読者の「食べ物」へのバイアスのかかった知覚も、「飢え」という状況が突き動かす知覚であった。さらに、振り返って語る読者の「家庭電化製品に溢れた生活」というバイアスのかかった知覚にしても、当時の新聞が読者を巻き込んで「科学技術の進んだ国＝アメリカ」のイメージをつくっていた。そのイメージによって構成された「知覚の網」という装置でもって、「家庭電化製品」を掬いあげたのである。しかし、不可解なことは、振り返った読者による「家庭電化製品に溢れた生活」というバイアスのかかった知覚が、先行研究者の「あわれな俸給生活者」という分析を一蹴し、後の研究者に歴史的正統性を付与させたことにある。

アメリカのイメージや「知覚の網」を構成する背後には社会があり、その社会には見えない枠組みで世の中を捉えている信憑性構造（plausibility structure）がある。信憑性構造とは、細菌による感染とみなす牛の病気も、中世のヨーロッパでは魔女と目された老母が使う邪悪な呪術によるものとみなされたように、時代や地域に沿った「正しき秩序」を正当化する倫理、道徳、規範に基づいた信憑性を指す［Berger and Kellner 1981=1987：9］。社会学が秩序問題に取り組む以上、ある一定の言説や行動が正当性を持つことに注目する必要がある。なぜその言説と行動が多くの支持を得るのか、また正当性がありながらも揺らいでいるのはなぜか、を問わなければならない。さまざまなアメリカの文化の側面が一つの像へと平板化されていく過程の背後には、そのような社会を支配する秩序があったからに他ならない。

マルクスは経済を土台としながら、土台としての経済に規定された上部構造という図式を示した。しかし、アントニオ・グラムシ［Gramsci 1961『グラムシ選集3』］は、経済による上部構造の規定ではなく、その相互連関に着目した。グラムシによれば、「人間性とは政治的である」ということであり、他者に対して意見を述べることは、相手にそのように考えることを迫り、相手の考えを変えようとする行為ということになろう。その実践の大きな舞台がメディア空間であり、教育の場である。一つの世界観の普及による知的・道徳的統一性をめぐって、ダイナミックな展開がメディア空間で繰り広げられ、ある正当化された言説が他の言説との戦いを経て、ヘゲモニーを握るのである。

人々は、市民社会の集団生活にさまざまな形で関与しており、それらの社会的諸組織・諸集団を通じて意識的・無意識的に自らの世界観を形成する。同時に、その過程は人々がなんらかのヘゲモニーに「順応化」していく過程でもある［松田博 1988：18–19］。このようなグラムシのヘゲモニー理論は、ミシェル・フーコーの「真理とは権力であり時代の制約を受けるものである」とする主張とも重なる［Foucault 1977=1997］。

そこで、敗戦直後の日本の人々にとって、よりかかるべき真理がまず形成され、そしてその真理を頂点にヒエラルヒーの伴う知識、倫理、道徳が整備されたと考えられるのではないか。その真理から形成された「知覚の網」によって、当時の人々は自らの新しい環境を捉えようとしたのではないか。

このような仮説をもとに、敗戦直後から『ブロンディ』が登場するまでの『朝日新聞』記事を拾い上げながら、言語空間の中で、真理をめぐってどのような言説の抗争が繰り広げられていたのかを追うことにする。[19] 真理をめぐる抗争の過程を描く中で、何が真理として勝ち残ったのかが明らかになり、そのことから「知覚の網」の形成メカニズムを見ていくことにする。

(1) 科学技術＝真理

占領期の研究をしている袖井林二郎は敗戦日に父が語った話として、次のように回想する。

戦争が終わった日のことは、鮮明におぼえています。（……）父親が泣きながら、「日本人は、アメリカの科学に負けたんだ」と言ったことも忘れないな。（……）その父親にこう言われたんです。「お前はこれから、うんと勉強してアメリカに負けないように科学者か技術者になれ」って。[20]〔『朝日新聞』1989.1.19付〕

日本の敗戦を、〝科学の差〟として語る袖井の父の言葉は、単に個人としての敗戦感によるものであろうか。敗戦の一五日からマッカーサーが厚木に到着する八月三〇日までは、日本が占領される前であって、他国の監視下にない状況にあった。その時点で、どのような情報・知識が言語空間としての新聞紙上に掲載され、真理として力を獲得していったのであろうか。個人の意識が社会的背景と絡みながら循環的に形成されていく様を見てみることにしよう。

敗戦した一九四五年八月一五日当日、鈴木貫太郎首相は、「今回の戦争において最大欠陥であった科学技術の振興につとめよう」と述べ、敗戦の原因を袖井の父と同じく「科学技術の差」と位置づけた。この「科学技術の差」という言説は新聞紙上に何度も登場し、共有され、自明のものとなる。

また、吉川英治は、二三日付の「英霊に詫びる③」で次のように述べる。

我々はいまどん底に来たのだ。敗戦の瞬間的な激情がゆるむにつれひしひしと敗戦国民の苦難、深刻な精神苦、生活苦に追いつめられて行くことを知るであろう。戦いに敗れたのだから男らしくこの難に耐え忍び、敵の要求に応じてやろう。［1945.8.23付］

八月二八日付では、前田文部大臣が少国民へと放送した内容が示される。

戦争中は敵として血みどろの戦を続けて来たにせよ、戦をやめたらあとはさっぱりとして相手の手を握るのは昔からの武士道の仕来りであります。［1945.8.28付］

「さあ、新しい元気で」とのタイトルで語られるこの呼びかけは、戦中のスローガン「鬼畜米英」はきっぱりと忘れて、戦争の痛手も何のその、「さあ元気で」と爽快感を漂わせながら、一切の負を捨て去り、軽快に新たなスタートを飾ろうとするものである。

このように、敗れた者の姿勢として、敵の要求に応じることを、これまで正統とされた精神的な支柱である〝男らしさ〟や〝武士道〟に落とし込むのである。

これらの言説は、支配者側にとって、これまでの正当とされる言語を使いつつ、戦争責任を反故にする狙いも含意していた。その一方で、民衆が支配者側を突き上げる方向ではなく、共に歩むべき新たな方向性を示す言説が紙面を覆う。一九日付では、「一路科学の勃興へ」と題した船田中氏の談話が示される。

科学的思考性を我々の日常生活の中に深く浸透さして行くということによって将来大科学勃興の基礎を築いて行かねばならぬ。［1945.8.19付］

さらに同日、文相談として科学的思考の方向性が示される。

単なる科学だけの分野でなく広く文化をもひっくるめたもの、日本人のつまり思考力というものをもっと昂揚していきたい。原子爆弾をただ凌駕するものを考えていくというようなことでなくもっと大きなものをきづいていきたいと思うと同時に基礎科学をもっと深くやってみたい。［「思考力を昂揚　基礎科学に力注ぐ　文相談」1945.8.19付］

翌二〇日付では、「科学立国へ」への見出しで次のように述べられている。

われらは敵の科学に敗れた。この事実は広島市に投下された一個の原子爆弾によって証明される。前田新文相は就任に当り科学を含めた広い文化の復興を図りたいと科学立国の熱意を述べた。科学の振興こそは今後の国民に課せられた重要な課題である。［1945.8.20付］

原子爆弾を象徴とする科学の差がこの戦争の敗因であると断定し、科学が大きな力を示す真理として台頭する。戦後の国民に新たな方向性を提示する「科学立国へ」のスローガン誕生でもあった。科学という真理が、マッカーサーが厚木基地に降りる前に日本の中で鶴翼を広げていく。

大佛次郎は二一日付の「英霊に詫びる①」において、次の文を書いた。

三千年来日本の歴史は決してすらすらと平坦な道を進んで来たのではない。幾多の断層があって飛躍を必要とした。西洋流の計算や合理主義では解決できぬものを、私共の祖先は自分たちでさえ説明のできぬ方法で、苦しみながらも無造作に乗越え、堅実な後代を我々に遺してくれた。明治の門を開いた維新の世直しもそれであった。政治の技《マ》領《マ》は下手糞で、余計な犠牲を出しながらも、向う道は誤らずに日本の大を成したのが不思議なくらいである。恵まれた国といわざるを得ない。それにしても累代の国民の刻苦と労働の果実が国を支えて来たのだ。毀すのではなく作り生む努力が――。(……)歴史は未曾有の大断層に遭遇し聖断が下された。目をつぶって、我々は昨日から飛躍する。[1945.8.21付、傍線筆者]

これに対して、吉田甲子太郎は二三日付「鉄筆の欄」において「計算と合理主義」と題して、次のような異義を唱える。

この文章は、われわれの日本だけが、非合理的な、超計算的な神秘性の上に立っているという思想を表現しているように思われた。私には、新日本再建の出発に当ってこういう思想を主張し、こういう思想のもとに再建の一歩を踏みださせようとすることは、甚だ危険のような気がしてならないのである。(……)この無念な敗戦もある意味では、無計算と非合理主義の結果だったといえるのではあるまいか。然るに今、重畳する艱難を乗り超えて、わが民族の前途を切り拓こうとする時に、またまた計算を無視して、合理性に背いて、その難事業が成し遂げ得られるかの如き印象を与える危険を包蔵する文章を国民に示すことは、何としても賛成しかねる拠である。(……)精密な計算、完璧な合理性、その上にこそ新日本は再建せられるべきで、この二つなくしては新日本の興隆は覚束ない

と思う。〔1945.8.23付〕

さらに、この反論を受けて、大佛次郎は、「合理・非合理」と題して、同じ「鉄筆の欄」で、次のように切り返す。

あれは一種の合理主義的な立場からの国史観とも見られませんか。私は国史の特徴として現れている東洋的な暗闇を、ああいう表現で指摘したので、それでなければあの文章の次に「政治の技術は下手糞で」とか「余計な犠牲を出しながら」といふ言葉も持ち出さずに済ましたでしょう。「日本の大をなしたのは不思議」と記したのも、国史のそういう合理的でない発展の内臓する危機を指したものであり「恵まれた国」と特記したのは、やはり同じことで幸運に済んだが非常に危険だったという意味を匂わせております。〔1945.8.31付〕

大佛は、吉田甲子太郎の指摘に対して反論の形式をとっているものの、自らの文書が「計算」「合理性」を基にした吉田と同じ物差しで論じたものであり、合理性から逸脱したものではないと弁明する。もちろん、ここでは合理性をめぐっての議論ではある。しかし、科学に関連する「計算」「合理性」が突き付けられたときには決して異を唱えることはできない、という共有された知の力を示すものである。[21]

M・フーコーは、科学が持つ権力がいかに絶大なるものかを、次のように語っている。

科学は文字どおりひとつの権力であって、あなたにある特定のいくつかのことだけを強制的にいわせようとします。そしてその指示にしたがわないと、あなたはまわりの人から、「思い違いをしている人」とみられるだけならまだしも、「ペテン師」というレッテルをはられかねないのです。〔Foucault 1984＝1997：34〕

まさに、大佛と吉田の応酬は、フーコーが述べる科学の権力性を具現化する場面であった。また、この論争は、一つの成長しつつある合理性という知が文化一般を論じる中で、非合理性を持つ競争論者をおしのけて権威を獲得し、その脆弱な表現すらも許さないまでに正当性を獲得していく過程（ヘゲモニー）がダイレクトにあらわれた場面である。言いかえれば、言説の科学性をめぐる抗争が直接展開され、言語空間の中で、科学が真理として知のヘゲモニーを握った場面である。

占領後も、科学を頂点とする知のヒエラルヒーはあらゆる領域に浸透していく。教育においては、前田文相が科学的思考を教育の指標とする。九月一〇日付、文相の放送した「青年学徒に告ぐ」は以下の内容である。

科学は重んぜられねばならぬ。然しそれは目先きの功利的打算からではなく、悠遠の真理探究に根ざす純正な科学的思考力や科学常識の涵養を基礎とするものでなければならぬ。[「〝文化日本〟の建設へ 科学的思考力を養う」（放送）1945.9.10付]

さらに、一二月一三日付の「総選挙に臨む 各派政策討論会」において進歩党の鶴見祐輔は政治の領域にも科学技術の言語表現を用いる。

世界の文明は機械文明が入っている。機械が物を生産している。日本は時代遅れのことをやっている。そこに最も欠陥がある。それがため科学技術を政治の中に取入れることに重点がある。[1945.12.13付]

これは、政治の領域ということだけではなく、討論の場においても、科学技術を用いることが大きな武器となったことを意味する。

このように、敗戦後から占領前のわずか二週間でヘゲモニーを握った科学真理が不動の地位を獲得し、戦争の敗因と日本再建の要因が共に科学力として位置づけられ、浸透していったのである。

呼応するように、読者の側から科学を求める要望として、一九四六年一月一五日付の「声」の欄において、次のような投書がなされる。

子供にはっきりとした目標を与えてやる事は指導的立場にある我々成人が考えなければならない事実ではなかろうか。(……)その一つとして自分は科学日本の建設ということを指導されん事を力説したい。その指導方法が何であろうと各人各様の科学知識と指導方法とを以て新しい日本の目標の一つを科学への憧れと希望になる様な科学教育を子供達に与えてやってほしい。[「子供に希望を」1946.1.15付]

このような読者の意見は、科学技術という真理を頂点とするヒエラルヒー構造の「知覚の網」でもって、自己を取り巻く周りの世界を体系化している姿である。投書者自身に、このような意見を発しても支持されるであろう、というたリアリティがあったからに他ならない。

さらに湯川秀樹は、一九四六年八月一二日付の「物質文明と精神文明」において、文明の基本が物質にあったのにもかかわらず、物質による生活向上を軽視してきたことを非難する。そして、その貧しさこそがすばらしく、かつ精神文明を発達させるかのような考えがあった日本を批判する。(22) 新聞記者並びに見識者の意見と読者の意見が相互に科学技術を真理として語り合い、その相互作用によってより科学技術言説が尖鋭化され、共同体意識として確固たるものになっていく。その言語空間の場として、新聞が大きな推進役割を果たしていた。

そして、一九四六年一二月六日付の「科学行政の民主化」と題した社説では、行政をも科学技術でもって裁断する。

> 科学思想、科学技術の立ちおくれは、無駄な開戦と、したがってまた敗戦の主要な原因であった。そして、生産、生活、文化の全部面《ママ》にわたる日本再建の方法的根底をなすものもまた科学技術である。せまい国土、貧弱な資源、老廃した生産手段、あふれかえる人口とインフレの進行、これらの困難な悪条件を最も合理的に処理して、一日も早く建設を軌道にのせるためには、科学技術を最高度に結集し、発揮する以外に手はない。そして、そのためには、日本の科学を窒息させていた過去の体制と悪慣習を徹底的に改革、克服して、まず科学自体に自由な、建設的体制をあたえなければならない。（……）ここに、日本再建の根底につながる科学技術研究新体制確立の重大な意義がある。

敗戦後一年半の間に、敗因は科学技術力の差としてスタートした「科学技術」を真理とする「知覚の網」が完全に完成されたものとなり、それがあらゆる領域において行きわたることになった。

社会集団は、経済的生産における基盤をもとに成立するが、同時にいくつかの知識人層を有機的につくり出す。その知識人層は、経済の分野ばかりでなく、社会と政治の分野においても、その集団の同質性とその集団自身の機能についての意識とを与える。グラムシは、近代国家を直接的支配の強制装置としての「政治社会」と、支配階級が知的・道徳的指導を通して被支配階級の自発的同意を獲得するヘゲモニー装置としての「市民社会」と区別しつつ、統一的に捉える。そして、軍事力に見られる強制装置としての「政治社会」ではなく、ヘゲモニー装置としての「市民社会」という側面において、近代の国家が独自性をもつことに注目する。敗戦直後の日本において、戦中と変わらぬ支配者は、敗戦による軍事的な強制装置を失ったがゆえに、「市民社会」という側面で指導的に人々をコントロールする必要があった。その支配者側に位置する知識人は、全力をあげ、新聞メディア空間において「科学技術＝真理」というイデオロギーを展開した。そのことによって、敗戦にいたる支配者の反省と責任を「科学技術推進の欠如にあった」という言説に絞りこみ、支配者側に存在するあらゆる戦争責任を反故にした。支配体制を維持したまま、戦後の指標として光り輝く「科学技術＝真理」を掲げ、人々を導いたのである。

被支配者としての労働者層を基盤とする知識人にしても、社会科学としてのマルクス主義に依って立っていた。しかし、すでに「科学技術＝真理」とする言説がヘゲモニーを握っていた。それゆえに、『ブロンディ』の先行研究者たちが一様にダグウッドとブロンディの姿を機械的とみなし、資本主義の悲惨さを描いたものとするマルクス主義的知覚に基づいた『ブロンディ』の語りは、「科学技術＝真理」の前に捨象されたのである。この状態で戦後日本がスタートを切ったことにより、フーコーが唱えるパノプティコン（一望監視施設）のごとく［Foucault 1975=1977］、科学技術に異を唱えるならば他の人々から袋だたきにあうかもしれない、という規制を人々が自己の中に取り入れ、規律訓練していくことになる。

このように、敗戦直後の言語空間を舞台に展開された科学真理言説をめぐるヘゲモニーを明らかにすることによって、「アメリカナイズされた戦後日本」という一方向的な論考がいかに表層的なものであったかが、浮き彫りにされる。敗戦直後の日本の人々は「科学技術＝真理」という「知覚の網」であらゆるものを捉えた。それは、アメリカを捉える際にも同じように作動し、その結果、複雑なアメリカ文化からさまざまな面が剥ぎ取られ、生活様式の家庭電化装置に目が注がれたわけである。それゆえ、新聞のアメリカに関する記事や読者の声は、その知覚の網から構成された「アメリカ＝生活の科学技術浸透」というイメージによってアメリカを捉える姿勢が刻み込まれた結果である。ただし、「科学技術＝真理」言説を築く起点を「敗戦は科学の差」と捉えたことからも、フィードバックしてアメリカに目が向けられるときには、二重のフィルターとなり、より強く研ぎすまされた「知覚の網」が作動した。次の文は一九四七年八月一九日付「声」の欄に掲載された読者の投書である。

真夏の昼下がり、銀座のとあるオモチャ店で、一民間米人が子供へのおみやげを物色していた。ふと彼は、羽を動かして、ひょうきんに運動するペンギンに目をつけ、売子に命じて一羽ずつ順々に動かせた。その時である。彼の目は素早く腕時計の秒針の上に吸いよせられ、丹念に一羽々々の運動持続時間を測定していたのである。

私はこれだと思った。すぐ腕時計に目をやる。このほとんど習性化した行為に、全米人共通の高い科学精神を納得した思いであった。日本人のあいまいな目分量的観念が、近代科学戦の敗者たらしめたことを思うとき、こんなささいな行為でも、日本人にとって当然であるというところまでわれわれが科学的に高められてゆくことは、また文化日本建設の第一段階でもあろう。［1947.8.19付］

「街頭の科学」と題されたこの文は、「科学技術＝真理」と「アメリカのイメージ」が完全に一体化した姿をあらわす。玩具店で出くわしたアメリカ民間人のたわいもないしぐさにおいてすら、科学という枠組みで読み取っていたのである。アメリカ人なら生活、行為、あらゆる領域において科学能力を持ち合わせ、日常のしぐさに身体化されたものとして捉えるまなざしが起動していた。まさに、イメージがつくる現実であった。

科学技術を真理とする姿は、広告においても象徴的にあらわれる（図6-9）。「憧れのアメリカ」が広告にあらわれたものとして、「アメリカ……」というキャッチフレーズがあったことについてはすでに紹介した(23)。その広告の意図には、「アメリカ」を付与することで、消費者に「科学技術の進んだ国＝アメリカ」のイメージを喚起させ、価値

イ「科学」付与の広告
［『朝日新聞』上 1950.2.10 付，
下 1949.10.19 付］

ア「アメリカ」付与の広告［『朝日新聞』 1949.10.6 付］

エ 1946 年のトンボ鉛筆の広告
［山川浩二 1991: 268］

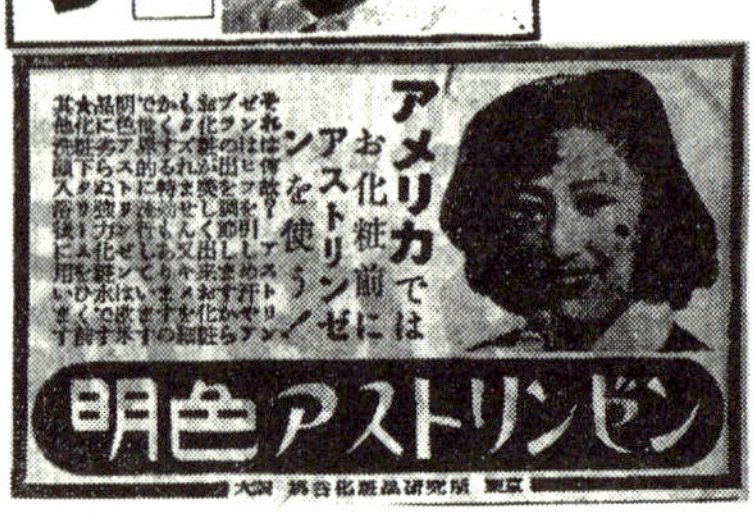

ウ「明色アストリンゼン」の広告の変化
［『朝日新聞』
上 1951.7.27 付，
下 1950.4.23 付］

図 6–9 意味の付与された広告

ある商品として認知させることが織り込まれていた。一九四九年一〇月六日付の紅茶の広告でも、「アメリカで　今流行のティボール　ヒノマル・ティボール」と、その狙いの継続がみられた。ところが、同月の一九日付の「ハリスチュウインガム」と「ハリスチョコレート」の広告では「科学された菓子」と、科学が前面に出る。戦中は栄養不足で、それもビタミンB2とカルシウムが不足していたことを示し、「戦後のお菓子はただおいしいだけでは満足されませぬ」と不足した栄養分を取り入れてハリスは生産していることをアピールする。それも、「京大高田教授の御指導で配合しています」と権威づけを行なうことで、科学性の価値を高めるのである。ハリスは、この後も「科学された菓子」のキャッチフレーズを続け、翌年二月一〇日付では「おいしいだけでは時代遅れ」と呼びかける。このようなキャッチフレーズの変化が同じ商品の中で生じた例として、明色アストリンゼンがある。一九五〇年四月二三日付の大文字の新聞広告「アメリカではお化粧前にアストリンゼンを使う！」に見られるように、別段アメリカが挿入されることによって化粧品そのものの価値が高まるものと解釈できるものではない文脈にもかかわらず、わざわざ「アメリカ」を太字にしてまで広告するのは、その方が商品イメージがアップするとの販売者側の読みがあったからであろう。まさに「生活の科学技術浸透＝アメリカ」のイメージがあったがゆえに、広告文の中にも「欧米品に劣らぬ強力化粧水です」と謳っていた。ところが、その「アメリカでは……」のキャッチフレーズが翌年七月二七日付の広告になると「科学の力で……」に変わる。[24] 広告文面にも欧米の力に頼る表現ではなく、「アストリンゼンは科学的作用でヒフを引きしめ汗やアブラの出を調節します」と〝科学的装い〟に仕上げた表現となっている。もはや、アメリカのイメージを持ち出さずとも、直接「科学」を表現することで十分人々に伝わることになった。

一九五一年四月一一日付の「オペラ口紅」では、「日本人には、やっぱり日本の口紅が一番よい　日本人の肌目《きめ》と肌色《いろ》を研究して作つたオペラが、やっぱり一番よい」と語りかけ、「気温の変化でべたつくようなことは絶対にありません　原料が精選されているからです」と結んでいる。いくら良い商品でも、その商品が対象に適したものであってこそはじめて生かされる、というメッセージである。科学的論理を武器にしながら、商品の対象者である日本人女性を科学的に研究した結果、生まれた商品であることを訴えている。アメリカから導き出された科学を今度は日本に注入する姿がここに見られる。

敗戦後、〝進んだ国〟というイメージによる「アメリカ」という装いをあらゆるものに付与することによって価値を高めていたこれまでのスタイルから、〝科学技術〟そのものを問うキャッチフレーズへと変容したことを示す。

しかし、このような現象は、あくまでも表象面での広告の変容である。「アメリカ」のキャッチコピーも、科学という真理との連動でのことであったように、敗戦直後における真理のヒエラルヒーの頂点は「科学技術」であった。そのことを物語るトンボ鉛筆の広告がある。一九四六年に出されたこの広告は、原子爆弾をも広告に利用していたのである。

原子爆弾は！　建設の為の破壊に使用された。全人類の幸福、全世界平和の為めに！！　そして限り無き文化の前進は続けられてゆく。近代文化が誇る最高至上の文化材超微粒子特殊油浸透芯製トンボ、ペンシルの御愛用を！！

［山川浩二 1991：268］

「科学技術」こそは、未来を輝かしいものにする。そのメッセージは原子爆弾という悲惨さをも凌駕するものであった。

一九四六年当時、物理学者の武谷三男は原子爆弾についてこのように書いている。

原子爆弾をとくに非人道的なりとする日本人がいたら、それはおのれの非人道をゴマかさんと意図するものである。

原爆の完成には殆どあらゆる反ファシズム科学者が熱心に協力した。これらの科学者はたいてい人道的である。かれらの仕事が非人道的な理由がない。〔『自然科学』1946（松浦総三 1974：37より重引）〕

広島・長崎へのアメリカによる原爆投下は日本のファシズムを粉砕する上では致し方なく、そのことに異を唱えることは過ちであるとするスタンスである。武谷が原爆の持つ恐ろしさと問題を熟知していないはずはなく、このように武谷をして語らせたのは、敗戦によりアメリカがもたらせた民主主義が原爆を超えるほどのすばらしいものであったとの意識によるものとしか考えられない。

原爆のきのこ雲を使った「トンボ鉛筆」の広告は、当時の人々の意識をつかんだものであろう。また、受け手にも支持する基盤があったからこそ発信されたのである。当時の人々には、原爆の恐ろしさやその悲惨さが、思考の枠内から抜け落ちていた。いや、進歩と憧れという価値観の前にあっては、どのようなことにも平伏すしかないほどに魔力を持つ言語、それが科学技術であった。敗戦前の軍国主義という「外」からの圧力ではなく、科学技術化という「内」にある圧力であり、フーコー流に言えば、主体という回路を通らせる力の作用ということになろう。[25]

(2) 民主的生活＝真理

これまで、敗戦直後における「科学技術＝真理」というイデオロギーが、時間の経過とともに現実の「家庭電化製品」に結晶化するにいたった過程について議論してきたが、それに附随した「民主的生活」を真理とする「知覚の網」についても検討してみることにする。

一九四七（昭和二二）年六月から一〇月まで『朝日新聞』に連載された小説に、石坂洋次郎の『青い山脈』がある。石坂は「この小説で地方の高等女学校に起こった新旧思想の対立を主題にして、これから日本の国民が築き上げていかなければならない民主的な生活の在り方を描いてみようと思ったのである。そういう私の意図がどの程度に達成されているものか[26]」〔石坂洋次郎 1952：296–297〕と、小説の狙いを語っている。

素朴な体験から民主的な生活を描く石坂の手法によって書かれた『青い山脈』に触れることによって、敗戦直後の日本の人々が民主的な生活をどのように捉えていたのか探ってみることにしよう[27]。

六助は、新子とボートに乗りながら自分たちの付き合い方を論じあう場面で、互いの家に遊びに行き、両親に紹介する方向を提示する。

「女と男のつき合いは、双方の家庭に根拠を置かないと、不健全なものになり易いからさ。……ぼくの両親など、男女七歳にして席を同じうせず、という教えで育てられ、新しい憲法が出た今日でも、感情の上ではやはりそう信じている。そこで息子のぼくが君を遊びに連れて来る。そしてキチンとしたつき合いぶりを見てもらう。すると両親は、なあんだ、こんな事なら何でもないじゃないか、と思うようになる。オヤジたちだって決して野蛮人じゃないんだし、自分たちが教えこまれて来た事と反対な事でも、それが正しいものだったら、だんだんに理解するようになる。

ぼくは子供として、両親が新しい時代に、少しずつでも目を覚ましてくれることがうれしいんだよ。

また別な考え方をすると、各人が自分の身辺のことで、ぼくがやろうとするような、小さな心遣いを払っていってこそ、新しい時代が築かれていくので、演壇で民主主義の演説をぶったり、頭に民主主義の知識を詰めこむだけでは、決して世の中のシンが変っていくものではないと思うんだよ」

「よく分かるわ。私いつだって貴方の家へ行くわよ。でも私、礼儀作法も知らないし……」

「いらないよ。そんなもの……。ぼくの両親にとっては、かざり気がなく、健康で明るい印象が何よりの礼儀作法

になるんだ」［石坂洋次郎 1952：178-180］

それまで軍国主義による強権支配にあった日本の人々には、敗戦によって民主主義への反転を声高に叫ばれても、民主主義とは具体的にどのようなものか描けなかった。現実の生活に映し出されないことには、リアリティもなく、目標とする像も描けなかった。新しい時代を築くべき若者には、まず家父長制に基づく家制度によって男女の結ばれ方が決められていたこれまでの道徳・倫理観を、反転して考えてみることが最もリアリティをもった民主主義であったのであろう。教師の島崎雪子は、黒板に右から「国家」、「家」、「学校」と並列に書き、その下に「個人」と書いて生徒の目を惹きつけた。

「いいですか。日本人のこれまでの暮らし方の中で、一番間違っていたことは、全体のために個人の自由な意志や人格を犠牲にしておったということです。学校のためという名目で、下級生や同級生に対して不当な圧迫干渉を加える。家のためという考え方で、家族個々の人格を束縛する。国家のためという名目で、国民をむりやりに一つの型にはめこもうとする。

それもほんとに、全体のためを考えてやるのならいいんですが、実際は一部の人々が、自分たちの野心や利欲を満たすためにやってることが多かったのです」［石坂洋次郎 1952：39］

戦後初のベスト・セラー小説として何度も映画化された『青い山脈』は、それだけ敗戦直後の日本の人々に受け入れられた証であり、人々の心をつかむ内容が盛り込まれていた。言いかえれば、石坂洋次郎は時代の空気を読み取っていたとも言える。本来、敗戦を暗いイメージに位置づけてしまいがちであるが、それは飢餓状態からみたイメージでしかない。西条八十の作詞による映画の主題歌『青い山脈』の歌詞に見られる「古い上着との決別」は、民衆にとっては国家と家と学校に縛られていた時代との決別を意味していた。敗戦がもたらしたものは、人前でうっかり物も言えない戦時中の閉塞感からの解放であった。精神的には、国家や家や学校という呪縛が解かれて、自分という主体が自由な雰囲気の中で、明るく伸びやかに広がるものであった。特に、これまで社会や家庭の中で虐げられてきた女性の解放への意識は強く働いていた。

〝主権在主婦〟に代表される妻の家庭での位置の高さを捉えたのは獅子文六だけでなく、読者も『ブロンディ』漫画のストーリーの中心である夫婦のやりとりに目を注いでいた。このことは、「妻から夫への指示」が、「夫から妻への指示」の約八倍にもいたる一五五が示す統計によって、ほぼ五日に一度の割合で「妻から夫への指示」が描かれているることに裏づけられる。(28) 当時の読者にとって「民主主義」は、どのようなものかを明確に答えられるものではなかった。しかし、おぼろげながらも民主的な具体的生活例として『ブロンディ』を見ていた。(29)『サザエさん』にも『ブロンディ』が登場しており、昼寝をするマスオにサザエさんが「あなたねてばかりいてダグウッドみたいね」[1950.7.26付夕刊]と語る場面がある。(30) 作者の長谷川町子は、『ブロンディ』を「家庭電化製品に溢れた生活」として風刺するのではなく、家庭を切り盛りし、夫にも思ったことを述べる自立した主婦像として捉えていた。この点については、後発の研究者が、家庭電化製品を前面に語る印象に基づいて『ブロンディ』を定義づけているため、見落とされてきたことである。民主的な生活を理想とする視点がなければ、家庭の中で生き生きと活動するブロンディは家庭電化製品によって可能となっているとする、掲載後の読者の語りにみられた解釈も生まれなかったであろう。

敗戦までの民衆にとってみれば、国家は民衆の思想と行動に対する最も権力的な命令者であり、かつ民衆の生活に対する最大の庇護者でもあった。それが敗戦によって、両面ともに失われたのである。そのことによって、「民衆は、自分自身の力にたよって、自分自身の生活を守る以外に方法がないことをさとった。つまり民衆は、(個人主義の)理念を教えられる以前に、現実生活上の〈個人主義〉者になることを強要された」［日高六郎 1969：44］と、日高六郎は指摘する。主体である「個」から家、学校、国を眺めた民衆に民主的な生活が唱えられても、その現実性は自己を取り巻く生活に置き換えることでしか思考できない。子供たちにとっては家庭生活が最もリアリティを持った場であり、若者にとっては結婚、親においては配偶者と世代関係、といったように人々は民主化という枠組みを家庭生活に照準を合わせて思考していたのである。

そこで、逆に視線を送る側の『ブロンディ』掲載時の家庭生活の実態について、近代的家族を提唱する川島武宜の分析ならびに主張を見ることにする。川島は一九四七年の時点で、日本国民に課せられた最も大きな課題は「民主化」であり、民主的な社会関係の特質とは、「自らの行動について自主的に判断し決定すること」、そして「人間人格を相互的に尊重すること」の二側面であると提唱する［川島武宜 1950：8］。

「民衆の家族」について、川島は地域や階級での差異を認めつつ、共通的に抱える問題を、典型的な例として、直接耕作に従事する農民を上げながら議論する。すべての家族員、すなわち女、子供、老人がそれぞれの能力に応じて家の生産的労働を分担するという共同体的な関係は、近代的＝民主的関係とは言えない。なぜなら、家族の全体的「秩序」のみが全体に対して「権威」を持っているに過ぎないからである、と日本の現状を批判するのである［川島武宜 1950：11-13］。

川島によれば、日本の「民衆的家族」では、常に共同体的な秩序の雰囲気に包まれ、自主的な個人を不可能にする。近代家族においては、合理的自主的反省であって、「外から」規定されることなく、自らの「内から」の自律によって媒介されるところの「道徳」が支配するものである、と論じていた［川島武宜 1950：14-15］。

そして、川島の理想とする夫婦関係は友情関係から論じられる。

友情が成り立つ社会では、多くの恋愛関係には、まず多かれ少なかれ友情関係が先だつであろう。いいかえれば、恋愛は、「人間」としての相互の認識の上にはじめて成りたつことになるであろう。（……）たがいに理性をもつ自由な独立な意思の主体者として、自分の責任において恋愛することが可能となるのである」〔川島武宜 1955：136〕

川島は、このように友情から恋愛の延長線上にある夫婦関係を目指していたわけで、それは「仲間型」の夫婦関係であった(31)。

しかし、「民主的生活」が真理であったとはいえ、『青い山脈』においても川島の議論においても、実際に民主的な生活を営む上での現実的な議論（たとえば家事労働をめぐる議論）は見られず、実際に家事労働に参加する夫の姿などが描かれることはなかった。

以上、二つの真理が敗戦後の日本社会を覆っていたことを示したが、この二つははっきりと切り分けられるものではなかった。「科学技術」と「民主的生活」を真理とする「知覚の網」は、それぞれ単体で起動し、そのまま直接現実の生活と結びつくものではなかった。しかし、「科学技術」は合理的なものであり、合理的な家庭電化製品が「家庭の民主化」「民主的生活」を築くのだ、という解釈へと導かれることによって、この二つの真理が相互に結びついたと考えられる。それゆえに、「家庭電化製品」を取り入れることが理想の生活であるという平板化した解釈に回収されたのである。

第Ⅲ部　現代日本と『ブロンディ』

第7章

『ブロンディ』と家庭生活

『ブロンディ』言説における「掲載時」、「掲載後」というこれまでの時間軸での分類は、世代間の違いはあれ、共に掲載時の『ブロンディ』に同時進行で触れていたことに変わりはない。世代の違いが、『ブロンディ』を言語空間で語る時点での年代の相違となるわけで、言いかえれば、語られた時代が掲載と同時期であるか、それとも記憶をたどっての語りにあるかの違いでしかない。

私が『ブロンディ』に出会った時は、すでに掲載時から五〇年という歳月が流れていた。もちろん、私には敗戦直後に連載された漫画であることを理解した上での出会いであったにせよ、まったく時間を考えさせないほど現代的と感じた。この感覚は、私だけであろうか。

『ブロンディ』の資料に関心を示した現代の学生に、「いつ頃の漫画だと思う?」と問いかけたところ、彼は「今でしょう」と答えた(1)。そのことから、『ブロンディ』という存在も、その時代背景も知らない若者が、どのように『ブロンディ』を捉えるのか、ということに興味を抱いた。それは、『ブロンディ』の存在を知らない人々による現代から見た『ブロンディ』像ということである。そのことは、逆に現代日本の人々の日常生活を照射することにもなる。

また、「戦後日本のモデル像」と位置づけられる『ブロンディ』を、現代から眺めることで、アメリカの生活文化の捉え方が、リアルタイムであった「掲載時」、思い出となる「掲載後」、初めて目にする「現代」とでどのように異なるかを示すことにもなろう。そこで、二〇〇四年二月、現代の学生にアンケート調査を試みた（表7-1）[2]。本章では、このアンケートの結果の検討と、アンケートに示された現代の視点から、時を遡って戦後の家庭生活に立ち返って検討する。

7-1 現代の学生は『ブロンディ』をどう見るか

(1) アンケート調査と結果

被調査者数は七三名である。高卒の現役生が中心で、その他は大学卒、社会人からなる。女性が六八名であり、男性が五名であった[3]。

「4. この漫画はいつ頃のものと思いますか」については、最も多いのが、1975~1989年の三〇名、続いて1960~1974年の二七名で、1990~現代の八名を合わせると八九％になる[4]。総じて実際に描かれた時代よりは新しいものとしてみていることから、『ブロンディ』が現代に近い漫画として捉えられていることが分かった。

「5. 描かれた家庭の暮らしぶりについてどう思いますか」については、四五人の学生が選択した「わりと豊か」と「豊か」を合わせると六五％となる。豊かであるかどうかについては、自己の現在の暮らしを基準とする場合と、自己の持つ豊かさのイメージ（もちろんそこにも自分の環境が左右されるイメージであるが）に照らす場合と、自分の理想とするイメージが入り込む場合などが考えられる。しかし、『ブロンディ』に描かれた生活を総じて「豊か」と見ていると言えよう。「豊かさ」の指標として、「わりと豊か」と答えた学生は、「言葉使い」、「服装・髪型」、「生活の調

表7-1 2004年2月6日実施のアンケートと結果

1. あなたの性別をお答えください。

男	5名	7%
女	68名	93%

2. あなたの年令をお答えください。

（　　　歳）

3. 家庭を持っているかどうかお答えください。

有り	3名	4%
なし	70名	96%

4. この漫画はいつ頃のものと思いますか。

a 1990～現代	8名	11%
b 1975～1989	30名	41%
c 1960～1974	27名	37%
d 1945～1959	6名	8%
e 　～1945	2名	3%

5. 描かれた家庭の暮らしぶりについてどう思いますか。

a 豊か	3名	4%
b わりと豊か	45名	61%
c 普通	24名	32%
d やや貧しい	2名	3%
e 貧しい	0名	0%

6. どのようなことから5の問いに答えましたか。

7. この家庭は幸福と思いますか。

a 幸福と思う	33名	45%
b やや幸福	31名	42%
c どちらとも言えない	9名	12%
d やや不幸	0名	0%
e 不幸	0名	0%

8. この家庭は民主的（封建的ではない）と思いますか。

a 思う	38名	56%
b 思わない	7名	10%
c なんとも言えない	23名	34%

9. 描かれた漫画の家庭における夫の位置についてどう思いますか。

a 高い	0名	0%
b やや高い	0名	0%
c 普通	21名	29%
d やや低い	49名	68%
e 低い	2名	3%

10. この家庭の主導権は誰にあると思いますか。

a 夫ダグウッド	5名	7%
b 妻ブロンディ	66名	93%
c 子供	0名	0%

11. どのようなことから 10 の問いに答えましたか。

12. この家庭は、現代の日本の家庭と比べどうですか。

a よく似ている	6名	8%
b やや似ている	43名	60%
c あまり似ていない	21名	29%
d 似ていない	2名	3%

13. 12 はどのようなことから思えますか。

14. 夫ダグウッドの職場での仕事ぶりについてどう思いますか。

a 気楽	47名	67%
b やや気楽	19名	27%
c 普通	4名	6%
d やや猛烈	0名	0%
e 猛烈	0名	0%

15. ダグウッドの仕事ぶりは現代の日本のサラリーマンと比べてどう思いますか。

a 気楽	52名	71%
b やや気楽	19名	26%
c 普通	1名	1%
d やや猛烈	1名	1%
e 猛烈	0名	0%

16. あなたはダグウッドのような夫をどう思いますか。

17. あなたはブロンディのような主婦をどう思いますか。

18. このような家庭を理想としますか。

a 理想である	58名	79%
b 理想ではない	5名	7%

※ 回答のなかには記入もれや重複回答があり、項目ごとの合計には差がある。

度品」、「のんびり」、「気楽」、「金銭的な話がない」などを挙げている。興味を引くのは「言葉使い」や「のんびり」に見られるように、暮らしのゆとりが「豊かさ」の指標に色濃く出ている点である。

「7. この家庭は幸福と思いますか」については、「幸福」を選んだ学生が三三名、そして「やや幸福」を選択した三一名の学生を合わせて、八七％の学生がバムステッド家を「幸福な家庭」と捉え、「不幸」と見るものは誰もいなかった。

「8. この家庭は民主的（封建的ではない）と思いますか」は、「思う」は三八名で、「思わない」の七名を大きく上回る。後の聞き取りで、民主的と「思わない」と答えた学生は、「民主的」かどうかの基準を平等においていた。そのため、ダグウッドが奥さんに頭があがらない状況では、民主的とは捉えられないとのことであった。また「なんとも言えない」を選んだ学生は、夫が妻に振りまわされているからであり、フィフティ・フィフティの関係でない点からの選択であった。彼らの「民主的関係」のイメージは、フィフティ・フィフティにあることが映し出されたのである。それに対して、民主的と「思う」と答えた学生は、「お互いがよかったら良い」、「言いたいことが言えている関係」という物差しでもって、民主的と判断していた。

「9. 描かれた漫画の家庭における夫の位置についてどう思いますか」については、「やや低い」四九名と、「低い」二二名を合わせた七一％が家庭での夫の地位を低いと捉えた。しかし、「普通」も二一名いて二九％あることは、『ブロンディ』に描かれた家庭が、現代日本において決して珍しくはないということがうかがえる。

「10. この家庭の主導権は誰にあると思いますか」は、「妻ブロンディ」と答えた学生は六六名もあり、九三％を占める。

質問9と10の結果の面白さは、家庭の主導権は妻にあると答えている学生の中にも、夫の位置を普通と答えている学生が含まれているということである。ここから、民主的ではないと捉えたとしても、家庭では妻が主導権を握っていて当然ということであろう。なお、質問10で家庭での主導権を「夫ダグウッド」と選んだ学生は、「のらりくらりのように見えるが主導権は夫が握っている」と書いていた。「妻ブロンディ」を選択した学生は、「妻が思うようにしている」、「夫が家事をさせられている」、「妻の指示に従う」、「妻の意見をよく聞く」、「妻にノーが言えない」などであった。

「12. この家庭は、現代の日本の家庭と比べどうですか」については、「よく似ている」と答えた六名と、「やや似ている」と答えた四三名を合わせると、六八％が現代の日本の家庭生活に似た印象を抱いていた。「どのようなことから思えますか」に関しては、「あまり似ていない」を選んだ学生は、「言葉使い」に注目しており、「現在の日本の家庭において敬語は使わない」と答えていた。そこから、『ブロンディ』の訳が、掲載当時の日本にあって、いかに夫をコントロールする位置であろうとも、「妻の言葉使いは敬語」という日本における時代の倫理観に影響を受けていたことが判明した。他の意見は、「日本では亭主関白が多い」、「もっと父が偉い」、「家事をこんなに夫はしない（自ら進んでしない）」、「夫は家事を手伝わない」、「あんなにゆとりがなく、もっとせかせかしている」、「日本人は生きる時間に遊び心がない」であった。現代の学生が、アメリカの生活と日本を比較する時、夫婦の位置関係に着目しており、家事の手伝いが焦点になっていること、そして生活のゆとりが指標であることを示している。(5)

その指標は、「似ている」と「やや似ている」を選んだ学生にも見られた。「夫も家事に参加しているところ」、「似ているが、専業主婦は少ない」、「主導権が妻にある」、「夫が家事を指示されること」、「奥さんのほうがよくしゃべっている」、「男がだらしない」、「日本風に変えても違和感なし」、「私の家と同じ」、「日本も主夫が増えている」、「敬語は使わないけど、自分の家でもありがち」、「女性が強く、男性が弱くなっているから」、「父親の揺らぎ」、「妻の愚痴が多いところ」、「サザエさんのよう」と述べている。

「似てない」を選んだ学生は、「ダブルベッドで寝ていること」、「現代ではもっと陰うつでしたたか」と回答していた。回答には、選んだ学生の自己の生活やイメージが大きく影響しているわけで、特に「ダブルベッド」は自己の環境が影響したものと考えられる。ただ、「現代ではもっと陰うつでしたたか」と述べた学生からは、『ブロンディ』漫画に描かれた生活は現代の日本からみて悲愴感が感じられないという捉え方であろう。

次に、家庭から仕事に関する結果に移る。「14. 夫ダグウッドの職場での仕事ぶりについてどう思いますか」に関しては、「気楽」の四七名、「やや気楽」の一九名を合わせて、九四％が「気楽なサラリーマン」と捉えていた。「15. ダグウッドの仕事ぶりは現代の日本のサラリーマンと比べてどう思いますか」は、14の質問に対する回答が、現代日本のサラリーマンのイメージをもとに答えているため、おのずと質問14の結果と一致する。ダグウッドの仕事ぶりは現代日本のサラリーマンの姿とは異なり、「気楽なサラリーマン」であった。(6)

「16. あなたはダグウッドのような夫をどう思いますか」では、好意的に捉えた学生は、「夫としてうらやましい」、「のんき」、「楽天家」、「望ましい」、「マイペース」、「楽しくて良い」、「優しい」、「お似合い」、などの感想を述べた。対して、批判的に捉えた学生は、「もう少し真面目に仕事をすべき」、「頼り無い」、「夫のせいでしっかりしないといけなくなっている」、「夫はシンボリックなものなので、存在として私には現実性がない」、「もう少しバリバリ仕事をしてほしい」、「女性が自由でよい」、「職場でなまけているので良い気がしない」、「家では家事をしてくれて良い」、「おちゃめだけど屁理屈」、「もっと働いた方が良い」、「仕事ぶりがひどい」、「怠け者」、「夫ならイライラ」、「夫にしたくない」であった。圧倒的に批判的な回答が多く、その多くが不熱心な仕事ぶりに集中していた。

「17. あなたはブロンディのような主婦をどう思いますか」では、否定的な夫ダグウッドに反して、好意的な感想となる。「しっかりしていて、夫を理解している」、「楽そう」、「ちゃっかりしている」、「一般的主婦」、「熱心に家事をこなしている」、「うまく夫を操縦している」、「共感がもてる」、「あげまんタイプ」、「上品で頭が良い」、「回転が早い」、「幸福な人」、「上品で頭が良い」、「かっこ良い」、「仕事をすればキャリア・ウーマン」、「しっかりしていて、優しい」、「理想」と続き、さらには「なりたい」という意見まで登場する。批判的な感想は、「何でも夫にやらせすぎ」、「自己中心」、「こんな女性なら夫はイライラする」、「もっと夫に尽くすべき」などであった。少数者ではあるが、批判的な感想は、「尽くす女性」を理想とする位置からの表現ということになろう。ただ、「彼女の取り巻く世界が家庭のみで狭い」、と家庭に閉じこもる主婦は理想と言えないことを示す意見もあった。ダグウッドに比べて、ブロンディは圧倒的に好意的であり、家庭を切り盛りする主婦を、頭が良く、夫の良き理解者として、ブロンディを理想的な主婦と捉えていた。

「18. このような家庭を理想としますか」の問いには、五六名に及ぶ約八〇％の学生が「理想である」と回答した。

このようなアンケート結果から、現代学生の『ブロンディ』像をスケッチすると、次のようになる。妻ブロンディは、家庭を切り盛りし、活発で頭が良く、夫の操縦法も身につけた理想の女性である。夫ダグウッドは、のんきで、楽しくて、家事の手伝いもしてくれる良き夫であり、妻ブロンディとお似合いのカップルといえる。夫には仕事はしっかりやってもらいたいものであるが、総合的に見ると、『ブロンディ』は、豊かで、何でも語り合える幸福な家庭を描いた漫画である。

(2) アンケート結果の分析

現代の学生が示す漫画『ブロンディ』を見た感想は、初めて見る『ブロンディ』に対する反応である。掲載時の読者と異なるのは、出会った時代だけである。そのため、『ブロンディ』への知覚の相違からは、それぞれの時代背景を見ることができよう。

現代の若者は、『ブロンディ』漫画を現代に近いものとみなしていて、その家庭環境である生活設備に羨ましさを持っていないということである。「わりと豊か」な家庭と知覚したその指標となるものは、「のんびり」といった「暮らしのゆとり」にあった。「調度品」を選んでいても、掲載後の読者が豊かであると知覚した家庭電化製品には、まったく目が注がれはしなかった。また、バムステッド家の家庭を、八七％の学生が「幸福」と知覚するにいたっているが、ここに描かれているのは一九五〇年時のアメリカ中流（下）の家庭生活実践である。

ブロンディに「快い嫉妬」をする佐藤きみ［佐藤きみ 1949：23］や、獅子文六が「主権在主婦」［獅子文六 1949：27］を危惧したように、男性と女性の立場による感想のあり方は変わっていたにせよ、『ブロンディ』掲載時の人々は、家庭で主導権を握っているのは妻であると捉えた。その点は現代の学生も同じである。しかし、このような関係を「普通」と捉える学生が二九％あり、『ブロンディ』に描かれた家庭が、掲載時とは違い現代日本に現実に存在しているものであると推察することができるであろう。民主的関係も「お互いがよかったら良い」、「言いたいことが言えている関係」という物差しでもって判断しているが、このような見方は当時の読者にはなかった。九三％の学生が家庭での主導権は妻ブロンディにあるとみなしていながら、五六％が民主的と回答していたのである。さらに、六八％が現代の日本の家庭生活に似た印象を抱いていた。そして、描かれた漫画の生活と「似ているかどうか」を比較検討する時の指標は、「夫婦の位置関係」、「家事の手伝い」、そして生活の「ゆとり」であった。この指標には、当時の読者にはなかったジェンダーの視点が備わっており、今もなお女性が家事をすることを前提にして考えている現代の夫の現状に異義を示すものである。

職場での仕事ぶりについては九四％が「気楽なサラリーマン」と捉えていた。ところが、当時の研究者である今村太平は「あわれな俸給生活者」［今村太平 1992：239］と捉えていた。この点については、掲載当時の研究者にはマルクス主義の「知覚の網」があったことに起因するわけだが、当時の読者にしても坂西志保が作者のテーマを汲み取って「疲労の哲学」［坂西志保 1948.5：46］を論じていたことから、「気楽さ」とは知覚されていない(7)。それどころか、現代の学生から見れば、気楽を通りこして不熱心さを問われる始末である。したがって、今村の理想とする労働者像の枠組みから眺めれば、現代のサラリーマンは哀れの極致ということになるのではないか。

ブロンディについては、多くが好意的であり、活発で、頭の良い人物とみなしており、理想とさえ述べていた。掲載時の研究者が分析した「機械人形」［矢内原伊作 1950：56］などとは微塵も感じていない。七三名の回答者のうち六八名が女性であることを考慮すれば、現代の若い女性はブロンディを理想としながら、夫には否定的な見方が多いことだ。家事をしてくれることに対しては肯定的な回答を示しながらも、お気楽な働きぶりには賛同せず、頼もしく思えないということであろうか。家事の協力をしてくれて、仕事はバリバリこなす夫を理想としていることがうかがえる。ただし、少し丁寧にデータを読むと、二五歳以上の男性や三〇歳代の女性は、ダグウッドの仕事ぶりのお気楽さにも好感を抱いていることが読み取れる。[8]

『ブロンディ』の家庭を、五八名の約八〇％の学生が理想と回答した。[9] その点から言えば、一九五〇年時に掲載された『ブロンディ』を理想の家庭として、掲載後に語る読者と同じように、現代（二〇〇四年）においても、なおこの家庭像が追い求められているということを示すものである。もちろん、同じように追い求めるとはいえ、求めるものが「家庭電化製品」でなく「家族関係」と、大きく異なるものである。しかし、嫉妬を覚えた佐藤きみの理想の主婦、そして獅子文六がいつ到来するか危惧したブロンディのような主婦には、五〇年を経過してもたどり着かなかったことを意味する。[10]

(3) 現代の家事労働

図7-1は、一九九二年の「家事・介護・育児が家族全員で行なわれているか」という国際比較である。すべての項目で、日本が他国より低い数値を示す。『ブロンディ』に登場する「皿洗い」も、この図では「食事のあと片づけ」に該当するが、日本はたった七・三％である。アメリカにおいては二九・五％である。ブロンディは、夫ダグウッド

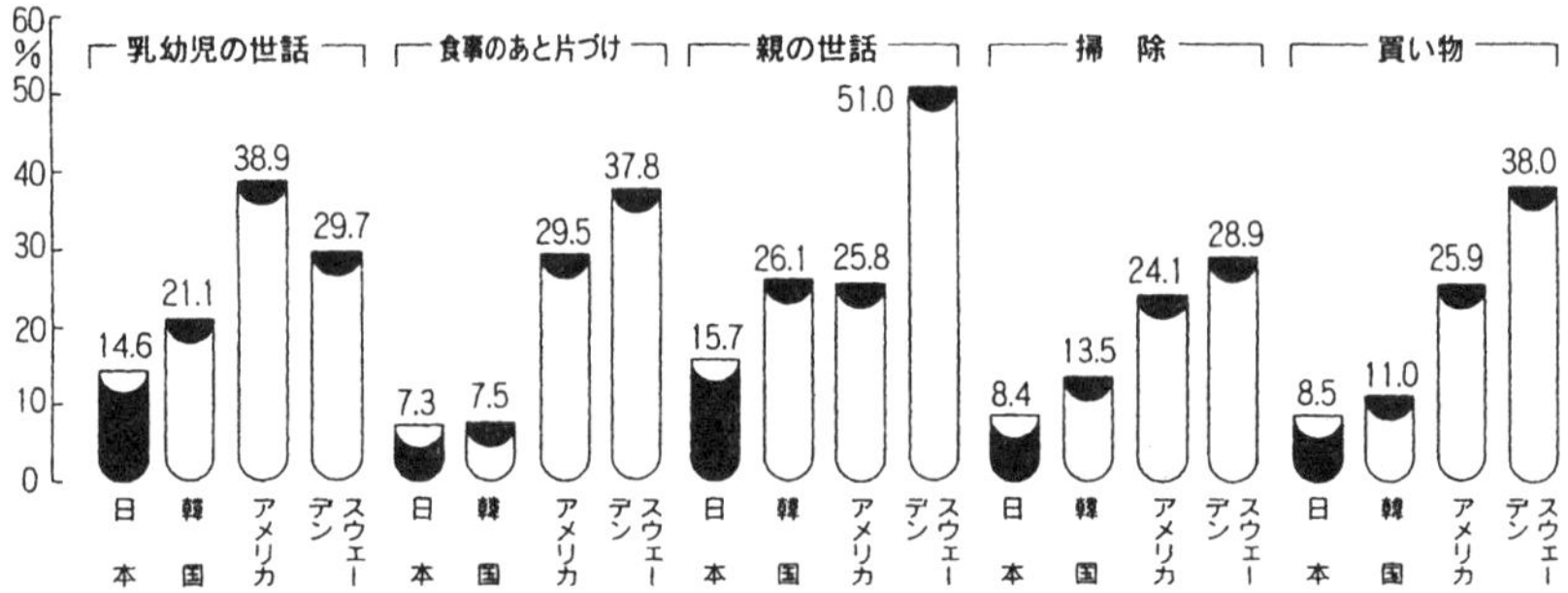

図 7−1　家事・介護・育児は全員で（1992 年）
（東京都生活文化局「女性問題に関する国際比較」［樋口恵子ほか 2002:13］）

平日の炊事（食事作り）	3.3%　（ 6.2%）
休日の炊事（食事作り）	9.6%　（14.8%）
平日の食事の後片づけ	6.0%　（ 9.5%）
休日の食事の後片づけ	8.2%　（11.1%）
洗濯	5.7%　（ 9.6%）
居間などの掃除	11.3%　（16.7%）
トイレの掃除	4.0%　（ 6.2%）
風呂の掃除・準備	18.5%　（22.3%）
食料品の買い物	17.1%　（20.1%）
ゴミ出し	22.7%　（29.6%）

※　（　）内は共働きの場合

表 7−2　夫・父親が家事を行っている割合
（1990 年 2 月の東京都情報連絡室による「家庭に関する世論調査」［ＮＨＫ世論調査部編 1991:47］から作成）

に「皿洗い」を指示し、子供たちにも食器のあと片づけのしつけをしていた。この項目だけで言えば、『ブロンディ』掲載から五〇年を経ても、日本はブロンディ化されていないということを示す。

また、日常の家事を家族でどう分担しているかを調べた一九九〇年の調査（表7－2）でも、「夫または父親」が分担あるいは手伝っている家事はほとんどないことが分かる。最も多いのが、「ゴミ出し」で、二二・七％である。「食事のあと片づけ」は、平日六・〇％が休日八・二％となるが、図7－1のグラフで見られた数値七・三％と合致し、夫や父親でなく子供にも分担のないことを示す。まして、共働き家庭においても少し割合が増えるだけで、主婦の家事負担は軽減されていないのである。

アンケート結果は、回答者のおかれた現実が反映されていたことを物語る。現代の若者が『ブロンディ』から、自己の思いを回答で示したことによって、いかに回答者を取り巻く日本の現状が反映しているかが浮き彫りになった。『ブロンディ』掲載時に獅子文六が、「ああいう形で、一家の主権が細君の手にあるのは、ブロンディの家庭ばかりではないのであろう」とアメリカの家庭をイメージとして焼きつけながら、「その将来は近いか、それとも遠いか」［獅子文六 1949：27］と述べていたが、その時点には今なお達していなかったことがアンケート結果の回答者の意識からだけではなく、現代の統計資料からも見てとることができた。

7－2　獅子文六に映し出された家庭生活

先のアンケートにおいては、敗戦直後に掲載されたとは知らない現代の学生が『ブロンディ』を目にした時に抱く印象が、逆に現代の日本を照らし出すことになったわけである。それでは、掲載時に主婦の家庭での位置に目を注いでいた一般読者は当時の家庭生活をどのようなものとして捉えていたのであろうか。掲載時の家庭生活に立ち返って検討することにしよう。

獅子文六は「ブロンディ一家」で、漫画『ブロンディ』からアメリカを理解できる、として次のように述べていた。

単に、アメリカの小サラリー・マンの家庭生活のみならず、それを通して、あの漫画は日本人に対して、極く端的に、アメリカやアメリカ人を教えてくれるのである。むつかしいアメリカ研究の本より、あの漫画を見る方が、解りが早く、解り方も具体的である。［獅子文六 1949：26］

アメリカを理解するには、専門書などいらず、『ブロンディ』漫画を読めば良い、というのが獅子の意見である。漫画には、その当時の資料に残らない人々の動機や、生活の作法が描かれている。どんな言葉よりも、具体的、直接的な表現で示されたものである。小説においてもこのようなことは言える。画がないゆえに、イメージを頭の中に描かせる作業が必要となるが、逆に詳しいストーリー展開によって、より具体的、かつ緻密に動機を描くことが可能となる。『ブロンディ』に対して言及する獅子の生活風景とはどのようなものであったのか。彼の描いた小説から当時の生活世界を捉えてみる。

獅子は、『ブロンディ』が『朝日新聞』に掲載されていた一九五〇（昭和二五）年五月から一二月まで、同じ『朝日新聞』に小説『自由学校』を連載していた。次の会話は、主人公の遠縁にあたる隆文と百合子（ユリー）が浜辺で口争いをするシーンで、英語を取り入れて語る当時の若者を描いており、話題となったフレーズである。

「飛んでも、ハップン！　いけませんよ、ユリーにチャージさせるなんて……」
「それが、きらい！　そんな、ヘンな形式主義、ネバー・好きッ！」［獅子文六 1953：45］

獅子は、占領下の日本にあって、『ブロンディ』を愛読しながら、アメリカを非常に意識した小説を書いていたことになる。

やはり、ああいう家庭生活がアメリカに多く、それによって、アメリカ人は家庭の幸福を見出しているのであろう。それにしても、われわれの家庭と比べて、なんという相違であるか。〔獅子文六 1949：27〕

獅子が描く小説から、獅子が『ブロンディ』を通してアメリカをどのように咀嚼していたのかを伺い知ることになる。また、その点を掘り起こすことによって当時の人々の心の動きを浮き彫りにすることになるのではないか。

当時の「文芸時評」で河盛好蔵は、「近来これほど面白い新聞小説はない」としながら、作者の意図を次のように述べている。(11)

終戦後われわれが自由を与えられてからすでに五年になる。この自由について人々が何を学んだか、いいかえれば、各人がそれぞれの器量に応じてこの自由をいかに生かしたか、ということを探究するのが、おそらく作者の意図するところであろう。「学校」というのはその意味にちがいない。〔獅子文六 1953：382〕

河盛は、『自由学校』を当時の社会の空気を流し込んだリアリティのある小説と評する。『自由学校』の粗筋は、以下のようなものである。

五百助は、良い家庭に育ち、賢母の下で大切に育てられ、そして無類に有能な妻の駒子に一切を支配されて生きている。駒子は、女子大の英文科を卒業し、英語の翻訳や洋裁などのミシン仕事などでお金を稼ぐこともできる。自由を求めて、それほど厳しい勤務状態でもない通信社を妻に相談もなく辞めた五百助は、駒子から「出ていけ」と言われ、その言葉を待っていたかのように家出をする。家出をされて残った駒子は、遠縁にあたるアプレゲールの隆文や、病気の妻と別居している医者、また配給所員などから言い寄られ、自由を楽しみつつも夫への思いが大きくなる。窮屈さを感じて家を出た五百助ではあるが、すぐに帰るつもりがきっかけを失い、拾い屋と知り合いになり橋の下の長家に住み着く。配給の世話も税金もなく、自由に生きる喜びを味わうが、残して来た駒子への思いが膨らむ。そうこうしているうちに、事件にかかわってしまい、警察に捕われるはめになる。このことが新聞に載り、駒子のもとに帰ることになる。

その後の生活を、次のように述べている。

「とても面白いンですよ。この頃は、駒ちゃんが、働きに出て、五百さんが、お台所でも、お洗濯でも、みんな、やってるそうでしてね」

「へえ、それは、変ってますな。アメリカ式というのとも、少し、ちがうらしいが……」〔獅子文六 1953：380〕

『自由学校』は、敗戦後の人々、特に女性の生き方についてのさまざまな変化をアメリカを折り込みながら展開する。妻のミシンをかける土砂降りのような音に対しては、

怒気を含んだ細君の脚が、ペダルを踏む場合、どんな、みごとな演奏をするか。それから、女性の自覚が、決して、戦後に始まったものではなくて、ミシンが日本の家庭に普及されたのと、時を同じゅうするという見方も、捨

てたものではない。とにかく、針箱の側で、妻が静かに手を動かしていた時代には、家庭も、今よりは静かであったことは、事実だった。[獅子文六 1953：5]

機械を扱う女性が躍動的に見えること、そのことが主体性を持った女性としてシンボル化される。主婦の活動性を、一九五〇年の時点で獅子は、戦後ではなく、戦前からの機械を扱う女性と重ねてみていた。それも、そのような見方が社会にあるものとする語りであって、社会意識を反映していると言えよう。第5章（5-3の⑵）で、「ブロンディの若々しく活動的なこと、それも手を汚さないで掃除や洗濯のできる電化生活と何か関係があるように思っていました」という『ブロンディ』掲載後の一般読者の感想を紹介したが、ここにもそのような捉え方が見られる。しかし、この語りには戦前からのミシンの操作は消え、家庭電化製品を女性の活動性とリンクさせて戦後という時代に位置づけた記憶となっている。『ブロンディ』掲載時の語りと、掲載後の読者の語りとでは、文明の機器と活動性という知覚枠組みは連結しながら、戦前からの連続性が遮断され戦後という時間枠に回収されているのである。

敗戦後の婦人の意識はどのようなものであったかを、獅子は次のように小説に折り込む。

人は戦争未亡人の外に、戦争夫人というものの存在を、知らねばならない。共に、戦争の生んだヤモメである。前者は良人を失い、後者は良人を見失ったというに過ぎない。戦争夫人は、大きくいえば、日本男子に愛想をつかしているのだが、とりあえず、わが良人を対手とせず、無視しているのである。自分の力で生き、自分の頭で考え、自分の腕で食い、自分の意志で欲情する――万事、自分ずくめである。一切、良人の世話にならないことを、理想とする。

自分の自由！

彼女等は、戦争のお蔭で、それを獲たのである。しかし、誰にも、感謝はしていない。戦争中に、モンペをはき、行列をし、バケツを持って駆け出し、リュックを背負って汽車で揉まれ、しまいには便所の汲取りまでやったんだから、それくらいのことは、アッタリマエでしょうと、考えてる。まだまだ、これくらいの自由では、彼女等は、満足しそうもない。なぜといって、彼女等は、現在、自分の力で、自分を食わしてる。この意識は、タイヘンなものだ。日本の妻が、自分で食い始めたのは、歴史的最大トピックスである。［獅子文六 1953：16–17］

戦争未亡人のほかに、戦争夫人という言葉を持ち出す。銃後を守った婦人に対して、男は国を守るどころか、敵国に自国の支配権を手渡した。その負い目を男として感じる心境と合わせて、婦人たちがそのような男に頼らず自分の力で歩もうとする心の動きを、日常の生活実践を通して獅子は描く。このような人々の意識の変化を、戦後女性の人権が生まれたのではなく、「新時代が、彼女にヒザまずいた」［獅子文六 1953：66］と著わすのである。そして、主人公の駒子と叔母銀子との会話に、当時の女性が抱く男性観を語らせる。

駒子「(……)昔の職業的な女——芸奴なんかの気持とちがって、お金だけが、目的というんでなしに、お金を儲ける力や、社会や人生と闘う力や、つまり、その人の生活能力ッていうものに、信頼感を持つんですの。ところが、若い男には、そういう力が、少ないでしょう、この頃は……」

銀子「どうして？」

駒子「だって、三十代の男は、生活が苦しいし、戦争の疲れで、頭はボンヤリしてるし、女を愛するとか、信頼させるとか、それどころじゃないんだと思いますわ」

銀子「へえ、気の毒なもんだね。じゃア、もっと、若い男は？」

駒子 「戦争中に子供だった、男のことですか。つまり、純戦後派ですわね。これは、もう、自分のことばかり——それも、極く限られた自分の欲望の外には、なんにも考えない人たちですわ。

［獅子文六 1953：309、会話文の頭についている語り手の名前は便宜上筆者が加えた］

三〇代の若い男性が、社会や人生に闘う力をなくしている根拠として、女性への関心や、お金を儲けようとする意欲の欠如を挙げる。そしてこれらが欠如している男性は女性に魅力を与えないものとし、その基準から見れば三〇代の男性は男として失格であることを駒子に語らせる。また、戦争中は子供だった純戦後派は自分の欲望に閉じこもっているとして切り捨てる。それにしても獅子が示す純戦後派とは、『ブロンディ』掲載時は生徒であり、掲載後に発言をするようになる年齢層の読者を指す。その世代の読者が自己の欲望に強く走る人々であった、ということがこの文面から読み取ることができる。

このように、小説には時代感覚が鋭く反映され、民衆の意識や動機がストーリーに折り込まれているわけで、当時の語られない、そして文献に残らない資料として当時の人々の社会意識を読み解く上では、貴重なものであることを示唆する。獅子の描いた『自由学校』には、戦争で負い目を抱く男性と、男に頼らず戦争を乗り越えて力強く歩もうとする女性、さらに自己の欲望にのみ走る戦争中に子供であった男たちなど、敗戦直後の人々が、どのように家庭生活や夫と妻との関係を紡ごうとしていたのかが描かれていたのである。

7-3 掲載時の幸福な家庭生活とは

一九五四年九月号の『知性』では、特集「家庭の幸福について——あなたも幸福になれます」［1954.9号：131-141］

を掲載し、「幸福な家庭とはどのような家庭をいうのか」について識者や一般読者の意見が記載されている。古谷綱武は、高校生の娘の訴えを例に挙げながら、みんなが家事をわけあって、主婦もまた、ひとりの人間としての自分の仕事を持つ家庭が幸福なのである、と家事分担を提唱し、当時の家庭に向けて啓蒙している。続いて、壺井栄は、サラリーマンの例を挙げながら、幸福の家庭の基準は次のようなものであるとする。

先ず失業の心配のない勤め先で、ぜいたくではなくとも不自由のない衣食住を維持することができ、健康で、明朗で、子供も多からず少なからず、夫婦げんかもほどほどに――と、要するに人間らしく暮らしてゆける……。

川島武宜は、日本の社会には、定時退社する者を、人づき合いが悪いとして非難する考えやしきたりがあることを非難する。家庭を尊重する若い人たちに、生活水準を上げようとする関心があり、家計を切り詰めて家庭労働の機械化を強く望んでいることを是認する。

多くのサラリーマンが苦労して電気洗濯機を買っている姿は、かつて農村できそってミシンを買ったのとはちがう意味をもっている。

かつて農村では「家」の見栄のために使わないミシンを買ったのであるが、今の電気洗濯機を買っている人々は家事労働を合理化するために、買っているのである。このことは、「家庭の幸福の追求」ということが、人々の考えの中で高い地位をしめるようになりつつあることを、示している。

川島の発言は、夫が家庭を大切にする中で、家事労働の合理化に向けた家庭電化製品の購入が実践されていたことを裏づける。このことは、家事労働の合理化に向け、女性が主体的に家庭電化製品を手に入れたかのように後の研究者によって定義づけられるが、戦後の民主化と家庭電化製品の家庭への浸透にはまず男性による「家庭生活の幸福追求」があってこそ、導かれたものであることを物語るものである。

川島は、この現象が社会的な規模で広まれば「必ず低賃金をおしのけ、家庭の幸福を無視し軽べつするしきたりをおしのける力になるであろう」と結んでいる。これは家族の生産的機能から消費機能への流れを意味する。

この世代を追うように、学校で家庭の合理化を明確に学んだ世代が、次々と結婚生活に参入するわけで、この方向は確かな基盤を築く方向へと向かう。このような三氏の意見を受けて、若い世代が座談会を行なっている。

ある会社員は、「ぼくはかみさんには、ある程度サービスを与えなければいけないと思ってるんです。恋人時代と同じように、愛をささやいていると、人間というものは気分もそういうようになって」いくと語る。妻に対してサービスしなければならないという意識が、家事労働の合理化とも同じ視点で認知されていたのであろうか。

共働きをしている主婦は、子供の問題について、「隣が実家でまだ若い母も、弟夫婦も住んでおります。ですから子供をおいて出ましても安心していられるんです」と共働きには家族だけでなく、親戚の助けが必要であることを述べている。

評論家の丸岡秀子は、「正直なところ、私はやはり愛し合う夫婦や子供たちと、つつましい欲望でも、みたし合って一生を終ることが幸福というものだと思う」と家庭生活がいかに大切であるかを訴える。家庭生活の幸福を基軸にして社会を捉えようとするスタンスを伺い知ることができる。

家庭の大切さ、そして夫の妻へのサービス、さらに妻への家事労働負担の軽減から家庭電化製品に走るという構図が、この家庭問題の話し合いの中で浮き彫りにされる。

さて、『知性』で発言していた川島武宜は、一九四七年の時点で、日本国民に課せられた最も大きな課題は「民主化」であると述べていたのだが［川島武宜 1950：8］、その川島の理想とする夫婦関係は、友情関係から発展した「仲間型」夫婦であった。

川島は一九五〇年頃に渡米している。渡米して見たアメリカの家庭生活は、その後の川島の目指すべき理想の家庭生活を築く上での大きな要因として浮上する。

今日、アメリカの妻が、結婚生活において、自分自身の幸福――とくに、夫との愛情生活の高度の享楽――を追求するようになっていることは、周知の事実である。結婚に関する最近の多くの本を見れば、このことを読者は容易に理解されるであろう。このことの原因は、決して一つや二つではないが、妻が家事労働から高度に解放され自由な自分の時間をもつようになったということにも一つの大きな原因があるのである。十分の栄養にめぐまれず、過労を強いる家事労働に拘束されて馬車馬のように働かされる日本の多くの妻のことを思うと、わたくしは感慨無量である。そうして、妻をそのような地位におき、妻との愛情生活を享楽できない多くの日本の夫もまた、決して幸福でないのである。［川島武宜 1955：145］

妻の家事労働への拘束からの解放が、家庭生活を幸福なものにするとの川島の視点ではあるが、家事労働が妻の役割であることを自明のものとした上での思考でしかない。その思考は、妻による家事労働量をどうするかという論理なのである。「妻の家事労働の軽減をはかるもの」、それが家庭電化製品なのだ。

家事労働の単純化が家庭生活にもたらしたもう一つの大きな結果は、次の点にあるだろう。妻は、多くの家事労働から解放され、多くの自由な時間をもつようになった。具体的にいうと、アメリカでは、食物は一週に一度くらい買いにゆき（それも、多くは自動車にのってゆく）、それを冷蔵庫に貯えておく。毎日一回、時には二回、買物にゆく日本の妻はじつに気の毒である。洗濯ももちろん電気せんたく機である。近ごろは自動アイロンも中産階級に普及しつつある。こうなると、妻は家事労働から解放された自由な時間を相当もつことができる。〔川島武宜 1955：144〕

妻の家事労働からの解放を保証するものが「家庭電化製品」とする川島の提言は、アメリカ博覧会でのエッセイ・コンテストで賞をとった子供の感想とも重なる。啓蒙的な家族関係の呼びかけに呼応する子供とも合わせて、当時の将来を見据えた理想の家庭像が方向づけられていたことが分かる。

このような形ある未来像を示す家事労働の軽減を提言する家族論には、当時の反論は見当たらない。それに反して、民主化された家族制度には、この時期すでに逆風が寄せられていた。

田中耕太郎は、戦後一〇年を経て、さまざまな病理現象が占領下の諸改革に結びつけて語られることに異義を唱える。

我々は占領中に作られたものだから一切排斥すべしとか占領政策の必要から作られたものだからもう無用だとか、今日は有害だとかいうような偏見にとらわれないで、冷静、公平且つ合理的に判断しなければならない。とくに我々が警戒しなければならぬことは、現在我が社会において見受けられるいろいろなげかわしい病理現象が、終戦後の諸改革のいずれかに結びつけて考えられやすいことである。（……）さような誤りは往々改革についての認識や理解の不足からくることが少なくない。〔田中耕太郎 1955：12–13〕

そして、特に新憲法の全面的再検討がなされ、家族制度の復活も重要な問題とする。廃止された家制度とは、長男が他の地域で生活し、その地で結婚しても長男の妻は長男の父の戸籍に入るだけで、実生活と合致しない家制度であった。その制度を復活しようとする意味はないとする。

個人主義的な思想が風靡しており、夫婦、親子、兄弟の関係のごとき、他人相互のもののように無関心冷淡であるという観念である。こう考える人々は親子、兄弟、夫婦の間の敬愛の情や相互の義務を重んじることを、我が国または東洋に固有な道徳のように観念しやすい。そういう観念で見ると、新憲法は日本の国情にそわない外国製のものであり、従ってそこには個人主義的な家族否定の思想が潜在しているから、新憲法にもとづく改革は我が国の醇風美俗である家族を破壊するものだと早がてんすることになるのである。［田中耕太郎 1955：15］

家族制度復活を叫ぶ論理には、法的な家族制度が廃止されたことを自然的な家族共同体まで廃止されたものとして短絡的に結びつけている問題点がある、というのが田中の主張である。要するに、日本独自の形ある良き文化が西洋の制度によって破壊されているとする議論が、戦後一〇年経って生じてきている状況を示す。さらに田中は、家族や祖先に対する愛情の細かさにおいて日本人が欧米人よりもまさっているとは決して断定できないとする。要約すると、次のような内容である。

現代経済の工業化というものが家族生活に影響を及ぼし、家庭の解体を招いていることは事実であるが、この現象は工業化が著しい西洋諸国とくにアメリカにおいて目立っていることもまた事実である。そして、この傾向は西洋のみに限られておらず、我が国においても見受けられるところである。欧米は日本において考えられるような個人主義ではなく、逆に婚姻と家族の神聖を説き、家族の成員相互間の愛と秩序とを強調してきている。(12)

この点については、青山道夫（九州大学教授：民法学者）も、「国民の素朴な感情につけこむ悪宣伝」として、次のように述べている。

「家」が復活するならば醇風美俗が回復し、すべての家族問題が正常に復するかのような錯角をおこさせていることは、もっとも不当である。［『日本読書新聞』1954.9.27付］

一九五五年は、敗戦による改革を問いなおそうとする気運のうねりをうかがわせる。それにしても、戦後一〇年にして、社会における病理現象は、常に戦後の改革も含めたアメリカによる影響として原因を固定する意識が日本の中で顕現化されていたことが明らかになる。

E・F・ボーゲルは、一九五八年から六〇年にかけて、日本のM町の実地調査をもとにサラリーマンとその家族の生活を描いた。ボーゲルは、「大部分の日本人にとって、サラリーマンの生活は、理性的に考えて望みうる高さの水準に達していると考えられている」［Vogel 1963=1968：6］と述べる。そして、その家庭生活を次のように述べている。

他の職業の家に比べて、サラリーマンの家は、夫が家事をしないという形をくずしてゆく先端に立ってはいるが、変化の量はごく小さいものである。〝モダン〟なM町の夫のなかには、ときどき子供の世話をしたりその寝床をのべてやったりするものもおり、また庭掃除をしたり、電気掃除機をかけたり、買い物をしたりするものも少々いるが、家の掃除、洗濯、食事の準備、食卓の用意や食器洗いをして妻を助けたことのある夫は非常に少ない。そして、客のもてなしに夫が手をかすなどということは考えられない。

妻が留守のとき、自分の食事の準備もできない夫はまだ多く、妻が出掛けているときにお茶も飲まないでいると

いう夫もまだいる。［Vogel 1963=1968：154-155］

ボーゲルに映った問題点は、日本の中で満足できる水準にある家庭ですら、夫の家事手伝いが進んでいないことであった。おそらく、アメリカの生活をバックボーンとして日本のフィールド調査に取り組んだボーゲルには、この点が強く印象づけられたのであろう。それにしてもボーゲルの指摘は、戦後の日本が求めてきた生活に、家庭電化製品はあっても夫の家事手伝いはなかったことを示す。それは第Ⅱ部で描いたように、『ブロンディ』掲載時の研究者が啓蒙的に一般書ならびに教科書で示してきた理想の姿であり、そのことをダイレクトに受けてきた当時の子供たちが家庭を持つ時期とも重なる。ボーゲルの目には、戦後一五年を経て、日本の人々がアメリカの生活文化を咀嚼した姿が映し出されていたのだ。

以上、『ブロンディ』という存在も描かれた時代もまったく知らない若者が、夫が家事手伝いをする『ブロンディ』を理想的な家庭と捉えたことは、戦後日本のアメリカニゼーションを論ずる上で重要な示唆を与えた。掲載後の人々が「戦後日本のモデル像」として位置づけた『ブロンディ』ではあるが、掲載時の人々の家庭生活をめぐる言説を掘り起こすことによって、家庭生活の何をモデルとし、何をモデルとしなかったのか、またどのような家庭を目指すことになったのか、すなわち戦後日本におけるアメリカの生活文化の咀嚼の様が浮き彫りにされたのである。

第8章

「家庭電化製品」普及のエネルギー

一九七三年に私が再度渡米したときには、私が珍しいものだなあと目をみはるものはアメリカには何一つ見当らなかったのである。〔山本明 1986 : 180-181〕(1)

上記の文は、「アメリカ式生活様式を、『ブロンディ』で知って、『いつになったら、こんな豪華な生活ができるのだろう』と、半ばあきらめ気分で、アメリカを夢見た」〔山本明 1986 : 111〕と語っていた山本明（掲載時は高校生）が、一九七三年に渡米した時の感想である。『ブロンディ』を通して夢みたアメリカの生活が、一九七三年の日本においてすでに実現していたということを意味する発言といえよう。

そのことは、その当時の日本には家庭電化製品がそろった生活は当然のこととする基盤があることを意味しており、『ブロンディ』から物質的な生活への憧れが生じないことは十分理解できる。それでは、山本の夢みたアメリカが実現された日本とは、日本がアメリカ化したことを意味するのであろうか。山本の語りの変容は、次章で議論するアメリカニゼーションに大きくかかわるものである。

そこで本章では敗戦直後に立ち返って、家庭電化製品の普及過程と、所有へと駆り立てた力の作用を中心に検討することにする。

8-1 何が家庭電化製品を普及させたのか

一九四八年七月七日号『アサヒグラフ』に掲載された芝浦洗濯機の広告キャッチフレーズは「女性を解放する」である（図8-1）。翌年、二月二三日号の富士電気洗濯機の広告も、「洗濯しながら本がよめる」とのキャッチフレーズで、「お忙しい主婦の皆様　洗濯に浪費される時間と努力が省けたら、主婦の生活にどんな明るさと楽しさを加えることでしょう」、と消費者に呼びかける。家庭電化製品が家事労働の軽減を果たし、女性に余暇をも与えるとの誘いは、「科学技術＝真理」であるというイデオロギーが内包する「合理性」を追究した商品そのものを前面に押し出す広告であった。家事労働に苦しむ女性を解放することは、人間を尊重することであり、「民主的な生活は家庭電化製品によってこそ可能である」とする連想を、広告が盛り込もうとしていた。[2]

東芝の初代消費部長であった山田正吾は、戦争前に米国人牧師の家を訪れた折、婦人が新聞で読んだ話を食事時に牧師である夫に聞かせていた光景が心に強く残っていて、「日本の主婦は働きづめで、本を読むゆとりもない。電化製品で家事の時間を短くすれば、ああいう教養豊かな生活ができるはず」との思いから、家庭電化製品の生産にいたったと述べる［『読売新聞』1995.5.22付］。おそらく、この思いが一九五〇年六月二八日号『アサヒグラフ』の芝浦電気洗濯機の広告にいたったのであろう。広告のメッセージは、ダイアログ形式をとりながら、「主婦の読書時間はどうしてつくるか」と問いかけ、「その近道は、洗濯に使われる時間の合理化である。電気洗濯機の利用によってこそこれは解決される」と結論づける。

ボードリヤールは、文化センターが文化を教養化しているように衣類や食料品などの商品も教養化していると述べているが［Baudrillard 1970=1979：15］、それに依拠すれば家庭電化製品も教養化していることになろう。家庭電化製品の広告が「教養豊かな生活」をつくり出す機器として語りかけるように、家庭電化製品を持つことは科学的な知識と科学に対するセンスを持っていることを示すわけで、家庭電化製品が卓越性の差異表示となる。

松下電気の一九五一年七月二七日付の広告で、「我々の生活はこれでよいのか?」と読者に問いかけ、「お洗濯、食器洗いもすべて電気のアメリカ生活」と、アメリカとの生活と比較しながら、その違いは家庭電化製品であるとして位置づける（図８－２）。「家庭電化による文化生活の向上」、「電化による社会生活の向上」と定義づける松下電気の広告のメッセージは、理想とするアメリカの生活を「家庭電化製品」に絞りこむものである。広告というメディア空間において、さまざまなアメリカの生活文化面を、家庭電化製品のある暮らしに結晶化させるのである。

1948 年 7 月 7 日号

1949 年 2 月 23 日号

1950 年 6 月 28 日号

図８−１『アサヒ グラフ』における電気洗濯機の広告［山田正吾・森彰英 1983：100-101］

一九五〇年代に入ると、家庭電化製品の購入と、その実用的使用に向けた現実的な意識が浸透する。一九五二年『オール読物』六月号で、「電気冷蔵庫」を論じる中谷宇吉郎

図 8-2 松下電気の広告［『朝日新聞』1951.7.27 付］

は、戦争の敗因すら電気冷蔵庫を持たざる者と持つ者との差によるものであったとして次のように語る。

　もう三年前の話であるが、二十年ぶりにアメリカを見て、驚いたのは、電気冷蔵庫の普及であった。都会では、かなり下層階級というべき街の労働者、例えば道路掃除夫のような人の家にも、電気冷蔵庫はあった。

　それから話しは少し突飛になるが、今度の戦争に、アメリカが勝って、日本が敗けたのも、先方に電気冷蔵庫があったからではないかと思う。今度の戦争の勝敗は、彼我の生産能率の隔絶した差異によって決定されたのである。［中谷宇吉郎 1952.6：72-74］

「科学技術＝真理」というイデオロギーは、アメリカを語る上でも、その複雑性を極端なまでに縮減させ、戦後七年を経た日本で「敗戦の要因は電気冷蔵庫」と断言するにいたった。

一九五四年八月二一日付「今日の問題」では、アメリカでは電気冷蔵庫は日用品との前提に立ち、さらなる目指すべき電化装置として冷房にスポットをあてる。

電気冷蔵庫がぜいたく品から日用品となった米国では、新しい産業は空気調節器だといわれ出した。今後五年以内に、部屋単位の調節器が、年一千五百万台売れる見通しで、一九六三年ごろには、暖房設備と同様に、空気調節装置を持たぬ住宅は売れなくなるだろうとさえいわれている。

まだ電気冷蔵庫でさえ主婦たちの夢として存在している国では、仕事場も住宅も冷房を施して、さわやかな気分で働き、憩うということが、いつの時代に実現するか見当もつかぬのは残念な話である。

しかし、人間の進歩とは、幸福とは、不愉快な自然条件を征服して行くことにこそあるのだから、遠慮はいらない。道草など食わず、まっしぐらに暑さ知らずの国を実現したいものである。

科学技術の取り入れられた生活とは、科学の威力が直接発揮される家庭電化製品に結晶化され、そして、時間の経過と共にメディアと人々による相互作用のもとで、主体的に家庭電化製品を獲得する方向に向かう。

国税庁の発表した一九五四年度の全国高額所得者から、『週刊朝日』［1955.8.21：4］はトップ二名の名を挙げる。(3)

1位　一億一千三百万円　三洋電気社長井植歳男氏
2位　九千五百万円　松下電器社長松下幸之助氏

家電産業の社長が名を列ねたこのデータは、家庭電化製品の普及によってもたらされた企業収益の好調さをあらわしている。続いて、「電気機具からみた七階級」と題した文が掲載される。

ところで、その電気器具だが、あなたの家庭には、一体どんなものがあるかしらべて見たことがあるだろうか。

電灯、これは多分あるでしょう。これは電気器具の最低線で、かりにこれだけの家庭を第七階級としよう。次はラジオとアイロンが加わったのが第六階級。

電熱器とトースターで第五階級。
ミキサー、扇風機、電話で第四階級。
電気せんたく機で第三階級。
電気冷蔵庫で第二階級。
テレビ、真空掃除機で第一階級。
というわけだ。［『週刊朝日』1955.8.21：4］

「家庭電化製品の何を所持しているか」という物差しでもって、人々を序列化する。この表現には、その表現自身が人々の身体に襲いかかるかのような力を持つものである。M・フーコー［Foucault 1976=1986］が述べる「知の権力」が、この表現に具現化されていると言えよう。すなわち「家庭電化製品」による序列化言説が人々をチェックし、人々の価値を査定する。そして、人々はさらなる家庭電化製品獲得に向けた方向に走らねばならぬ力の作用を自己に取り込む。まさに、言説が人々を家庭電化製品獲得に向けて起動させる点火装置となったのである。さらに、上記の文に引き続き、家庭電化製品の何を所持しているかでもって、その個人の値うち、さらに社会的地位をも読み取れると説く。

しかし、この電化のそれぞれの段階で所得まで割り出される、という人もあるので、一つやってみよう――国税庁の調べによると、現在、年間収入百万円以上の者が十二万三千人。五十万円以上が六十万人。三十万円以上が百八十万人という数になるそうである。
電気せんたく機はすでに推定七十万台普及しているのだから、数の上では年収五十万円以上の人たちが、まず、第三階級の電化生活を営んでいるか、あるいは営みうるということになる。年収五十万円といえば、月に割って四万円、税金をさっぴいて手取り三万五千円という生活である。課長クラスの検討だろう。[『週刊朝日』1955.8.21：4]

「知の権力」ではりめぐらされた監視でもって、個人は取り囲まれた。「家庭電化製品」で家庭を満たさなければ、社会的地位まで見透かされてしまう恐れを自己の意識に取り込み、自己を守るためにも所有に向けて稼動する。この年『朝日新聞』に連載されていた漫画『サザエさん』に、このようなメカニズムを示すシーンがある（『サザエさん』⑬［長谷川町子 1995：121］）。主婦たちが「思い切ってミキサー買っちゃった」「デンキれいぞう庫ってとても重宝よ」「うちもトースター買ったわ」とサザエさんの前で次々に披露する。マス・メディアが他者との関係を消費者に意識させることによって、新たな家庭電化製品への欲望をかき立てた。そして、購入する他者に勝ろうとする虚栄心が、新しい商品獲得に向けて動かされる。そのような家庭電化製品購入に向けて煽られる消費者行動を、長谷川町子は一九五五年において風刺していた。

ここに、アメリカのジェネラル・エレクトリック社のJ・G・ダグラスが戦前の日本の家庭電化製品普及台数を調査した貴重な資料の表8－1がある。その資料によると、最も多い家電の普及は、アイロンの三〇〇万台強である。電気が供給された世帯数が約一三〇〇万ということで、電気が通っている家庭の約四分の一が電気アイロンを所有していることになる。それに比較すると、多い数値の家庭用電気冷蔵庫の一万二二一五台でさえ電気の供給世帯の約一〇〇〇分の一、すなわち〇・一％に過ぎないわけで、家庭電化製品の普及率の低さを示す。一九三五（昭和一〇）年といえば日中戦争が開始された年で、一九四一（昭和一六）年に太平洋戦争へと進む日本は軍国主義へとひた走ることとなる。そのような状況下にあっては、人々の意識が家庭電化製品に目がいくことなどなかったであろう。ところが、図8－3の経済企画庁による「消費動向調査」と「消費と貯蓄の動向」［経済企画庁 1985］のグラフを見ると、

昭和 12 年の日本の家庭電化製品普及台数

地区別	関東	中部	関西	九州	その他	計
家庭用電気冷蔵庫	4,700	803	4,100	845	1,767	12,215
洗濯機	1,590	136	1,200	147	124	3,197
掃除機	3,100	910	1,900	520	180	6,610
家庭用ポンプ	100,000	1,150	45,000	1,150	55,000	202,300
アイロン	1,200,000	305,000	1,178,000	318,000	130,000	3,131,000
電気時計	211,000	18,000	125,000	21,000	43,000	418,000
営業用冷凍機	1,130	218	966	91	675	3,080
ルームクーラー	125	9	120	6	僅少	260

※J・G・ダグラスが、リサーチのため調査を行った。その他の欄は、満州などの外地の数字である。

昭和 12 年のメーター取り付け状況

地区別	関東	中部	関西	九州	その他	計
メーター付の家庭	1,273,015	147,933	612,974	211,633	279,272	2,524,827
メーター無の家庭	3,445,511	1,318,672	3,084,526	1,544,300	1,027,354	10,420,363
小計	4,718,526	1,466,605	3,597,500	1,755,933	1,306,626	12,945,190

※その他の欄は、満州などの外地の数字。当時はまだまだ一般家庭には家電製品が普及しておらず、メーター制も一部の地域に限られ、その他は電灯の数ごとの定額料金制であった。

表 8-1　1935（昭和 12）年の日本の家庭電化製品の普及台数
［山田正吾・森彰英 1983:27］

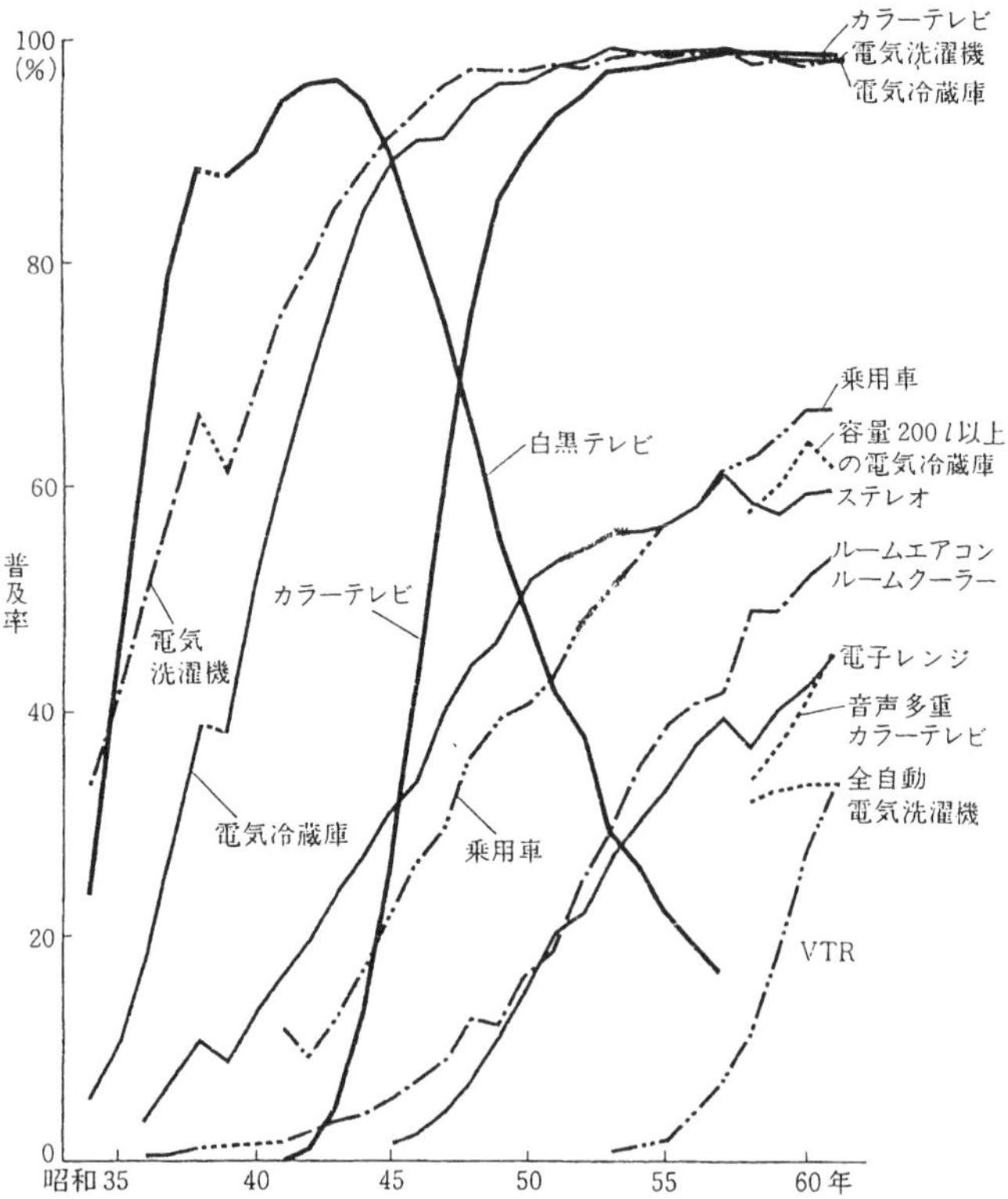

図 8-3　主要家電製品の普及率（経済企画庁「家計調査の動向（消費動向調査）」「消費と貯蓄の動向」［上野千鶴子 1994:173］より）

新聞初出	調度品（機器）	家庭電化製品
1946（昭和 21）年	足踏みミシン	ラジオ、電気スタンド
1947（昭和 22）年	ストーブ、風呂	電熱器
1948（昭和 23）年	コンロ	扇風機、アイロン
1950（昭和 25）年 3月 8日	氷冷蔵庫	
1950（昭和 25）年 3月 30日	ガスヒーター	
1950（昭和 25）年 7月 21日	折りたたみソファ	
1956（昭和 31）年 12月 12日	ガスストーブ	
1957（昭和 32）年 3月 16日		電気ざぶとん
1958（昭和 33）年 9月 21日		トースター
1958（昭和 33）年 10月 28日		ミキサー
1959（昭和 34）年 11月 25日		電気ポット
1961（昭和 36）年 10月 21日		テレビ
1961（昭和 36）年 11月 22日		電気アンカ、電気炊飯器
1961（昭和 36）年 11月 29日		トランジスターラジオ
1961（昭和 36）年 12月 18日		電気ストーブ
1961（昭和 36）年 12月 27日		電気冷蔵庫
1962（昭和 37）年 3月 1日	オルガン	
1962（昭和 37）年 3月 24日		電気掃除機
1962（昭和 37）年 10月 24日		蛍光灯
1963（昭和 38）年 4月 9日		電気洗濯機
1963（昭和 38）年 4月 19日		電話

表 8-2　磯野家の家庭電化製品と調度品（清水勲『サザエさんの正体』［1997:80-83］を参考に作成。なお 1948（昭和 23）年までは『夕刊フクニチ』の連載で日付は不明。それ以降は『朝日新聞』。）

一九五九（昭和三四）年以降、家庭電化製品は急激な伸びを示す。特にスタート時点では電気洗濯機が先行していたが、大きく急上昇して抜きさったのは白黒テレビで、一九六〇年には四〇％を超える普及率を示している。電気洗濯機の後を追う形で伸びたのが、電気冷蔵庫であり、これら三種が家庭電化製品の牽引車となって「三種の神器」と呼ばれた。

では、『サザエさん』の家に家庭電化製品が登場したのはいつ頃であろうか。表8-2に示されるように、一九四六（昭和二一）年の『夕刊フクニチ』では、ラジオや電気スタンドがセットされ、四七（昭和二二）年に電熱器、そして四八（昭和二三）年に扇風機とアイロンが登場する。『朝日新聞』連載になって、「三種の神器」のテレビが六一（昭和三六）年一〇月二一日付で初めて登場する。磯野家の家庭電化製品購入のピークは六一（昭和三六）年の後半から六三（昭和三八）年前半に集中する。図８－３と比較すると、六一（昭和三六）年に購入した電気冷蔵庫と六三（昭和三八）年の電気洗濯機の購入時期が前後するが、ほぼ全国で五〇％の普及となった頃に購入していることがわかる。そして、磯野家でも全国の消費の流れに沿うように冷蔵庫や洗濯機の購入よりもテレビが先行しているのである。

このような家庭電化製品の普及は、単に日本経済の伸びと、それにともなう個人所得の伸びといった経済面からだけではとうてい説明づけられるものではない。これまでの議論が示すように、敗戦直後に内在化された家庭電化製品獲得へのベクトルが、「家庭電化製品」をめぐる「知の権力」の作用によって拍車がかかり、現実の行動に至らしめたことが主たる要因ではないか。

ここまでは戦後日本における家庭電化製品の普及について眺めてきたが、次にそのモデルとなったアメリカでの普及について検討してみることにする。

８－２ アメリカでの普及の実態

アメリカの前大統領クリントンは、回想録の中で、「１９５６年、わたしに待望の弟ができ、わが家に待望のテレビがやってきた」［Clinton 2004=2004：58］と述べている。

クリントン家に、はじめてテレビが購入されたのが一九五六年とすると、磯野家とのタイム・ラグはわずか五年となる。憧れの国と見たアメリカでも、テレビはそれほど早く普及してはいなかったのであろうか。アメリカにおける家庭電化製品の普及について、検討する必要があろう。ボードリヤールは、消費について議論する中で、一九五八年に掲載された『タイム』誌の記事を引用しながら次のように述べる。

市民的強制としての消費について、アイゼンハウアーは一九五八年にこう語った。「自由社会では、政府は個人や私的集団の努力を励ますことによって、経済成長をもっともよく奨励することになる。金《マネー》はもちろん国家によって有効に使われるが税金の重荷から解放された納税者によっても同じ程度に有効に使われるだろう」。まるで消費が直接に強制されなくとも社会的給付として有効に課税に取ってかわりうるかのようだ。『タイム』誌は次のように付け加えている。「国庫から割戻された九〇億ドルを手にした消費者たちは、二〇〇万の小売店へ豊かさを求めて殺到した。……扇風機をエア・コンに取りかえることによって、自分たちの力で経済を発展させられるのだということを彼らは理解した。五〇〇万台の小型テレビと一五〇〇万台の電動肉切り機等を買うことによって、彼らは一九五四年のブームを保証したのだった」。要するに、消費者たちはこうして市民としての義務を果たしたわけである。［Baudrillard 1970=1979：103-104］

『タイム』誌の記事は、アメリカの消費ブームが一九五四年に生じたことを物語る。それも、空調設備、テレビといった家庭電化製品の消費であった。すると、クリントンが一九五六年に待望のテレビを購入したと、弟の誕生と同列の喜びとして表現していることも理解できる。

家庭電化製品は、敗戦直後の日本の人々がアメリカを語る上でセットになっていた。新聞紙上では、アメリカの進んだ科学技術の側面を掲載していたし、渡米記においては、階級に関係なく普及していると記述していた。アメリカの中流（下）であった『ブロンディ』では車もテレビもなかったにもかかわらず、後の研究者は所有していたものとする。メディア空間の中で、科学技術の進んだ国＝アメリカを示すことで、遅れた日本をアイデンティファイさせた啓蒙的知識人はアメリカのどの層を提示していたのであろうか。

中野五郎は『アメリカに学ぶ』の中で、金持階級でも貧乏階級でも全く同様と述べながら、「世界一の繁栄国として四人に一台の割で自動車が普及し、各家庭に一台の電気冷蔵庫と平均二台のラジオ（自動車用ラジオおよび手提用ラジオを含む）が常備されているアメリカ」［中野五郎 1949：92］、そして「金持階級だけが暖房の完備した邸宅で暖かい冬を楽しみ、貧しい勤労階級が凍るような室内で寒気に震えているような非民主的な社会には、誰でも断じて甘んじないのだ」［中野五郎 1949：134］と紹介していた。

それに対して、C・W・ミルズは自国のアメリカを次のように述べている。

一九四五年になってもアメリカの農民で、電気冷蔵庫をもっているものはわずかに三割、排水渠をつけた台所の下水槽のあるものはわずか四割であった。［Mills 1951＝1957：25］

中野たちが紹介するアメリカには、このような人々は入っていなかった。

そこで、アメリカの家庭電化製品についてのデータを表8‐3で示すことにしよう。このデータには、テレビのみ所有世帯数が明記されている。それによると、全世帯数五〇四七万四〇〇〇に対して四一九二万四〇〇〇と、テレビがほぼアメリカ全土に普及するのが一九五八年ということである。クリントン前大統領の家にテレビが届いたのは一九五六年のことであった。アイゼンハウアーが述べる飛躍的な消費となった一九五四年は、約半数の世帯でのテレビ受信と読み取れるが、その年からわずか四年で驚異的な伸びを示したことになる。この表から、一九五〇年前後の『ブロンディ』にテレビがないのもうなずける。エアコンについては、アイゼンハウアーの言にあるように、一九五

年	家庭冷蔵庫 (生産数) 1,000 単位	家庭洗濯機 (生産数) 1,000 単位	室内エアコン (出荷) 1,000 単位	テレビ (生産数) 1,000 単位	テレビ (所有世帯数) 1,000 単位	世帯数 1,000 単位
1970			5,438	4,852	62,000	63,401
1967	4,578	4,596	3,887	5,104	55,130	59,236
1963	4,221	4,227	1,923	7,130	50,300	55,270
1958	3,038	3,974	1,409	4,920	41,924	50,474
1954	3,387	3,697	1,283	7,347	26,000	49,673
1947	3,975	4,148	43	179	14	39,107
1939	1,733	1,393	—	—	—	—
1935	1,882	1,208	—	—	—	—
1929	890 +	956	—	—	—	—
1925	75 +	—	—	—	—	—

表 8-3　アメリカにおける家庭電化製品の生産および世帯数（合衆国商務省編、齋藤眞・鳥居泰彦監訳『新装版 アメリカ歴史統計——植民地時代～ 1970 年』を参考に作成。+ は売上を示したもの。なお、家庭電化製品のデータがとられていない年数があったことにより、表の年数は任意になっている）

	貧しい家庭 (工場労働者)	平均的家庭 (年収 4,500 ドル)	近代的家庭 (築 10 ～ 12 年)	上層階層
アイロン	64%	60%	87%	90%
電気掃除機	33	40	83	84
電気洗濯機	11	5	28	32
扇風機	2	6	10	36
コーヒー沸かし器	—	4	6	19
電気レンジ	—	—	—	3.4
電気冷蔵庫	—	—	—	—
ラジオ	—	—	—	—

表 8-4　1921 年のフィラデルフィアにおける 1,300 軒の電化住宅での家庭電化製品所有の割合（出典：C. J. ラッセル「フィラデルフィア調査」『NFLA 協議会会報』1921　ニューヨークにあるエジソン・ライブラリーにある資料からの Nye によるコピー［Nye 1992:268］をもとに作成）

四年に一挙に一〇〇万台にのぼる(4)。生産数と世帯数をテレビの所有世帯数から推測すると、一九五八～六三年頃に行きわたっていたと考えられる。電気冷蔵庫と電気洗濯機については、非常に早くから生産されていて、どの時期に広く普及されたかを断定することが難しい。ただ、データから推測する限りでは、共に一九四七年の数値が四〇〇万前後に大きく上がっていることから、戦後の一九五〇年頃に裾野を広げたのではないかと考える。そのように想定すれば、ミルズの先の指摘にも適合する。

デーヴィッド・ナイは、家電メーカーが一九二〇年代に、消費者を開拓するためのさまざまなキャンペーンを実施していたことに触れる。しかし、冷蔵庫などの家庭電化製品は世界博覧会あるいはモデルホームで出現したが、ほとんど実際には使用されていなかった。表8－4は、NELA（National Electric Light Association）が一九二一年にフィラデルフィアの電化住宅一三〇〇軒を対象として、使用されている電化製品の所有を示したものである。アイロンと電気掃除機は半分以上、電子レンジはわずか三・四％で、電気冷蔵庫やラジオはなかった。コーヒー沸かし器、扇風機、電気洗濯機はアッパークラスに限定されていた。ナイによると、広告や一般的な女性誌の広告では家庭電化製品は掲載されていたが、ほとんど使われることはなかった［Nye 1992：267］。アメリカで家庭電化製品が全国的に普及していくのは、郊外で一戸建て住宅を持つことになる第二次世界大戦後のことなのである。

このように、進んだ国アメリカとはいえ、家庭電化製品が広く普及するのは日本と大きなタイム・ラグはなく第二次世界大戦後ということである。ただし、興味深いことは戦後日本の急ピッチな普及率にある。次節では戦後日本の家庭電化製品の普及率の高さについて検討する。

8－3　普及を阻んだのは「女中」か？

上野千鶴子は、インドを引き合いにして、一九六〇年代以降の日本において家庭電化製品が普及した背景に、低賃金の女中の労働力が農村部から都市部に入らなくなったことを挙げる。

家事省力化機器への投資が、家事サーヴィス労働の賃金水準とふかい関係にあることは、インドのような賃金格差の大きい社会を見てみるとわかる。インドでは電気洗濯機を購入できるような経済水準にある世帯にさえ洗濯機の普及はそれほど高くないが、それは、女中や洗濯男の労働力が低賃金で無尽蔵に使えるところでは、高価な家電製品への投資効果がないからである。日本でも六〇年代の家電製品の普及は、農村部から都市部への家事奉公人のリクルートの急速な減少と対応している。［上野千鶴子 1994：177］

これまでは言語空間でのアメリカの語られ方から、戦後日本の人々の意識を掘り起こしてきたが、上野の経済領域から女中に基点をおいた家庭電化製品普及の主張を受け止め、ここでは言語空間にあらわれない人々の家庭電化製品へのベクトルを再考することにする。

日本においても、表8－1に見られるように、家庭電化製品は戦前から生産され使用されてはいたが、ほとんど普及していなかった。ただし、発電量においては、日本は第二次大戦直前には、アメリカとドイツについで世界第三位、大戦後の一九四六～四七年には第五位となっていて、電力生産において世界有数の国であった［岡崎三郎 1951：28］。

安岡章太郎も、戦前の家庭電化製品の普及を抑制していたのは女中であったことを、自分史の中で述べている。安岡が電気掃除機にはじめて遭遇したのは、一九二〇（昭和元）年を迎える前であったと言う。それは、職業軍人であった父が朝鮮へ行くことになり、家族で京城の憲兵隊宿舎に住む前に立ち寄った大阪にある伯父の家でのこととして、次のように語る。

この伯父は、大酒飲みの発明狂で、何でも銭湯の脱衣場で自分の着ているものを箱に入れると、その番号が浴場の富士山の絵の下にピカリと電気仕掛で光る、そして誰かがその箱に手をつっこむと、とたんに番号のついている電気がチカチカと明滅するので盗難予防になる、というそんなヘンな特許を百幾つも持っていることが自慢であった。また、この伯父は、珍しいものがあれば何でも買いこむくせがあり、電池のいらないダイナモつきの懐中電灯などを得意になって持ち歩いたりしていた。そのときも、「お前ら朝鮮へ行ったら、こんなウマい酒は飲めまい」と、さかんに父に酒を飲ませているうちに、自分が酔っぱらって、何か黒い物干し竿のさきに小さな箱のついたようなものを持ち出してきて、僕に、

「こりゃ坊主、これは何でも吸い取る機械やぞ。お前、ここで小便をやってみい、すぐ吸いとってやるぞ」

と、自慢してみせた。僕は、ほとんどそれを真に受けて、あわやその場で本当に小便をしようとしたところを、伯母と母とに叱られて止めた。つまり、それが真空掃除機であったわけだが、子供の僕はこれも伯父の発明にかかる神秘的な装置であろうか、と半ば本気で信じていた。(……)しかし、その頃、洗濯機や掃除機が普及しなかったのは、一つには人手がいくらでもあって、中流家庭では一人か二人、女中を雇っていないところはないぐらいだったからだ。[安岡章太郎 1991:16–17]

安岡が掃除機にはじめて出会った頃、家庭電化製品の普及に向け、各地でキャンペーンがなされていた。一九二四(大正一三)年、時の東京市長、後藤新平氏を会長として「家庭電気普及会」が設立され、積極的な啓蒙活動がはじめられたのである。その様相を、一九二六(大正一五)年六月一六日付の『読売新聞』は、「博士宅の電化生活をちょっと拝見」と題して次のように伝えている。

早大教授山本忠興氏はこの家庭電化ということに非常に熱心で、過日も家庭電気普及会で「家庭に於ける電気の利用」について講演した。博士の家庭では御飯炊きに時計仕掛けの電気釜を装置し、前夜米を磨いで水の割をしてかけて置くと、必要の時間になると自然にスイッチが入って炊き出し、ある熱度となると自然にスイッチがはなれて蒸す。朝は誰も起きないでも御飯が出来上っている。洗濯も電気仕掛けの器械を備え、女中さんの手を借りないでも簡単に洗濯できて洗濯賃が経済になる。［青山芳之 1991：11-12］

アメリカにおける一九二〇年代の宣伝においても、ジェネラル・エレクトリック社は、「電気は一〇人のサーヴァント」［Nye 1992：270］と、電気製品とお手伝いさんとの比較という論理で訴えていた。一九一八（大正七）年の『婦人公論』には、女性解放を先んじて唱えていた平塚らいちょうが女中払底に喘ぐ生活の苦しさを訴えている。

所謂《いわゆる》近代文明がもたらした産業革命は、今日、遂に私たちの家庭から、私たちの家庭において必要な――家事一切の雑務から子供の世話まで主婦や母を助けて、もしくは代ってしてくれた必要な助手である女中というものを、工場の方へ奪って行ってしまいました。（……）今やいたる所できく「女中払底」の声は多くの主人達を、わけても家事と育児の労働以外に、なお他の労働に従事する主人達を苦しめつつあります。現に私の家庭でも、ここ二、三ヶ月前に女中を失って以来、今だに代わりのものを見付けることが出来ずに、毎日毎日苦しんでおります。女中の助けを失った私は、もう自分の仕事どころではありません。二つと四つになるふたりの子供を見ながら炊事も、掃除も、洗濯も時々は裁縫（裁縫は大抵外に出すことにしていますけれども、でも出せないような種類のものがありますから一家をもってみれば殊に小さな子供があっては全然針をもたない訳には行きません）もしなければなりませんから、私としてはもうこれ丈のことで手一杯で否、手にあまるほどで、終日食事の時を除いては座る間も殆どありません。

［平塚らいちょう「現代家庭婦人の悩み」『婦人公論』第4年第1号 1918］(5)

女性の家事労働の重みを身にしみて感じていながらも、働く女性の家事の肩代わりを女中に求めていたことは、この当時には平塚にして女性の家事労働を自明のものとする認識であった。また、女中を封建的な職業とみなしていなかったことの証でもある。とにかく、新中間層の家庭は核家族であり、幼い子供がいる家庭や、共働きの家庭では、女中なしにはとうてい生活はできなかったということであろう。ちなみに、一九二〇（大正九）年で新中間層は全人口の五～八％であり、東京都に限って言えば、全就業者に占める新中間層の比率は二一・四％であった［伊藤壮 1965：183-187］。この時期、都市で暮らす新中間層には、家事労働軽減の家庭電化製品を受け入れる条件は整っていたと言えなくはない。しかし、現実の世界では、多くの人々には家庭電化製品のリアリティがなく、あっても女中に比べて非常に高価なものであった。いや、もっと言えば人間がする仕事の軽減でしかない道具である。安くて手に入るならば、女中にこしたことはなかったのである。山田正吾は、一九二四（大正一三）年の『子供の科学』に掲載された欧米の家庭電化生活の紙面を「ＳＦ的であった」という［山田正吾・森彰英 1983：20］。おそらく、当時の人々の現実生活において、家庭電化製品はリアリティに欠けていたのであろう。

敗戦直後、進駐軍兵士の家庭、兵舎等で使用する各種の電気機具の大量注文が、電気業界になされた。業界は、電気冷蔵庫、電気温水器、電気アイロン、電気掃除機、電気洗濯機、コーヒー沸し、トースターなどの生産におわれ、「マル進景気」と名づけて歓喜していた［山田正吾・森彰英 1983：36-37］。ところが、その喜びもつかの間、一九四八～四九（昭和二三～二四）年あたりをピークに、しだいに受注量が減少する。その理由が、安い賃金で家事を行なう日本人のメイドであった。

確かに日本人メイドは、進駐軍兵士の家庭に入って、それほど高くない賃金でよく働いた。なにしろ家電製品など使った経験がないのだから、ほうきとハタキ、雑巾を駆使して、部屋の隅々まできれいにした。とくに、山のような洗濯物を手洗いで片づけていく手ぎわのよさは驚異の的だった。そのため、洗濯機だけは二十二年五月で進駐軍への納入打切りを通告されてしまった。

人間の力が機械を上回るとされてしまったのだ。しかし、製造ラインに乗ったばかりの洗濯機を何とかしなければならない。このため、是が非でも日本の市場で電気洗濯機を売り出す必要が生じてきたのである。［山田正吾・森彰英 1983：45］

受注の減少は山田の指摘のごとく、電化製品も女中にはかなわない、との進駐軍兵士の家庭の判断によるものとみなすこともできよう。しかし別の見方をするならば、デーヴィスが明らかにしたように、アメリカ人は自己の社会的位置において「二つ上の階層を最もすばらしい階層とする」［Davis 1941：71］のであれば、サーヴァントをおく上層の生活への憧れを現実に味わう喜びによって家庭電化製品を押し遣った、と考えられなくはない。

それにしても、女中と家庭電化製品普及の関係が強くリンクしている姿が、戦前から敗戦直後まで見られるわけで、上野説に正当性を与えるように見える。しかし、そのように即断してよいのであろうか。そこで、これまで『ブロンディ』から戦後日本におけるアメリカ文化の咀嚼の作法を追ってきたこととも絡めて、家庭電化製品の普及について検討してみることにしよう。

進駐軍の受注の鈍化によって、メーカー側に新たな販売戦略が必要になった。(6) その一環が広告と街頭宣伝であった。

一九四八年からの広告に見られるように、当時の広告は女中との比較ではなく、「女性を解放する」、「洗濯しながら本が読める」といった合理性と女性の解放を訴えるものであった。ところが、一九四七年の『サザエさん』では、サザエさんは共同井戸で子供を背負いながら「とーおーきょヴギウギ」とヒット曲を歌いながら、ポンプから水を吸い上げ、たらいで洗濯する姿が描かれている〔『朝日新聞』1994.9.3付、実際は一九四七年のもの〕。冒頭の広告に登場する女性のスマートさとの差異、それが当時の現実とその現実から見た未来のイメージとの乖離であった。磯野家では、ほぼ全国的に五〇%に近い普及率となる一九六一年頃から「三種の神器」が購入される。それにしても、一九四七年のサザエさんは、育児と洗濯を同時にこなしながらも明るい。その現実に不満がありそうに見えないのである。家庭電化製品獲得の動機が、ここからは見えてこない。

関西電力は一九五一年に、「今後に希望している住宅電気器具」についての調査を行なっている（表8-5）。第3表によれば、住宅が今後希望する器具の第一位はコンロの二九・〇%、続いてアイロン一六・五%となり、冷蔵庫は五・四%、洗濯機は第八位の三・二%で、掃除機はベスト一〇にも入っていない。主婦は、家庭電化製品、特に電気掃除機など望んでいないことがわかる。言語空間における語りや広告から導き出された結果と、データから読み取る民衆意識の乖離をどのように埋め合わせて解釈すればよいのか。

電気掃除機の普及をはばんだ理由として、山田正吾は次のように述べる。

〝掃除は女の聖職〟であり、それを機械に置き換えるのは昔からのタブーを犯すことだという心理的抵抗があったためだ。

その頃、四十代以上の世代は特にそれを固く信じていて、娘や嫁に対して暗黙のうちに、はたきやほうきによる掃除が女の務めであると強制していたのである。〔山田正吾・森彰英 1983 : 83〕

家庭の電化を引き止めていたのは当時四〇代以上の女性であったことを示唆するこの発言は、民衆意識の乖離を読み解く上で重要なカギと言える。家庭電化製品は女性にとっては、自分たちの持ち場を奪われかねない代物と捉えられてもいたのである。

同様に、家庭電化製品を普及させたのが主婦たちとは断言できないことがうかがえる資料がある。図8-4は一九五〇年に行なわれた電気洗濯機の街頭宣伝の様子である。会場は電気洗濯機を見つめる観客で埋め尽くされ、人々の

第1表　住宅における家庭電気器具の普及率

ラジオ	67.6%	電蓄ラジオ	5.3%
アイロン	38.0	扇風機	2.8
コンロ	23.5	裁縫ごて	1.8
スタンド	9.2	天火	1.2
コタツ（あんか）	6.9	冷蔵庫	1.0
ポンプ	5.6		

第2表　商店における家庭電気器具の普及率

ラジオ	68.0%	電気時計	3.0%
アイロン	43.8	裁縫ごて	2.1
コンロ	29.4	バリカン	1.6
スタンド	9.5	電気火鉢	1.1
ポンプ	7.7	半田ごて	1.0
電蓄ラジオ	6.8	蛍光灯	6.0
扇風機	4.1	コタツ（あんか）	5.4

第3表　住宅の今後希望している電気器具

コンロ	29.0%	ポンプ	5.2%
アイロン	16.5	ラジオ	5.0
コタツ（あんか）	11.5	洗濯機	3.2
ストーブ	5.8	扇風機	2.9
冷蔵庫	5.4	湯沸器	2.0

第4表　商店の今後希望している電気器具

コンロ	34.0%	冷蔵庫	4.5%
コタツ（あんか）	11.5	ポンプ	4.4
アイロン	8.0	扇風機	3.6
蛍光灯	5.5	洗濯機	2.6
ストーブ	4.8	ラジオ	2.4

表8-5　関西電力が1951（昭和26）年に調査した家電器具の普及率と、今後希望している器具（山田正吾・森彰英［1983:82］）

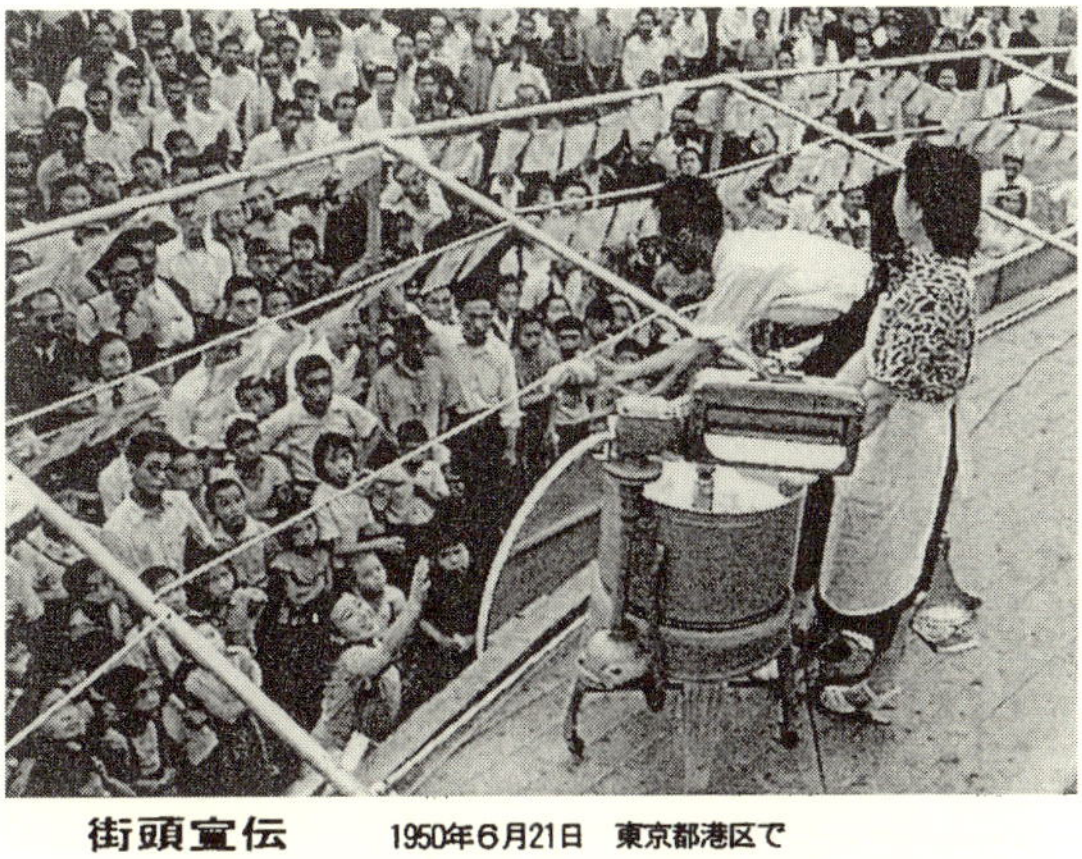

街頭宣伝　1950年6月21日　東京都港区で

図8-4　電気洗濯機の宣伝［『朝日新聞』2001.6.17付］

電化製品への強烈な関心を示している。しかし、よく見ればこの人だかりの大半が男性であることが分かる。女性はというと、舞台に手を差し出す若い女性（この女性は、子供たちがたくさん周りにいることから、おそらく児童を引率してきた教師ではないか）と、小学生と思える女子がいるくらいで、主婦らしき成人女性はほとんど見当たらない。

また、一九六二（昭和三七）年の『週刊サンケイ』には、次のような内容が記述されている。

夜の接待にしても、一様に接待費をうかしているという。ただ、その金をガッチリためて、せいぜい新しい電化製品を家庭に入れ、妻の歓心を買う人がほとんど。[「あれもこれも〝無責任〟時代！」『週刊サンケイ』1962.10.1：14]

この記述からは、夫が妻を喜ばせようとする物が家庭電化製品であることと、購入主体が夫であることが分かる。

以上のことから、家庭電化製品を普及させたのが必ずしも主婦たちではなかったことが分かる。当時は家庭内で発言権・決定権を持っていたのは男性であり、家庭に電化製品（科学技術）を導入する流れを直接的に担ったのは男性だったのである。そしてこの背景には「科学技術こそが真理」である、さらに「民主的生活こそが真理」であるというイデオロギーがあったことが考えられるのである。

このような形で家庭電化製品は日本に導入された。そしてそれは、女性の家事負担を軽減するための道具であり、男性の役割はというと、それは家事の手伝いではなく家庭電化製品を購入することだったのである。だからこそ、前章で見たように、戦後一五年経ってボーゲルの目に映った日本のサラリーマン家庭の生活は、家庭電化製品が整っていても夫の家事手伝いが進んでいない姿であった。しかしその姿こそ、敗戦後の日本の人々の民主主義の捉え方を意味しており、これがアメリカ文化を咀嚼してきた姿であったのである(7)。

とはいえ、「読書ができる」という誘いの広告スローガンが直接受け止められる層であるかどうかという違いはあっても、そのことを望む意識は広く全般の人々に熟成されていたのである。そのことは、家庭電化製品が階級の特権としての差異表示記号である地位を得たためと言えよう。言いかえれば、家庭電化製品が社会的価値を装おうようになったことを意味する。家庭電化製品は、機能としての道具と用いられると共に、幸福や威信をも表示する。ボードリヤールは、ある商品がこのような意味表示をすると、他のあらゆる種類のモノが、意味表示的要素としてのその商品に取ってかわることになるという［Baudrillard 1970=1979：93］。家庭電化製品を所有することは、機能を手に入れることだけでなく、それはアメリカ的な自己、科学を手にする自己、という意味のあいまいで確証のないものを形あるものへと変換し、獲得することである。敗戦直後の人々が科学技術への意識を紡ぎ、家庭電化製品がこのような差異表示記号としての地位を得たことが、普及にいたらしめる背景にあったのではないか(8)。

アメリカにおいても、一九二〇年代に、サーヴァントとの比較広告から、女性の家事労働解放へと変化していた。アイダホ・パワー・カンパニーが「なぜ私は電気洗濯機をほしいか」という「エッセイ・コンテスト」を行なっている。その結果、九〇％が「骨折りのくだらない仕事から抜け出ること」を内容とするエッセイを書いていた。そこで、遠く未発達な地でも電化を待ち受ける市場があると判断した家電メーカーは、広告において「電化はどれほど、主婦の労力を解放するか」を示すため企画した［Nye 1992：269］。

日本の家庭電化製品の普及も、このような意識変換がなされてこそ可能となったのではないか。もちろん、戦前から生産していたことや、発電量が必要なだけ得られるようになったという産業基盤があったことも大きい。しかし、それだけでは一般家庭への普及にはいたらなかったであろう。このことから、普及を阻んでいたのは女中ではなく、街頭宣伝の図などに見られるように、家庭電化製品への熱いまなざしがまだ熟成されていなかったからであると言えるのではないか。家庭電化製品獲得への民衆のベクトルは、敗戦直後のアメリカに対するさまざまな言説が収斂されていったプロセスを踏まえなければ説明できない。言いかえれば、敗戦直後の科学技術や民主化を真理とするイデオロギーが言語空間の中でヘゲモニーを握る過程（そこには、受け手の支持を得る過程もあいまって）をくぐり抜けることによって、家庭電化製品は普及にいたったということである。

第9章

日本の異文化受容をめぐって

一九九五年四月一四日のNHK番組「スタジオパーク」に生出演した女優の水谷八重子（一九二九年生）は、「新派なのに、ジャズを取り入れて歌って、踊られたのはどうしてなんですか?」との司会者からの質問に対して、次のように答える。

それまですいとんを食べたりしていたのが、チョコレート、ガム、コーラが入ってきて、アメリカのものはすべて素敵と思えたんです。そこに、ドリス・デイが来て、彼女の歌声を聞いた時、ドキッとしました。

敗戦直後に受けたアメリカ文化の衝撃が、その後の演技にまで大きな影響を与えたと言うのである。戦争を経験した人々にとっては、一つの連続した人生でありながら、そこにはくっきりと大きな「敗戦断層」というものがあり、その断層を経た「戦後」という区切りでもって別個の人生が刻まれたかのような語りとなる。この世代の人々にとって、「戦後」という基点は人生の転轍機でもあったのである。とはいえ、「戦後」は、アメリカの占領によるスタートであったことから、常にアメリカがつきまとうことにならざるを得ない。このような個人における人生の転轍機的「戦後」体験が、日本史という歴史の流れにおいても客観的に大きな区切りとして区分されることで、戦無派も巻き込んだ国民的な体験として受け継がれているのではないか。

この章では、『ブロンディ』を通して眺めてきた戦後日本の人々によるアメリカ文化の咀嚼過程の視点から、これまでの戦後日本のアメリカニゼーション論を検討すると同時に新たなるアメリカニゼーションを提唱することにしたい。

9-1 アメリカへのまなざし

建築家の安藤忠雄（一九四一年生）は、『朝日新聞』二〇〇五年一月七日付で「思考停止を脱しよう」と題したエッセイを寄稿している。[1] 安藤の論旨は以下のようなものである。

現代の日本の問題点は、モノは溢れているが創造力がなく、誇りを失っていることにある。そのことは、まさに「思考停止」の状況を意味する。駐日大使を務めたことのあるフランスの詩人ポール・クローデルが、敗戦間近にある日本を、「滅亡してほしくない民族は日本だ。それは太古からの文明をもっているからで、彼らは貧乏だが、高貴だ」と称えていた。しかし、日本は明治からの近代化と第二次大戦後の米国型消費文明への憧れとともに歩んできた結果、物質的な豊かさを手に入れたが、そのことで、祖先を大切にしてきた精神文化、自然環境、伝統を犠牲にしてきたのだ。そして、個人の責任を放棄するという思考停止にいたったのだ。

要するに、安藤の主張は、日本の伝統には大切にされてきた環境を重んじる精神や文化があったのにもかかわらず、西欧の文化を取り入れたことによって、その良き伝統を捨て去り、現代の思考停止状態にいたったということである。

このように、日本の良き伝統文化が形あるものとして語られ、自国の問題点を他国の文化に転嫁させる手法は、安藤に限ったものではない。「はじめに」で紹介した麻生太郎の「ブロンディからサザエさんへ」に見られるように、「第二次大戦後の米国型消費文明への憧れ」が日本をねじ曲げ、閉塞感をひき起こしていると看做す言説が、大手を振って闊歩しているのが現代の日本なのである。

安藤のエッセイが掲載された前日の特集「戦後60年から　私たちがいる所③」において、作家・演出家の久世光彦《くぜてるひこ》（一九三五年生）による「縁側に忘れた『連帯感』」が掲載されていた。(2) 久世は、昔の日本の風景には、縁側から部屋を眺めて、「ミシンを買ったのかしら」と語る会話があったと言う。そして、そのような縁側を介した隣近所の付き合いの中にも、下駄を脱いで縁側から上がってはならぬという不文律はきちんとあり、そこで話される会話の姿は、一見、現在において子供を幼稚園に送る時の母親たちの井戸端会議と同じように見えながら、決定的に違うと言うのである。

> 決定的に違うのは一対一で、縁側からプライバシーをのぞかせたこと。こんな日々の積み重ねで、互いに信頼が生まれたのです。
>
> こうして向こう三軒両隣まで連帯が生まれていました。当時、「とんとんとんからりんの隣組」って歌がはやったけど、その中の歌詞にある「あれこれ面倒みそしょうゆ　ご飯の炊き方垣根越し　教えられたり教えたり」の世界。それこそが縁側の効用で、非常に豊かな時間を共有していたと思うんです。
>
> マンション生活の多い現代では、先立つのが警戒心であり、隣の部屋で爆弾を作っているかも知れない、とかいう疑惑でしょう。ネガティブなところから始まるわけです。つまり信頼と正反対のものですよね。［『朝日新聞』2005.1.6付］

昔の縁側にあった連帯感は、息子がぶらぶら遊んでいては親類や世間の手前なんとかしなければならないという気持ちが生まれてくるという類のものだったが、その「枷《かせ》」が現在はなくなった。そのことが、「お隣りの息子がぶらぶらしているから、うちのもしょうがないか」という会話にあらわれているという。縁側は姿を消し、大家族も現実的ではない時代だけれど、「連帯感」は決して過去のものではなく、現代社会の忘れ物だ。だから今からでも取りにいける、と呼びかける。

日本の風土、四季が変わらない限り、そこに即して生まれたものは変わらないと思う。ただ、欧米のように靴を履きっぱなしの生活スタイルに変わっちゃうと、心配だな。精神構造がまるで違ってきてしまうからね。

互いに超えてはならない境界線を持ちながら結びあっていた「縁側」をシンボルとする近所付き合いがまるで日本独自の風景であったかのように述べる久世の語りには、まさに、日本の良き精神文化をゆがめてしまう要因は欧米文化にあるという主張が込められているのである。

それでは、縁側に見られた近所付き合いは、本当に日本独自のものなのか。アメリカの日常生活にはなかったものなのか。『ブロンディ』には、日常実践の中に近所の付き合いが描かれていた。隣のウッドレイが窓越しにダグウッドに「プロレスを見ないか」と声をかけるシーン［1950.3.28付］や、頻繁に登場する芝刈り機の貸し借りや、互いに家で作ったチョコレートをお隣に運ぶシーン［1949.3.17付］。また、向かいに新しく引っ越してきた夫婦が、バムステッド家を訪れて、「芝刈り機」と「おサトウを一パイ」貸してほしいというシーンも見られた［1949.8.29付］。一九五〇年前後のアメリカ社会における近所付き合いには、食べ物のプレゼントや、芝刈り機の貸し借りだけでなく、調味料の貸し借りまでが行なわれていたのである。

これらはまさに久世の言う一対一の関係であり、勝手に敷居を超えることはいけないという不文律の規則もアメリカ社会には備わっていた。さらに言えば、当時の人々は、その近所付き合いも含めて『ブロンディ』を見ていたのである。ところが、過去へのノスタルジーから掘り起こされた「日常の風景」を、現代社会を語る過程で「日本独自のもの」、すなわち「日本の良き伝統文化」とする。そして、現代において生じているネガティブな社会現象をすべて欧米文化を受け容れたせいであると捉えるのである。

アメリカニゼーションをめぐる現代日本の言説とは、このように否定的である。戦後日本の歩みをアメリカ文化の汚染として見る語りは、あたかも異文化の受容などのない正常な歩みというものがこの世にあるかのごとく、問題点を外在文化に押しつけて吐き出すことで、伝統ある日本の正常な文化に戻れるのだというメッセージになっているのだ。

それでは、戦後日本のアメリカニゼーション研究においてどのような議論がなされていたのか、次の節で検討することにする。

9-2 アメリカニゼーション論再考

作田啓一は、敗戦一七年を経た一九六二年に、日本のアメリカ文化受容について論じた「戦後日本におけるアメリカニゼイション」を著わしている。

アメリカニゼイションは、生活の比較的表層の部分だけでなく、日本社会の価値体系をかなりの程度に変えた。

しかしこの変化にあたっては、当然のことながら、変化を受容する側の内発的な動因も作用している。あらゆる文化変容（acculturation）の問題は、他の文化のインプリントとしてではなく、そのインパクトによる編成がえとして取り扱う必要がある。［作田啓一 1962：448］

このように、アメリカニゼーションを単なるアメリカ文化の刷り込みと看做すのではなく、日本国内にあった内発的な欲求に着眼点を置く。そして、丸山眞男の「日本におけるナショナリズム」［丸山眞男 1952］に依拠しながら、戦前の日本国民の大半が日本帝国の膨張をそのまま自我の拡大として熱狂的に支持する方向に流れ、共同体的・家族的和合をもとに、自らの幸福を犠牲にしてまで戦前のナショナリズムを支持していたが、結局は生活の犠牲のみ強いられたことを知ったことによって戦後は反転し、個々人の幸福を追求する「個人主義」の気運が一気に高まったと述べる。この「私生活の自由」が求められた時期が、日本のアメリカニゼーションの第一段階であったというのである(3)。作田は、視聴率を維持してきたテレビ・ドラマの「パパは何でも知っている」や「うちのママは世界一」、そして雑誌『映画の友』が選んだアメリカ映画ベストテンの一位、二位を占めた映画を分析し、「恋愛関係や家庭生活をめぐる価値の同調をテーマとする系列の作品とともに、強いエゴを貫く生き方をテーマとするものが、かなり頻繁に選ばれている」［作田啓一 1962：450］と述べる。しかしこれは送り手側の分析であり、日本の文化受容の側からの分析はなされていない。

安田常雄は、「アメリカニゼーションの光と影」で、庶民のアメリカニゼーションは「風俗」としてやってくるもの、と規定している。「風俗」とは、それ自体は文化の表層現象だが、それは庶民の暮らしと思想が表現されたもので、その身体的受容を通して暮らしと思想が作り直されていく母体であるとの視点から、ジープ、映画、『ブロンディ』などを採り上げて記述する［安田常雄 1995：257-267］。安田は、あたかも日本が「まるごと」アメリカナイズされたかのように、「戦後五〇年になる現在、私たちはほとんど全身で『アメリカ的なもの』を生きているということができるかも知れない」〔安田常雄 1995：251〕という視点から議論を展開する。そして、民衆の身体的受容に目を向けながら「占領軍によるアメリカニゼーションがいかに浸透したか（しなかったか）という点だけではなく、戦前の日本のアメリカニゼーションの『伝統』がいかにその受け皿となったかを考えることである」〔安田常雄 1995：252-253〕と、論の狙いを述べるのである。ただし、安田の議論には、アメリカ文化との接触の現場における民衆の心の動きは描かれておらず、結果的に現代の日本文化のなかにアメリカ文化の断片を見つけて「アメリカナイズしたか、しなかったか」といった水準の平板な議論にはまり込んでいるのではないだろうか。

もちろん、亀井俊介のように、日本の人々がアメリカの生活文化を受け容れる過程で日本化してきたゆえに、「日本のアメリカナイゼーションは、アメリカをジャパナイゼーションすることでもあった」〔亀井俊介 1979：327〕と日本独自のアメリカ文化受容を主張する研究者もある。しかし、文化受容の独自性を示唆しながら、どのようなものを取り入れ、どのようなものを吐き出したか、また独自に変容させながらの受容であったのか、といった人々の動きに焦点をあてた検討はなされていない。

吉見俊哉の「アメリカナイゼーションと文化の政治学」〔吉見俊哉 1997〕は、カルチュラル・スタディーズの視点から、戦前から戦後のアメリカニゼーションを議論する。特に、広告を中心とした言説に基づいて、主婦の主体性が構成されたことを提起する論考は、著者が述べるように仮説の域にあるとしても、これまでのアメリカニゼーションの研究とは異なり、日本独自の文化受容を解明しようとする意欲が示されたものであり、アメリカニゼーションとナショナリズムの変化を読み解いていくその手さばきは鋭い。しかし、アメリカ的な豊かさが象徴としての家庭電化製品に向けられた、とする民衆によるアメリカ文化の取り入れ方の作法については指摘されるものの、支配する側の文化と交渉する過程が描かれていない。それゆえ、「洗濯機や冷蔵庫、掃除機を主役とする『家庭電化製品』のイメージは、一九五〇年代半ばに忽然と登場し、以降、急速に人々の日常意識に浸透するのである」[吉見俊哉 1997：185]との表層的な記述に留まっている。(4)要するに、民衆の文化受容の作法を捉えようとする視座がありながら、結果として、民衆の位置に降りて、アメリカ文化の取り込みや吐き出し、また変容という民衆の密猟法的な手探りの手続きが描かれていないのである。(5)

また、アメリカニゼーション研究は、ナショナリズムを孕んでいるゆえに問題を複雑化し、より一層困難さを抱えているように思われる。吉見は、田中康夫が一九八〇年に書いた『なんとなくクリスタル』をとりあげながら、自分たちのアイデンティティはすっかり「クリスタル／アメリカン」になっており、もはや「アメリカ」を明確な限界や輪郭を持った他者として措定することができず、空気のごとく我々の日常のなかに浸透していると述べながら、アメリカニゼーションの構造的変容を次のように述べる。

七〇年代末以降の日本では、「アメリカ」はもはや外部の「他者」として名指され、憧憬や反感をもってまなざされる存在ではない。この時点までに日本社会は深く「アメリカ」という存在を自己のなかに取り込み、同時に「日本」という自己を他者化し、両者の間に何重もの自己＝他者化の規制を作動させていたのである。こうした変化を、われわれはとりあえず、「シンボル」としてのアメリカから「システム」としてのアメリカへの移行と要約しておくことにしよう。[吉見俊哉 1997：201]

さらに吉見は、七〇年代以降の戦後アメリカニゼーションの構造的変容について、その象徴としての東京ディズニーランドをとりあげて議論をすすめる。(6)しかし、「シンボル」としてのアメリカから「システム」としてのアメリカという説明では、前節でとりあげた安藤や久世によるアメリカ文化を吐き出そうとする語りを説明することはできない。そこには、はっきりとした齟齬が見られる。そこで、これまで『ブロンディ』を軸に眺めてきたアメリカ文化受容の姿をもとに、新たなアメリカナイゼーション論の提示に向けた議論を進めることにしたい。その導入として、まず占領下においてアメリカニゼーションの議論はどのようなものであったのか、概観することにしよう。

雑誌『展望』は一九五〇年に「敗戦五年の回顧」という特集を組んでいて、そこには「被占領心理」と題して、丸山眞男、竹内好、前田陽一、島崎敏樹、篠原正瑛による座談会が掲載されている〔『展望』1950.8号：48-63〕。

その中で島崎敏樹は、占領され、征服されるということは「抑圧」と「解放」という二つの事態が生じるが、日本は抑圧よりも解放が主であったと述べる。

丸山眞男は、コミュニストなり社会運動家、そしてリベラルな意識を抱いている者にとっては、「たしかに戦争終了によって多年頭上に覆いかぶさっていた暗雲がふきとんだ感じで、非常な開放感を持ったし、とくに占領直後、占領軍に依って次々と断行された日本民主化のための基本的諸政策については非常な好意を示し、これを歓呼して迎えたと思うのですけれども、そういうハッキリした解放意識をもったのは国民全体からみれば、むしろ少数ではないか」と語る。敗戦直後からの五年間は解放であり、特に知識人は十分それを味わったということである。さらに丸山は、農民は敗戦を運命的と捉え、虚脱感とあきらめの気持ちだったと述べる。

それを受けて島崎は、次のように発言する。

そこに非常に日本的なものがあるのですね。自主的態度の欠乏、他力的な生存の仕方、家族的な小社会よりも広い視野への無関心といったような。

この語りは、現代において安藤や久世が、日本がアメリカ的になった態度として非難していた面と重なる。すなわち、敗戦後には「日本的」と捉えられていたものが、戦後六〇年以上経った現代では、「アメリカ的」なものとして語られているのである。

丸山は占領について「どうもアメリカ人のなかには、占領政策がスムーズであったということから日本国民から積極的な支持と協力が与えられているという錯覚が若干あるように思う。その点では、アメリカ人の方が、むしろ日本人より人が良い」と、あたかも従順な態度を見せながら下を向いて舌を出すかのような狡猾な日本人に対して、善良なアメリカ人という語りである。また伝統文化についても、「未来のエネルギーが生まれない」として、次のように述べる。


一度過去の伝統を否定することに依ってしか、ほんとうの民族的な主体性は生まれないのではないかというように悲観的に考えるのです。逆に言えば、アメリカ文化の皮相な模倣をしたりすることは、日本の伝統的な精神構造が敗戦に依って少しも変革されないで継続しているからこそ起きて来る現象なので、(……)その根底を変革するということが、却って非常に皮相なアメリカニゼーションといったものの息の根を止めることなのです。


丸山眞男は、日本人が支配者の示す文化を狡猾に飼いならしていることを見抜きながら、一方で当時のアメリカニゼーションを表層面の変化として捉え、そうではなく、根底から精神構造を変革することで日本は新しいスタートをきるべきだと考えていたのである。

ドイツ文学者の竹山道雄も、丸山と同じように、日本の人々のアメリカニゼーションを表層的であると眺めていた。

一九二〇年代のヨーロッパでは、アメリカニゼーションということがやかましくいわれた。風俗や生活様式はもとより、精神のアメリカ化は、ヨーロッパの伝統への反逆であり、憂うべき禍であるが、どうにも抑えることができない、というのであった。若い世代はしきりに精神の革新を唱えて、実用と能率と冒険とレコードの現実主義のあたらしい世界に入っていった。

日本には占領六年に及んでもあのような問題はないし、また日本人はあのような意味でのアメリカ化はさっぱりしていないように思われる。占領がわれわれの精神にどれだけ本質的なアメリカのこん跡を残したかというと、それはほとんどゼロにちかい。洋装をした女や新興階級などには、ほとんど第四国人とでもいうような、ハリウッドの東洋人俳優もかくやと思われる植民地風の人々が見られ、彼らは魂もそうなっているのであろうが、この傾向はもう戦前もずっと前からのものだった。戦後のたい廃がアメリカ的な形をかりてあらわれたものはたくさんあっても、われわれはアメリカの本質からはいまだ触れられず、ほとんどそれを了解もしないでいる。これはおどろくべきことといっていいにちがいない。日本人の海外移民は容易に同化しないというが、われわれはじつにガンコな個性をもちつゞけている。（……）もし占領を通じてむこうのいいところを学ぶことができるものなら、とくに二つのことを学んでおきたかったと思うのである。それは公共精神と現実感覚である。これは日本人のもっとも不得意とするところである。［「アメリカ化」『朝日新聞』1951.10.1付］

竹山は、アメリカに同化しない日本に驚きを感じつつ、アメリカから学ぶべきものとして、「公共精神」を挙げている。この言説からは、戦前から引き続き日本には「公共精神」がそのような形では存在しなかったことを意味する(7)。

では、このような文化受容過程の現実における様は、どのように説明づけることができるのであろうか。次節では、人々の心の動きを小説から紐解くことによって考察することにしよう。

9-3 新たなるアメリカニゼーション論に向けて

大江健三郎は、一九七二年に「鯨の死滅する日」を著わしている。(8) 住んでいる村から一〇〇キロほど離れた四国のある浜にアメリカ兵が上陸してきた時の人々の心の動きを、大江は次のように描く。

それから恐怖心と憎悪の純一な対象であるアメリカより、もっと始末が悪く、あつかいがたく、抵抗しにくいもうひとつのアメリカが村の生活にも浸透しはじめる。戦争が集結するとたちまち、アメリカは戦いの時より比較を絶して複雑な相貌をあきらかにして、われわれの生活のうちに具体化しはじめたのだ。(……)このように基本的な知識さえ自分自身の体験として、あるいは自信をもって語りうるものが、一九四五年夏のぼくの村には誰ひとりいなかったのである。しかも男は断種、女は強姦、すでに村の人間の不安は一体ではない。分裂がはじまっている。なお数日がすぎ、アメリカは断種などおこなわないだろう、という予測が一般化したあとも、村の女たちに、強姦されるかもしれないという、おぞましい疑惑はのこっている。とくに若い娘たちは不安に醜くなって、髪を切ったり皮膚に煤を塗りたくったりして、なおさら醜くなり、森に逃げ込むことを相談している。［大江健三郎 1992：194-196］

物理的な距離が存在する中で、鬼畜米英のスローガンのもとに築かれた敵国アメリカに対する憎悪イメージが共有されている時には村の秩序は保たれていた。しかし、いざそのアメリカが村に近づくとなると、そのイメージが揺らぎ、たちまち人々は新たなアメリカのイメージを模索しはじめるのだ。その秩序の混乱ぶりが、次のシーンで変化する。

ジープは村役場前にとまり、出発し、国民学校の校庭にとまる。子供たちの群に、チョコレートが投げられる。大人たちのうちには、煙草をひろったり、これは村の知的選良たちの自尊心にかかわって、やがてひとさわぎひきおこすことになるのであるが、誰も完全には解読できない英文のびっしり印刷されたラベルのついている、アスパラガスの缶詰めをうけとったものもいた。これはアメリカについての村の平均的感覚を一挙に揺りうごかし、力ずくで押しひろげる体験であった。（……）デモクラシー、デモクラシーのアメリカ。骨おしみせず、啓蒙的な明るいアメリカ、村の新制中学の民主主義の授業は、戦場からかえった教師と子供たちを生きいきと解放する。［大江健三郎 1992：196–197］

イメージの揺らぎが調停され、一つの方向に向けて築き上げられていく心の動きを、小説というジャンルで、大江は見事に描いている。

また、このような他者像をめぐる秩序問題について、荻野昌弘の議論は非常に有益なものを与えてくれる。一八世紀末の江戸時代に、本多利明はオランダ像を描くことによって、オランダとの国家間の交易を思考する。しかし、本多のオランダ像というものは、実態に即しているというよりは彼自身の想像力の産物であった。他者像の構成が正確かどうかは問題ではなく、他者をなんらかの形で認知したことによって自国の進むべき方向性が開示されるという自らの社会秩序が構築される契機になったことを、荻野は指摘する［荻野昌弘 1998：110–111］。すなわち、明確な他者イメージが形成されたことによって、他者としてのその国への信頼が生まれ、本来不安定で対立を生みやすい商品交換が可能となる秩序を与えた、と述べるのである。

他者の存在による他者イメージの形成が他者と自己とに秩序を与えるという、荻野による「他者の両義性」の議論に依拠すれば、日本がアメリカとの戦争に踏み切った状況とは、アメリカに対する鬼畜のイメージが付与されたことで、日本のなかに国家に奉じる全体主義的秩序が構成されていたことになる。しかし終戦を迎えることで、そのイメージが揺らぎ、カオス状態へと移る。そして、さらに新たにアメリカという他者イメージを形成することによって、自己の秩序が再形成されることになる。大江は小説の中で、この他者イメージの揺らぎと創造という現実の人々の動きを、緻密に描写しているのである。

このようなイメージ像は、敗戦直後の日本において国家レベルで構成されていった。それが、第6章（6‐4）で示したように、新聞言説にあらわれていったのである。こうしてアメリカという他者のイメージが再構成されることによって、自己である日本にも秩序がもたらされたのである。

それでは、その他者イメージの再構成があったとしても、それを自己にも取り込もうとしたのは何故であろうか。

一九四四年頃、アメリカ機が日本近海に墜落したときの救命具が、日本の雑誌に紹介されていた。まず、ゴムボート。小さく折りたたんだゴムの袋を海に投げこむと、自動的にふくれてボートになる。中に、無線機が入っていて、自動的に救助信号を打電する。発煙筒、食料、水がパックしてある。だから、海に墜落したら、ゴムボートの中であわてることなく救助を持てばよろしい。

戦争中に、私はこの文章を読んで感心したのだが、この文章を書いた人は、アメリカ兵の意気地なさを非難するために、こういう救助の用意について書いていたのであった。［山本明 1986：42］

上文は、アメリカの科学技術をねじ曲げて、戦中の価値基準である精神力から提示された文に出会った山本の、少年時の回想である。回想の時点における価値基準の影響を差し引いて考えても、記事の送り手も、受け手としての山本にも、一九四四年において科学が強く意識されていたことは確かである。

再度、大江の小説から、敗戦直後についての記述を引用する。

校長は汽車の旅のあいだつねにくりかえしている。日本はアメリカの科学力に負けたのだ。蓄電池を十分に活用して科学的な頭をつくらなければならない。[大江健三郎 1992：199]

敗戦直後の科学の語りは、戦中に比べてストレートで、将来に向けての方向性を含意している。山本に示された戦中の精神力に屈折した科学ではなく、そこには、科学から透けて見える明るい未来があるのである。この日常的な生活での意識の変容が戦後の歩みを形成した。

また五百旗頭真は、対日占領政策にかかわったボートンが、占領政策をめぐる議論の中で一八六三年の薩英戦争の興味深い例を引き合いに出しながら、次のような発言をしたことを記述している。

拝外的行動をとって英国との戦争に突入した薩摩は、しかし、英国艦隊によって自らの防備が破壊されると、ただちに戦争をやめた。その後の日本人の最初の反応は、かくも強力な威力を発揮したものが何であるかを知ろうと、英艦に群がり集まることであった。熱狂的な拝外主義は、西洋が持つ力の秘密への好奇心と学習意欲に一転したのである。「かくのごとき完全な回れ右が、この戦争のあと、国家的規模でなされると必ずしも期待できないが」とボートンは留保しつつも、日本人が争う余地のない事実によってその必要を示されると、ひとたびは刃をまじえた敵からも積極的に学ぶ姿勢を持っていることを印象づけた。[五百旗頭真 1985上：266][(9)]

ボートンの指摘に沿うかのようにアメリカとの戦いに敗れた日本は、過去における薩英戦争後の身のこなしと同じように、アメリカの力の秘密である科学技術に群がった。この点については、荻野昌弘の「追憶の秩序」という概念が有益である［荻野昌弘 1998］。「追憶の秩序」というのは、共同体の成員であった死者の霊を、儀礼などを通じて喚起することで秩序が維持されることを指している。その概念を援用して説明づけると、敗戦後の「科学」の広まりは、外国の圧力を受けた明治維新が科学技術を取り入れてそれを乗り越えてきたという集合的記憶を喚起させるものであり、社会を秩序維持へと向かわせるため必要な現象であったということになろう。科学技術が真理であるという「知覚の網」が形成される背後には、このような見えない力も同時に起動していたのである。

アメリカは、戦時中は敵国であるがゆえ日本に秩序（国内で団結して戦うという秩序）をもたらしたが、敗戦によって反転し、戦後は「家庭電化製品にあふれた暮らし」の理想像として求められるという形で日本に秩序をもたらしたと言えよう。しかしながら、その過程における「アメリカ」とは、必ずしも実態のアメリカと一致したものではなく、また決して一方的に押しつけられたものでもなかった。それは、戦後の日本の人々が必要に応じて編み出したアメリカ・イメージであり、目に見えない「民主的なもの」を求める気運の現われでもあったのだということは、本書を通じて論じてきた。

ところが現代において、敗戦直後に民衆の技芸として独自に取り込んだものをも、さまざまな問題の根源として吐き出そうとしているのである。「他者の両義性」の議論に沿って言えば、秩序形成には、常に他者像が必要となるからである。そのことを、荻野は「全面否定されながら秩序形成の契機として常に必要とされる仮想敵は、一種の両義的他者である。その他者性の特質は、それが日本の国体というシステムの境界外部にある環境として捉えられている点にある」［荻野昌弘 1998：131］と指摘している。

日本という「システム」の中からアメリカ的なものを捉え、それを「シンボル」化することによって日本というシステムの外部にあるアメリカにその「シンボル」を貼り付けるという現在の日本の状況は、「両義的他者」の議論を踏まえるならば、次のように言えるのではないか。すなわち、自国の秩序形成には、常に他者をシンボル化してイメージする必要がある。シンボルが自己に取り込まれてシステム化がなされ、システムとしての自国にさまざまな問題と閉塞感が漂いはじめると、居心地の良い親しんだ環境を自国の器として明確に抱こうとする秩序を求めて、自己のシステムのなかから自己にとって都合の悪いものを排除しようとし、それをシンボル化し、外部の他者（アメリカ）に付与して吐き出そうとしているのである。それは、吉見が述べる「シンボル」としてのアメリカから「システム」としてのアメリカへの移行にとどまらず、アメリカが「シンボル」になったり「システム」になったりする状態を循環しているということでもある。

異文化との遭遇のない、真空状態で人々が生活を営むことなど考えられない。日本の伝統文化とはいえ、古くは中国、朝鮮からの文化受容なくして語れるものではない。人々の生活世界の実践のなかには異文化の咀嚼という日常実践も含まれており、その営みが日本文化を作りあげてきたわけである。『ブロンディ』というアメリカの日常生活を描いた漫画が、敗戦直後のアメリカによる占領の下で、男女、世代、社会的位置とさまざまに異なる層の人々によって受け容れられた。その知覚のズレに迫り『ブロンディ』像の変容を捉え、そしてそれを変容させた日本社会とはどのようなものだったのかを明らかにするという、相互に行ったり来たりの作業の繰り返しのなかで開示されてきた戦後日本のアメリカニゼーション。それは発信する者と知覚する者との相互関係からなるものであり、そこに生きている人々の生活世界に意味的な関係があることを明らかにし、またそれが社会構造のなかから生み出されていったものであることを明らかにする作業でもあった。

本書では、このような手法に基づき、戦後の日本社会が生活世界のなかでアメリカ文化をどのように取り込んできたのかを描くことによって、新たなアメリカ文化受容の姿を示すことを試みた。それは、これまでのアメリカナイズ「された／されない」という形のアメリカニゼーション論に終止符を突き付けるだけでなく、現代において問題が生じると日本の古き良き伝統文化という名のもとに問題の所在をアメリカに落とし込もうとするナショナリズムとの連結にも終止符を突き付ける、新たなアメリカニゼーション論の提唱である。(10)言い換えるならば、こうしたアメリカニゼーション論によって、異文化受容の際に自国のなかに他者を発見し、シンボル化して吐き出そうとする過程が、自国の文化を規格化し、さらに他国を排除しようとする排他的なナショナリズムを形成する契機であるとして警鐘を鳴らし、これまでのナショナリズムと複雑に絡みあうアポリアとしてのアメリカニゼーション論からの脱出に光を与えるものと考える。

おわりに

戦後日本のモデル像として位置づけられる『ブロンディ』も、戦後の社会全体から眺めれば、ささやかな文化発信メディアに過ぎず、新聞の三面記事の片隅に掲載されたわずか四コマの漫画でしかなかった。しかし、敗戦直後における文化の切れ端のようなこの漫画に寄せられたいくつもの語りが存在し、現代にまで語り継がれるのである。そのように考えてみれば、漫画『ブロンディ』の存在は大きいと言えよう。

テッサ・モーリス＝スズキは『過去は死なない――メディア・記憶・歴史』のなかで、漫画について次のように述べている。

漫画の画にグラフィックな力――見てすぐわかり、忘れられない、という特質――があるということは、すなわち、画そのものに（意図されないことが多いが）〝隠された記憶〟――前に見たことのある別のイメージとの連想――が内包されているということでもある。［モーリス＝スズキ 2004：197］

モーリス＝スズキに依拠すれば、戦後日本の人々は『ブロンディ』を見ることで、それ以前にメディア空間などから手に入れていたアメリカのイメージを連想し、そのイメージが漫画によってさらに強く焼きつけられた、ということになろう。

そのアメリカ漫画『ブロンディ』に軸足をおいて、敗戦直後における人々のアメリカ文化の咀嚼と、取り入れていく様を眺めることによって、戦後日本のアメリカニゼーションについて議論を展開してきた。ところが、その一方で、取り残してきた課題だけではなく、また新たに取り組まなければならない課題も生じてきた。最後に、これらの課題を提示して本書を閉じることにしたい。

まず、『ブロンディ』の日本登場についての新たな発見からの課題である。これまでの文献資料では、戦後において初めて日本に取り入れられた漫画として自明のごとく扱われてきた『ブロンディ』であるが、なんと戦前の一九三三（昭和八）年二月一一日から六月三〇日まで、ほんの五ヵ月弱の期間ではあるが、『気まぐれブロンディ』として『国民新聞』に連載されていたのである〔小野耕世 2003：120-121〕。しかし、その事実が人々の記憶から葬り去られ、戦後の『ブロンディ』のみが人々の意識に深く刻まれていることは、非常に興味深く、研究意欲をかき立てるものである。これについては、『国民新聞』掲載時の『ブロンディ』に関する十分な資料があれば、新たに戦前と戦後の比較検討を行なうことで、「日本のアメリカニゼーション」に関して重厚な研究成果を導くことができると考えられる。今後の課題としたい。

次の課題は、中流意識問題である。高坂健次は、戦後の中間層をめぐる論争が「一九六〇年前後」と「一九七六年から一九八〇年代」そして「現代（二〇〇〇年）」に多数あることを概観しながら、「論争の背後に政治のタイプの問題が共通している」と述べる。そして三つの論争を時系列に、階級利害の対立と調整の「階級政治（class politics）」、職業・地位・学歴・所得の向上の「地位政治（status politics）」、ライフスタイルや生き方を求める「生活政治（life politics）」と特徴づけた。さらに「現実状況では三つの政治は常に共存しているであろうが、「焦点の置き所として三つのタイプには順序性がある」〔高坂健次 2000：146〕と述べる。『ブロンディ』は掲載時に、「アメリカの中流階級」を描いた漫画として紹介された。それは「中間層論争」のはじまる一九六〇年の一〇年前のことであるが、掲載時にはすでに「中」を捉える意識が日本のなかにあったことが分かる。当時の人々はこの漫画からどのようにその「中」を捉えたのか。それを知る手がかりとして、たとえば階級政治にあてはまると考えられる今村太平のブロンディ分析がある。さらに、『ブロンディ』から未来を見つめていた当時の子供たちの存在も忘れてはならない。高坂はSSM調査において、回答者は自己の帰属階層を尋ねられた時、「自分が構成した階層イメージのなかで自分がどこに位置したかを判断して回答しているのではないか」〔高坂健次 2000：154〕と述べている。すなわち、後から振り返ってみれば、この漫画が掲載された頃の子供たちがイメージとして抱いていた「中」意識が結実した時代をもって、「中」意識の実感を得た、とも言えるのではないか。そのことからも、『ブロンディ』を通して、「戦後日本の階層意識」をめぐる非常に有益な議論の可能性があったのではないかと考える。この点も今後の課題としたい。

さて、最後は、アメリカニゼーション論についての課題である。『ブロンディ』は、アメリカニゼーション論の領域下に入ると、「はじめに」で取り上げた麻生太郎の例を挙げるまでもなく、ナショナリズムの文脈とも絡んで、アメリカの文化帝国主義のシンボルであるかのように語られ、攻撃の対象になる可能性を秘めたものになる。

そのことは、タンストールの「文化帝国主義のテーゼが訴えているものは、世界の多くの場所で、正統的、伝統的な地域文化が、おもにアメリカ合衆国による軽薄な商品やマス・メディアの産物の無差別な大量販売によって破壊され消滅しつつあるということだ」〔Tunstall 1977：57〕という主張を取り上げて批判的に議論するトムリンソンに通じる問題でもある。トムリンソンは、タンストールによる文化帝国主義の言説には定義めいたものが示されており、一種の人工的な一貫性を与えてしまう問題を指摘するのである〔Tomlinson 1991＝1993：26-27〕。

そこでトムリンソンは、この文化帝国主義のテーゼを乗り越えるべく、一三世紀のイスラムのスーフィ教の師ルーミーが語った、手の感触だけで象を表現しようとした盲目の人々の例を引きながら考えを提示する。

象の鼻に触れた一人がそれを綱と言い、象の脚に触れた別の盲目の一人がそれを木だと言い、さらに別の盲目の一人が象の耳に触れて扇だと言ったという逸話は、暗愚な人々がいかに真実を全体として捉えることができないかを示している。この場合の象は首尾一貫した一つの現実をあらわしているのだが、文化帝国主義を学問的に論ずる場合に起きているのはちょうどこの逆である。つまり、首尾一貫した一連の関連などありもしないのに、あたかもそれが存在しているかのような印象を受けることを指摘する［Tomlinson 1991=1993：25–27］。要するに、文化帝国主義の研究が、マルクス主義者や自由主義者など、さまざまな批評家がこの用語を使うので、その「ヴァージョン」を判断するための一つの基準点を想定する方向へと誘惑されている、と批判するのである。そして、「文化帝国主義のテーゼ」なるものに原型はなく、あるのはヴァージョンのみであると論断する。

その意味から言えば、文化帝国主義のテーゼと相似するアメリカニゼーション研究も、ヴァージョンのみということになるのであろう。さまざまなヴァージョンから、大きな政治としてのアメリカニゼーション論争に楔を打ち込むことは大切な仕事である。しかし、それだけでは、複雑な文化の受容を、ただ複数形を示すだけに終わる可能性も孕んでいるように思える。ある特定の見地からの説明と共に、そこから導き出された知見をもとに論争を整理するメタレベルの視座の創造もあわせて必要ではないだろうか。本書は、そのことを企図した試みの第一歩である。

今後は、『ブロンディ』研究から開示された、新たなアメリカニゼーション論が、現実からの挑戦を受けて鍛えられ、磨かれていくことに期待を寄せると共に、自身もさらなる発展を目指して実践していきたい。

注

はじめに

（1）野坂昭如の『アメリカひじき』と『火蛍るの墓』は一九六八年第五八回直木賞を受けた作品で、『アメリカひじき』は『別冊文藝春秋』一〇一号［1967.9号］に発表された（尾崎秀樹「解説」『アメリカひじき』新潮社 1972）。

（2）ご本人より掲載の許可が得られたものから、二つ紹介する。

（3）五月三〇日が「掃除機の日」として制定されたことを機に、二〇〇六年五月三〇日に書かれた「掃除機の日」［http://blog.goo.ne.jp/yousan02/m/200605］から引用（2006.9.1検索）。

（4）「ダグウッドの特大サンドイッチがメニューに！ Dagwood's Oversized Sandwiches On The Menu」［http://zenigeba.exblog.jp/4692434/］から引用（2006.9.1検索）。

（5）「麻生太郎ホームページ〈新聞雑誌記事〉」の「福祉は『サザエさん』方式で」から引用（2001.5.2検索）。

（6）第二回日本社会学会奨励賞を受賞した小熊英二の『〈民主〉と〈愛国〉——戦後日本のナショナリズムと公共性』［小熊英二 2002］は、戦後日本の「集合的心情」を歴史的に捉えることを主題とし、戦後の日本をめぐる言説をコンテクストから分析することで、その行間に潜む意識、いわゆる心情を捉えることにより、一つの言葉の意味も時代とともに変化していることを浮き彫りにしようとしたものである。しかし、ここでは丸山眞男、吉本隆明、小田実など、著名な知識人の言説のみが取りあげてある。批判を覚悟の上でそのような手法をとったという小熊には、「著名となった知識人の言説は、同時代人の集合的心性と合致し、その表現 representation たりえていたからこそ著名になったのだ、という前提」［小熊英二 2004：70］があったからだと言う。時代の心情を捉えようとすれば資料として残る言説を拾い集める他なく、どうしても言語空間を握る知識人の言説に偏るのは仕方のないことかもしれない。日本の死者を悼むという国民的集合行動が現代日本の「ねじれ」や「人格分裂」を癒すと主張する加藤典洋の『敗戦後論』［加藤典洋 1997］も、知識人の言説をもとに編み出した議論である。

そのようななか、ジョン・ダワーの『敗北を抱きしめて』[Dower 1999=2001]は、日本のさまざまな階層の人々が「敗戦をどう抱きしめたか」を問うことをテーマに、日常生活のなかの力学やそれを形づくる構成要素を観察するため、映画、漫画、歌、マスコミや宣伝文句など、普通の人々の思いを拾い上げる手法を用いており、非常に刺激的でおおいに共感できるものであった。しかし私は、「アメリカの生活文化をどう抱きしめたのか」を問うことに関心があったので、本研究においては領域をアメリカの生活文化に絞り込んだ。ダワーの仕事によって、自己の研究の視点が意義あるものとの確信を得ると同時に、ダワーとは異なる視座からのアプローチが明確になり、よりいっそう研究意欲をかき立てられた。

(7) 敗戦直後のメディアにはラジオもあったであろう。しかし、何と言っても新聞が中心であり、民衆がアクセスできる言語空間として新聞は格好のメディアであった。漫画は、経済的・知的背景などをあまり必要としない娯楽であり、受け手である読者は階層的、社会的偏りが比較的少ないものである。もちろん、漫画以外にも映画やテレビドラマもあろう。しかし、そこにはスターの人気、宣伝の効果などさまざまな要素が入り込むわけで、そのイメージや内容から当時の社会の心理を推測したり、社会への影響を分析したりするには無理がある。国民の最も多くが手にしたメディアである新聞、そこに掲載されたアメリカ文化を凝縮させた漫画、このような連結的な思考に基づいて『ブロンディ』を選択した。また、日本の『朝日新聞』にアメリカの連載漫画『ブロンディ』が掲載されるという不自然さと、その不自然さを暗示するアメリカの占領文化政策としての圧力について、既存の文献資料には指摘がないことが筆者の好奇心を増幅させた。

(8)『ブロンディ』を見た現代の若者の意見。本稿では、二〇〇四年二月に行なったアンケート調査を、第7章で議論することになる。

(9) 作田啓一による「戦後日本におけるアメリカニゼイション」[作田啓一 1962]、安田常雄の「アメリカニゼーションの光と影」[安田常雄 1995]は、共に代表的な研究ではあるが、現代日本の文化からアメリカ的なものを発見してアメリカナイズされたか否かを議論したものであり、本書が目指す日本のマス・メディアがアメリカ文化の何を人々に提供し、そこから人々は何をどう受け取ったのかについて照準をあわせたものではない。

また、カルチュラル・スタディーズの視点から論じる吉見俊哉の「アメリカナイゼーションと文化の政治学」[吉見俊哉

1997］は、吉見自身も認めているように仮説の域ではあるが、敗戦直後のアメリカ文化受容における日本の独自性を解明しようとする意図が示された意欲的な論考である。ただし、（民衆の文化受容の作法を捉えようとする）消費レベルでの分析については今後の研究課題として提示するにとどめており、本書は吉見提言に応えるものと言えよう。

第1章　『ブロンディ』誕生

（1）本書では『ブロンディ』を二重括弧で括って記載した。『ブロンディ』は『朝日新聞』に掲載された四コマ漫画なのでふつうは「ブロンディ」というように一重括弧で示すが、第1章では他の単行本コミックを二重括弧で紹介しており、また第2章以降では四コマ漫画のなかの会話を一重括弧で括って紹介しており、それと区別するため二重にした。また、タイトルが一重括弧では他の語句のなかに埋没して見えづらいという理由もある。

（2）この節では、コールトン・ウォーが一九四七年に書いた *The Comics*［Waugh 1947］と、アメリカのKFS記者であるジャック・アレクサンダーの「ブロンディ物語——チック・ヤングという漫画家」［『週刊朝日』1956.1号］を要約して提示することにする。さらに、ウォーに依拠してまとめた鶴見俊輔の「物語漫画の歴史」［『限界芸術論』所収、筑摩書房 1967］、チック・ヤング、ディーン・ヤング、ジム・レイモンドの『対訳　ブロンディ6』朝日イブニングニュース社［King Features Syndicate, Inc., 今川加代子訳 1977］も参考にした。

なお、ウォーの *The Comics* は、日本の『朝日新聞』に掲載される二年前に公表された論考であることもあって、本稿で議論する日本におけるブロンディ像を比較する上で非常に意義あるものと考える（一九四七年には、すでに『週刊朝日』で『ブロンディ』は連載開始されていた）。

（3）鶴見俊輔によれば、アメリカの連載漫画の主人公を大きく分類すると、ブロンディ型とリル・アブナー型、さらに双方の交錯・転換・変形型の、あわせて三類型に分かれると言う。最初の二つはアメリカの理想の人間像であるものの、一つは毎日の家庭生活を心から愛する穏やかな家庭婦人のブロンディ型と、もう一方はガッシリした体格と人並み優れた腕力を持つリル・アブナー型である。リル・アブナーはアメリカ初期の開拓精神の権化として描かれたものであり、『ポパイ』や『ディック・トレーシー』などもこの型に入る。しかし、三つ目の交錯・転換・変形型は非理想型で「おやじ教育」に見られると言う［鶴見俊輔 1967：280–283］。

（4）『ブロンディ』を世に送り出したヤングは、その圧倒的人気から、年収三三万ドルの漫画家となる。ミルズによれば、一九五〇年のアメリカにおいて上位九〇〇人の会社幹部たちのサラリーは平均七万ドルで、彼らのうち最高幹部でも約一〇万ドルであり、一九五二年の最上位収入者であるE・I・デュポン・ド・スムール会社社長クロウフォード・グリーンウオルトで、一五万三二九〇ドルのサラリーと三五万ドルのボーナスであったと述べており［Mills 1956＝1969：上 206–207］、ヤングの人気ぶりがうかがえる。

（5）きょうだいにも芸術家がそろっているところからも、家庭的にかなり芸術文化が浸透していたのであろう。靴屋を継いだ長男だけは絵が描けなかったが、他のきょうだいは漫画を描いたり、ファッション画家や図画教師をやっていた。

（6）一九二九年の大恐慌で、株に手を出していたヤングはひどい痛手を受けた。しかし、このことが逆に漫画家としての揺ぎない位置を築く結果となったのである。

（7）また、ジャーナリストのジャック・アレクサンダーは、『サタデー・イヴニング・ポスト』［1948.4.10付］で、「ブロンディが発散する魅力」と題して、次のように分析する。

……〔『ブロンディ』の魅力は〕ヤングが特別おかしくもない日常の家庭生活に起る出来事に、苦いユーモアの味をつけられることからきているらしい。しかし、マンガの中の行動は、よく計算された疲労の哲学である。ヤングは（彼自身という）個別的な者から、（普遍的なタイプの人間であるダグウッド・バムステッドという）一般的な者にまで押し拡げることで、この哲学に到達し、その哲学を「誰でも皆少し疲れているように見える」という遠慮がちなテーマにそって真面目に、ハッキリと表現する。もしすべての人が疲れているならば、彼らは、バムステッドが食べたり眠ったり、あるいは、風呂につかったりして疲れをやすめているのをみることで、代理の満足を、得るにちがいない。これがヤングの意見である。この推理は、大規模な読者調査によって立証された［L. Hogben 1949（壽岳文章ほか訳 1958：182）］。

当時のアメリカの夫は仕事に少し疲れていた、ということであろうか。漫画の魅力の一つには、人々が読むことで、直接実現できない目標や手段を漫画に描かれた行動で代償させる機能があることをチック・ヤングは認知している、ということである。それにしても、漫画の内容が読者の疲れを癒す代償機能としての「家庭生活」にあるということは、人々の関心がよほど家庭に注がれていたと言えよう。

（8）ここでは、アメリカの側から見た『ブロンディ』のコミック史の中での位置を示すことを目的にホーンの議論に沿って記述することにする。これによって、アメリカにおける一九三〇年代から五〇年までのコミック上でのヒロインの変遷を眺めると同時に、『ブロンディ』のアメリカでの位置が捉えられるであろう［Horn 2001］。

（9）その最高峰が『コニー』のヒロインである。彼女は私立探偵として秀でていたが、彼女の手柄は、男ができることなら何でもできるということを示したことである。ホーンは『コニー』をコミックにおける女性解放のウルトラ・パイオニアとして位置づけている。なおホーンは、一九三〇年代の冒険コミックに一般化して登場した多くのヒロインは、男性、シンジケート、編集者が女性に当てはめた甘い女の役割のリアクションとして描かれたものである、と分析している［Horn 2001 vol.1：77］。

（10）ナチの特殊部隊と戦うヒーローを描いた『ターザン』や、東部戦線でロシアと戦う『スコーシィ・スミス』、国内戦線でスパイなどと戦う『ディック・トレーシー』など、戦うヒーローを描いたコミックの数は多い。

（11）コミックのスタイルとしては、「スーパーマン・トライアングル」を逆にした形で繰り返されるもので、彼女は日常の姿では彼から相手にされない。

（12）ミス・フューリーはスーパーパワーは持ち合わせていないが、彼女の強さである決断力と賢明さで、アメリカの戦争準備を粉砕するために送られた敵の枢軸国スパイたちを圧倒する。

（13）『デビー・ディーン』のデビーは、女子相続人で社交界の生活を送っていたが、その生活にうんざりしてジャーナリズムの世界に入る。後に市長になるものの、彼女の冒険は未完のままコミックから消える。そして、女性レポーターを描いた『ブレンダ・スター』については、絶えまない経歴の要求とロマンティックな性向とを引き裂くヒロインの人生は、長く退屈なフラストレーションを証明するものであるとホーンは分析する。なお、『デビー・ディーン』のサブタイトルにキャリアガールと書かれていたことが、これまでの職業婦人の描かれ方が、家庭を支える人や、骨折り仕事を行なう人というレッテルを貼るようなものであったことからの脱却、すなわち描き手と編集者が働く女性に尊敬を示した証だ、とホーンは主張する［Horn 2001 vol. 2：115］。

（14）ホーンは、一九二〇年代の特徴である「はすっぱな女性像」として描かれていた初期の『ブロンディ』（『ブロンディ・ブープ・ブープ・ア・デュープ』）と結婚後の『ブロンディ』を区別し、結婚前の『ブロンディ』は表層的な時代の流れに乗っていたとしても、結婚後は時代の空気を組み込みながらしっかりと人々の暮らしを捉えていた点を指摘する。そのことから、ホーン自身も後期『ブロンディ』を単なるコミック・ヒロイン史の循環論とは異なった位置から捉えていたことが伺える。そこで、後期『ブロンディ』は二つのテーマをバランスよく取り入れたコミックの王道として位置づけられるのではないか。

（15）ベティ・フリーダンが捉えた戦後におけるアメリカの人々の意識は、ウォーによる『ブロンディ』分析から導き出された「情熱的な家庭生活への崇拝」という当時の人々の意識と合致する。

第2章　『ブロンディ』の内容分析

（1）本書の狙いから、ここでは一九四九年一月一日付から五一年四月一五日付まで、『朝日新聞』に掲載されたもののみを対象にする。

（2）このような研究を企図する者にとって、漫画資料は日常の実践を提示してくれるわけで、他の公の文献資料とは異なる価値のあるものであると考える。

（3）ダグウッドの職場での昼食もブロンディが弁当を作っていて、職場のデスクでダグウッドが「ブロンディがボクのランチに入れてくれたこの新ネギは、まさしく、うまいね」［1950.5.26付］と喜んで食べている光景が描かれている。

（4）せっかくブロンディが用意した料理も、ダグウッドが帰ってくると犬たちによって皿だけになっている。しかし、置き手紙には「あたためるだけ」と書いてあり、夫への配慮がみられる［1949.5.13付］。

（5）一度だけ、ダグウッドがスパゲティ・ソースを作る場面がある。しかし、その味のひどさにブロンディは閉口する［1950.3.24付］。ここでも、ブロンディは夫の面子をつぶさないよう、ダグウッドに分からないよう調味料を入れて味を整える。

(6)それに比べて、妻が夕食のメニューを聞くことについては、「奥さん連中は、だんなさんを幸福にするために此の世にあるものなんだからですわ」、とイスに座るダグウッドの背後から肩に手をまわし、献身的であることを示しつつも「奥さん連中はだんなさんたちに、食事に何がでるか知らせる前に何がほしいか、とにかくきくだけはきいて見るのが義務なんだわ」、とつぶやきながら立ち去る［1950.10.12付］。ブロンディが、位置関係を逆転させずに夫を操る技を身につけていることが示されている。

(7)家事をしている妻と自己の嗜好という対峙であり、ダグウッドの怒りは対等な位置からとは到底言えない。ところが、そのことに対するブロンディの抗議の言葉は、「ひどいわ！　アナタの奥さんに向ってそんな風にどなるなんて！」と怒鳴るという言動面のみ問題にしているだけである。ここでも、ジェンダー役割を根本的な問題として提示しているものではないことが分かる。

(8)むろん、ブロンディはそのようなダグウッドの訴えは仮病と見破っていて、「ワタシがあなたに芝かりをお願いするってことが、どうしてわかったノ？」と言う。ダグウッドは芝かりをしながら「やぶへびだったかなア」と呟く［1949.6.3付］。

(9)収入を稼ぐ夫に向けて常に快適な状況づくりに励む妻を自明のごとく思っている夫は、共に食事する段にいたっても妻に振り向くこともせずに自己の世界に入る。そのことへの不満を、ブロンディは直接問題に挙げるわけではなく、ダグウッドが望む「社会的関心に興味をもつ妻の像」という別の問題に転化して、気付かせようとするのだ。

(10)フリーダンは一九六〇年代に、主婦に甘んじている女性の何とはなく感じている不満を「得体の知れない不満」として指摘したのだが、それに通じるものがこの時点で垣間見える［Friedan 1963=1977］。

(11)キスは、記念すべき『朝日新聞』第一回目の掲載から登場する。第4章4－1の図を参照。

(12)［1949.3.28付］、［1949.9.19付］、［1950.8.18付］、［1950.11.25付］などがある。また、帰宅後すぐに交わされる夫婦のキスで料理がだいなしになる場面もある［1949.10.9付］。

(13)この特大のサンドイッチこそ、ダグウッドサンドイッチと呼ばれるものである。一九五〇年一一月一七日付でも、ダグウッドは夜食にサンドイッチを作り、ベッドに持って来る。このようなシーンは多くあるが、同じベッドで寝ているブロンディはそのことに別段反応しない。
(14)「一晩泊まりにいったからボクは独身者だ」といって愛犬と手をとって喜ぶシーンがある［1951.4.6付］。ダグウッドにとって一人になることが最高の喜びであろうのに、台所に行ってサンドイッチを作る。サンドイッチ作りは日常生活の中でダグウッドの個的にクリエイトされる喜びと見なしていたが、結局家族にじゃまされずに寝静まってから作っていたことを考えあわせると、ダグウッドにしてみれば「サンドイッチ作り」とは家族から解放されることの象徴であったのだ。しかし、そのことが逆に、解放を手に入れたにもかかわらず、サンドイッチ作りしか浮かばないことになる。
(15)ブロンディの楽しみは衣料品の購入や外食であり、2－5の「消費」の分析とも重複するため、ここでは簡単に触れるにとどめる。帽子の購入については、図2－12を参照。
(16)食事前に手を洗う話題は［1950.8.27付］にもあり、食後の後片づけについては「みんなでおサラをだいどころへ」というシーン［1949.7.22付］に見られる。
(17)皿洗いよりも子供たちの宿題をみるよう夫に指示するシーンは、他に［1949.4.12付］、［1951.3.28付］がある。
(18)スーパーで買い物をしている時に、荷物をたくさん抱えているダグウッドを後目に「ワタシたち女は、夫がいなければどうするのママ?」とクッキーが語るシーンがある［1950.3.3付］。これは現代日本でもよく見かけるシーンだが、これも、荷物を持つのは夫であるという社会的規範がクッキーに刻まれていることを示している。
(19)この表現は、他にも「会社は気狂い病院のようだった……我が家での静けさ、夕べはたしかにいいな」［1950.4.9付］などに見られるダグウッドの決まり文句。
(20)「ワシが家内に使うのにもってこいのアリバイを教えてくれたんじゃよ」と語っている［1950.7.13付］。
(21)ブロンディの夫の職場での位置を守ろうとする姿勢は、家庭を守るため最低限の雇用を維持することにあるようで、夫の熱の入らない勤務は充分承知している様である。たとえば、なかなか目がさめないダグウッドが「今日は会社を休んでうちで眠ることにするよ」［1950.6.17付］と言うのを、無理矢理着替えさせ、「会社へ行って眠んなさい、会社なら眠ってもお給金がもらえるわ」とうながしつつ玄関から押し出す。
(22)お気楽な仕事場風景と言えるのだが、視点を変えてみればダグウッドの勤務する会社には一九四九年の時点では空調が整備されていないことを示すものである。

(23) ところが、結局は毛布を犬に奪われ社長はソファで寒さにふるえるというのが、この漫画の落ちである。

(24) レストランでの食事は夫婦での外出であり、子供たちは共にしないことが伺える。この点を、野坂昭如は『アメリカひじき』で『ブロンディ』を引用しながらアメリカの慣習として著わしている。

(25) 原文の SALESMAN の訳として「物売り」と表記されている。

(26) 2-2の図2-4では、入浴中のダグウッドの財布のヒモが緩むのに乗じて、子供たちだけでなくブロンディまでやってきて、帽子の代金にと持って行くのである。

(27) 他に次のような場面もある。二五セントの貨幣が落ちてソファの下に入ったことをブロンディから聞いたダグウッドは、貨幣を取ろうとしてソファの下にもぐる。その時、ブロンディは新しいスカーフに三ドル必要なことを思い出し、夫のおしりのポケットから財布を抜き取る［1950.4.4付］。いくら親から勘当されたとはいえ、鉄道王の息子として育ってきたしぐさとは思えない。ダグウッドの行動は、おそらく作者チック・ヤングの日常生活の実践が映し出されたものなのであろう。それにしても、夫のおしりのポケットを家族が巧妙な手口で狙うという日々の実践は、家族という小世界ではあるが、家計を握る家長に対して、セルトーの言う〝戦術〟が巧妙に行使されたものである。

(28) 自然現象に関する話題としては、「引力」［1949.9.10付］と「日食」［1949.3.11付］がある。

(29) 図2-16は「売る」ということで、原文では、"I'M SELLING ELECTRIC CAN OPENERS." と書かれているが、人物を示す時は注(25)に記したように、"SALESMAN" と表記されている。

(30) もう一つは、「赤と緑の2色ですわ」と得体の知れないものを差し出す若い女性に、疑問もなく購入し、ブロンディから「何だか分らないのなら……どうして買ったの?」と逆に問われるものである［1950.9.20付］。「物売り」に頭を悩ますダグウッドにもかかわらず、女性には弱い面を強く印象づけるシーンである。

(31) 玄関で浮浪者が、「親切なお方らしいですナ……サンドイッチをめぐんでくださいませんかい?」と訪ねて来る場面［1949.4.11付］と、［1950.12.21付］の二度登場する。

(32) 家の管理が妻にあると余計なことまで言ったばかりにブロンディから掃除を言いつけられる結果になる。

(33) ダグウッドはベッドで傘をさし、「問題をボクはたちまち解決したんじゃないか?」、と雑誌をよみながら雨漏りの解決をした気になっている。しかし、傘にあたった雨水の跳ねがブロンディにかかり、何の解決にもいたっていない場当たり的なダグウッドの行動を示す。

(34) ここでも、否定している夫を言葉巧みに自分の思うようにうまく操縦するブロンディの姿は、夫婦間の権威の逆転ではなく、下位に位置する妻が自己の望みを勝ち取る戦術の妙が描かれている。外見的には、やりこめられた夫として印象づけられるかもしれないが、夫の承認を得て動く妻という大きな枠組みは維持されている。

(35) 隣のウッドレイとの芝刈り機の貸し借りや、ウッドレイ家にあるテレビで放映されているプロレスに誘われる[1950.3.28付]ことからも、長い付き合いを積み重ねてきたことで、親密な関係を結んでいることが分かる。また、その近所付き合いはバムステッド家の社会的位置を示すことにもなろう。

第3章 社会階層と『ブロンディ』

(1) 本稿では第二版の一九六五年版から引用する。

(2) デーヴィスらの著書は一九四一年に出版されたもので、本稿で扱う『ブロンディ』は一九四九年から五一年という時間のズレがあるゆえに、その点の批判は承知した上での議論となる。『ブロンディ』が一九三〇年から出版され、三三年に結婚して家庭生活を築いたことから、バムステッド家の階層を捉えるには、この時間的ズレは誤差の範囲内と判断した。また、『ディープ・サウス』は南部奥地をフィールドとしたもので、『ブロンディ』で描かれた地域とは異なることも承知している。しかし、『ディープ・サウス』は生活の機微を捉えた調査研究であり、漫画に描かれた日常生活を検討する上ではこの文献が最適と判断した。ただし地域的欠点を補完する意味から、3-2で『ディープ・サウス』と同じ年に出版された『近代コミュニティの社会生活』を採り上げることにした。

なお、デーヴィスはフィールド調査から、オールド・シティ(Old City)の居住者たちは、社会の中にはっきりした階層区分を認識し、個人の社会的位置によって異なるパースペクティヴから階層体系を評価していることを発見した。この点に着目したデーヴィスは、人々を社会的階層に位置づけていくイデオロギーと社会階層を関連づけて研究する。

(3) 五〇%がヤンキー・シティかその近くの生まれで、二三・五%が外国から入居した人で、残りがアメリカの他の地域から入居した人で構成されている [Warner and Lunt 1941 : 77]。

(4) 『ディープ・サウス』と同じ六階層の分類ゆえに、アメリカ社会における白人の階層の家庭と生活実践をより明確にすることができると考える。ヤンキー・シティの階層比率は本章の末に示した。

(5) もちろんウォーナーとランツは例外があることを断ってはいる。

(6) 状態が「並」ないし「普通」が一九%となっている。

(7) デーヴィス、ウォーナーともに共著として著わした研究であるが、ここでは便宜上、デーヴィスやウォーナーらと記述することにする。また、職業面ではミルズの『ホワイト・カラー――中流階級の生活探究』(Mills 1951) を参考にした。

(8) この状況が画で示されているのは、おそらく作者チック・ヤングが漫画家になる前に鉄道に勤めたという体験もベースになっているからであろう。

第4章 『ブロンディ』の日本上陸

(1) 本書では、主要な対象である『ブロンディ』とあわせて、言語空間での資料として『朝日新聞』を中心にした言説を扱っており、占領下の言論統制の議論を抜きにすることはできない。

(2) 『週刊朝日』では一九四六(昭和二一)年六月から、新聞連載が幕を閉じた後の一九五六(昭和三一)年まで連載されていた。

(3) 『朝日新聞』に掲載された『ブロンディ』を研究対象として限定した大きな理由は、その発行部数による。まず『朝日新聞』は、『ブロンディ』連載時の一九四九年が三五八万三七〇部、一九五〇年が四〇三万七六五七部、一九五一年が四一〇万六〇二〇部 [朝日新聞百年史編修委員会 1995 : 321] と平均で年間約四〇〇万部発行されているのに対して、『週刊朝日』は正確な数値は資料がないため不明であるものの、「敗戦のとき『週刊朝日』の発行部数は十万部程度に落ちていた」[朝日新聞百年史編修委員会 1994 : 101] とあり、これらの部数には大きな開きがあることが分かる。仮に一〇万部であったとしても『朝日新聞』の平均四〇〇万部と比較すると、約二・五%にすぎない(敗戦後、四七~五一年には約二三万部に戻ることもあったが、用紙不足のためかなり落ち込むこともあったとのこと［2007.2.8、朝日新聞社への聞き取り］。

また、週刊誌が一週間に一度の発行であるのに対して、新聞は毎日手にするものであり、『ブロンディ』との出会いのスパンにも頻度にも開きが生じる。さらに、週刊誌は個人的な読み物という性格をもっているのに対して、新聞は家族にも行き渡ることで、読者の裾野はかなり広く、一般の人々にとって身近な読み物であると言えよう。

まして一ヶ月の『朝日新聞』購読料（一九五〇年）が五三円なのに対して、『週刊朝日』（一九四九年）が一冊二〇円であり、食糧難であった当時のもりそば一杯（一九四九年）が一五円であったことを考慮すれば、週刊誌購入者層はかなり限定されていると判断した［週刊朝日編『値段史年表――明治・大正・昭和』朝日新聞社 1988：90-114］。

（4）新井直之「占領政策と新聞」（『マス・コミュニケーション講座』第二巻、河出書房、一九五五年所収）。

（5）松浦総三自身が、占領下の六年半を総合雑誌改造社の編集長として過ごしたことを述べている［松浦総三 1974：57］。

（6）清水によると、末松は『週刊朝日』の編集長に就任する以前は欧米部長であり、その頃知ったアメリカ漫画『ブロンディ』を、編集長に就任するやいなや導入し、早速自分で翻訳して六月二日号に掲載したと言うのである［清水勲 1998：165-166］。ところが、前節で紹介した『朝日新聞』における長谷川幸雄の訃報欄記事では、長谷川が『週刊朝日』で『ブロンディ』を紹介し、翻訳にもかかわったと記されていた。また、長谷川氏の『ブロンディ』とのかかわりは『朝日新聞』連載開始時の紹介文からも明らかである（5-2の(2)参照）。よって、仮に決定を下したのは末松だとしても、翻訳も含めて『ブロンディ』導入に大きくかかわった人物は長谷川氏であると言えるのではないか。

また山本明は翻訳について「朝日新聞社から『ブロンディ』という横長の本が発刊されて、絵の中は日本語、下部は英語で、訳は坂西志保さんであった」［山本明 1986：111］と述べている。しかし、発刊された本の奥付では「翻訳…ハセガワ・ユキオ」と明記されており、山本に誤認があったのではないかと考えられる。このように、占領期におけるさまざまな事象には、闇に包まれた問題が多く残されている。

（7）『朝日新聞』の発行停止とCIEによる日本の歴史作りについては、有山輝雄「戦後日本における歴史・記憶・メディア」（メディア史研究会編『メディア史研究14』ゆまに書房、二〇〇三年、八頁）を参考にした。

（8）松浦総三『増補決定版 占領下の言論統制』［松浦総三 1974：57］からまとめた。

（9）『日本評論』は、一九四六年四月号から総合雑誌として創刊され、五〇年六月に休刊、五一年に復刊されたものの五一年六月号でまた休刊になった。

（10）占領期の言論統制の区分をどこにするかは焦点の置き方によるであろう。松浦総三は第二期をレッドパージ開始期として一九四九年いっぱいまでで区切り、レッドパージが吹き荒れる五〇年からを第三期とする。そこには、第二期の四八年七月に新聞や一般雑誌は事後検閲になったものの、『世界』『改造』『中央公論』などは四九年いっぱいまで事前検閲であったことから、事前検閲終了をもって一つの区切りとの思いがあったのかもしれない。また、竹前栄治にしても、一九五〇年をレッドパージの猛威が吹き荒れる時期と捉えるがために、四九年をレッドパージの前史として区分し、研究者が共に判を押したかのように四九年と五〇年で区切ろうとする。おそらくこの区切りは、一〇年単位という区切りの良さも加味されているかもしれないが、一九五〇年にレッドパージが完全に顕現化したこと、ならびに朝鮮戦争という政治の歴史的な面に重点が置かれたものであろう。

（11）言論統制という点から、新聞課長の交替を象徴とする民主化の変化でもって第一期と二期の区切りとしたように、ここでも言論の舞台から見れば、第二期と三期を一九四八年の一二月事件で区切る方が理にかなっているのではないか。言い換えれば、民主的な伝統を持つ雑誌『改造』に占領軍による言論統制の波がおしよせてきたのが「一二月事件」であり、その事件を起点として第三期のレッドパージの幕が開けた、と見る方が自然ということである。よって、一九四九年の幕開けをもってレッドパージの浸透と拡張の第三期と位置づけることにしたい。

（12）福島による『朝日新聞出版局史』（一九六九年）からの引用文を孫引きした。なお、『朝日評論』のプレスコード抵触の問題は、福島鑄郎「占領下の出版弾圧資料の行方」［福島鑄郎 1985：127–128］を参考にした。

（13）『朝日評論』一九五〇年八、九月号には、「発売しなかつた事情についてはβ間いろいろあやまり伝えられているようですが、全く本社の自発的措置であることを、ここにあらためてお断りいたします。時代に直面する総合雑誌の多難は、いまさらのことではありません」と書かれていた。ただし、福島はこの引用文の「自発的措置」と「福島鑄郎による総合雑誌の多難」に傍点を記している［福島鑄郎 1985：128］。

（14）「記者たちはマ元帥のことを〝ダッグアウトのダグ〟と呼んだ。ダッグアウトとは防空壕のことで、ダグというのは、ダグラス・マッカーサーのダグをとったものである。自分はダッグアウトにばかりいて、兵隊ばかりを危険なところにいかせる無能な将軍という意味である」［松浦総三 1974：139］と松浦がジャーナリスト仲間での話を吐露することから、まったくの推測ではあるが以下のように捉えられないであろうか。

仮にマッカーサーがジャーナリストに嫌われていたとすれば、マッカーサーを揶揄する呼称として、うだつのあがらない『ブロンディ』のダグウッドのダグを重ねて呼んでいたのかもしれない。政治経済を中心とするジャーナリストの目で捉えると、うだつのあがらない、私生活を大切にするダグウッドも同じく「ダグ」であり、ブラックユーモアとして、揶揄する意味を込めて「ダグ」と呼んでいた、と。

(15) あくまでも仮説の域を出ることはできない議論ではあるが、『ブロンディ』掲載の謎に迫ることで、日本のメディアが占領期のメディアの言論統制をどのようにすり抜けてきたのかを、多少ともあぶり出すことができたのではないか。このことが、今後の占領期のメディア研究に厚みを与えることができればと考える。

第5章　日本でのブロンディ像

(1) なお、研究書／一般書の〝書き手〟に焦点をあてる時は、それぞれ研究者／読者（『ブロンディ』を読んでいた一般の人々という意味）という語も、適宜用いている。

(2) ＴＢＳテレビの『百年の物語』担当者の佐々木雅之氏からの聞き取りによれば、演出の竹之下寛次と脚本家の山元清多が番組制作中の休憩などで当時を振り返って雑談する中で、小学生の時読んだ『ブロンディ』が浮かび上がり、敗戦直後において強く印象を与えた象徴的存在であり、共有された時代の読み物として『ブロンディ』をとり入れることに至ったという（二〇〇〇年九月一二日、聞き取り）。

(3) 「アメリカ漫画と日本漫画」は、一九五三年に思想の科学研究会機関誌『芽』に収集された論文。本稿では、一九九二年に岩波書店から発行された『漫画映画論』より引用するため、表示は［今村太平 1992］とする。

(4) 『ブロンディ』漫画で描かれた「笑い」の分析をもとに、いかに哲学者ベルクソンの説く「笑いの本質」が的を射たすばらしいものであるかを証明しようと試みるものである［矢内原伊作 1950］。『ブロンディ』のあらゆる場面で、「笑とは生命的精神的な流れが機械的物質的なものに固定化される時、其のこわばりに対して加えられる生命の反抗である」とするベルクソンが明らかにした笑いの原理が示されるとして、矢内原は議論をすすめる。その例として、漫画の一シーンを採りあげる。それは、おそらく一九四九年三月二七日付に掲載された『ブロンディ』であろう。

　夫ダグウッドが階段の下から、二階にいるブロンディに「ヘヤーブラシを投げておくれ」と頼んだら、ブロンディから「『どうぞ』がない」と叱られ、次のコマで「どうぞ」と言うとヘヤーブラシが投げられたのは良いのだが、それがダグウッドの頭にあたって、彼は伸びてしまう。そんなことを知らないブロンディは「ありがとう」のお礼が聞こえないわよと注文をつける。このシーンから矢内原は、画が生きた人間の状況を描いている一方で、会話においては状況と関係なくその人間が陥っている「どうぞ」「ありがとう」の機械的なやりとりを行っていることを指摘し、そのことこそがまさしくベルクソンの述べるこわばりであり、そこから滑稽さが生まれていると述べる。

(5)『モダン・タイムス』は一九三六年の作品。日本では一九三八年二月七日付の『朝日新聞』にて、封切りの広告が掲載されている。

(6)矢内原、今村、共に『ブロンディ』を人間性喪失と位置づけている点については、矢内原論文が先に出ていただけに、個性を失った「機械人形」とする矢内原の分析を今村が参考にしたのかもしれない。また、「機械的人間」と分析する南も、同じように参考にすることは可能であった。仮に、後発の研究者たちがそれぞれに矢内原の用語を参考にしていたとしても、当時の研究者に共有する視点があったからこそ同じ表現を用いるに至ったということになろう。

(7)「疲労の哲学」については、第1章の注(7)で紹介したように、ジャック・アレクサンダーが「ブロンディが発散する魅力」と題して、一九四八年四月一〇日付の『サタディ・イヴニング・ポスト』において述べている[L. Hogben 1949=1958:182]。おそらく、『ブロンディ』導入にかかわった長谷川氏ゆえに、このような知識は共に入手していたと考えられる。注(12)も参照。

(8)清水の観賞した映画が、シリーズ二六本中二五本目の「子守りの巻」であり、一一年前の作品であることがあわせて記されている。また清水は、漫画が映画化して成功した例は内外においても知らないが、この映画が二六本もシリーズ化されていることに驚きと疑問を示している。

（9）同じように、漫画の紹介としては、「目下コミックの中で一番人気があり、面白いのは『ブロンディ』という漫画で、作者はチク《ママ》・ヤングといふ油ののった漫画家である」と述べる横井福次郎がある［「漫畫」『アメリカ百科』第1巻第4号研運社 1946.8.1：18（プランゲ文庫）］。

（10）伊澤一郎と美奈川麗子による演技のこと［『大映ファン』大映 1949.7.1（プランゲ文庫）］で、第2章の内容分析に照らし合わせれば、妻への愛情を示すダグウッドの家事手伝いの戦術に合致する。なお当時の印刷技術と紙の問題から、作者名は滲んでおり正確に判読できないが、「貘?三平」と記載されているので巻末の参考文献には「ばく」の位置に掲載した。

（11）単行本は、第一集が一九四七年四月一〇日に出版され、五一年四月一〇日の第一〇集まで続く［清水勲 1998：166］。

（12）当時、坂西志保は参議院外交専門委員会委員であった。注（7）にも記したが、「疲労の哲学」については、ジャック・アレクサンダーが「ブロンディが発散する魅力」と題して、一九四八年四月一〇日付の『サタディ・イヴニング・ポスト』で述べている［L. Hogben 1949＝1958：182］。同じ時期でもあり、坂西がアレクサンダーの記述に通じていたのか、それとも独自の意見なのかはわからない。

（13）ここで引用する、振り返って語られる自分史の中での『ブロンディ』像については、拙著［岩本茂樹 2002b］をはじめとするこれまでの研究では、「読者の見た『ブロンディ』」として扱われてきた。それは『ブロンディ』を語る文献資料の少なさに起因する。その少なさからあえてタイム・ラグを無視し、「振り返って語る『ブロンディ』像」も、「掲載当時の読者による『ブロンディ』像」も混成させて議論してきた。今回、新たにプランゲ文庫（占領期雑誌記事情報データベース）から入手した資料によって当時の読者の語りを収集することができ、よって分類分けが可能となり、受け手のさまざまな層と時間の違いが異なる『ブロンディ』像をくっきりと浮き上がらせることになり、実りの多い議論が可能となった。

第6章　『ブロンディ』の社会的知覚とアメリカ

（1）本稿で取り上げる新聞記事で特に記していないものは、すべて『朝日新聞』からの引用である。

（2）ある人が「ジャックは危険だと思う」という主張は、これまでに得た表象的な特徴から抽出された情報、あるいは信頼する人から得た情報などに基づいて、ジャックという人物を無意識に選択して観察することによって導かれた判断によるものとする身近な例から議論を展開して社会的知覚を論ずる［Markovsky 1994：73-74］。

（3）データは筆者のバイアスをも明らかにした。筆者が『ブロンディ』に初めて出会ったのは、一九九二年のことである。その時の印象は「皿洗い」に象徴される夫の家事労働の手伝いであった。自己の知覚と比べ、データ作成の作業で明らかになった「皿洗い」の二一という、あまりに印象とかけ離れた少ない数値に驚かされたのである。

（4）実際の『ブロンディ』とは、数値で示した計量的なものと、内容分析のことである。本質主義的な意味で使用した語ではない。

（5）その結果、『ブロンディ』に描かれたシーンから「食べ物」を剥ぎ取っていた。振り返った読者は、当時食べ盛りの子どもであり、一層「食べ物」への偏りの強い「知覚の網」が形成されていたわけで、その「知覚の網」を通して〝豊かな生活〟としての『ブロンディ』が映し出され、それこそが客観的現実となったのである。

（6）今村太平の研究者である杉山平一によれば、今村は一五歳で上京し『資本論』を独学したという。また、サークル活動によって検挙されてもいる［今村太平の会 1991：1］。

（7）矢内原は、「新聞読者論」の中で、新聞が社会への問題意識を喚起させないことを論じている。

「新聞の中にある現実は文字に置き換えられた現実であり、観念化された現実である。（……）新聞の読者は新聞を読むことによって彼自身を失い、自らは行為することのない現実の観客となる」［矢内原伊作 1949：39］。

新聞を読むことは、社会の現実を知り、世の中の動きを知るというが、その多くは口実で迷信である。日常生活はかなり複雑緊密に社会全体と関係を持っているが、複雑緊密さが、逆に日常生活と社会との結びつきを弱める働きとなっている。それゆえ、新聞は生活と社会の関係の希薄さを助長する役割と成り果て、帝銀事件でも探偵小説をみるがごとく好奇心を触発するだけで、現実的な社会に向けた思惟や実践を促さないと言うのである。

（8）二〇〇一年五月一五日付『朝日新聞』夕刊より引用。ただし、芳賀は他の友人たちがマルクス主義に傾倒していくのとは異なって、ゲーテや上田敏、森鴎外を愛する上級生の方に傾いたことを述べている。

（9）鬼畜米英がスローガンであった戦中には英語教育など行なわれておらず、戦後になって、一斉に英語教育が進められたように思われがちである。しかし、妹尾河童の小説『少年H』によれば、「米英の音楽も禁止になったけど、〝敵の言葉を中学で教えているのは理屈にあわん〟ということで、とうとう英語の授業がなくなるらしいぞ」［妹尾河童 1997：6］という英語がなくなる噂は、イタリア降伏後の一九四三年、少年Hが神戸二中の一年生であった時のものである。その噂を確かめようと担当教師に聞くと、先生が敵国の言葉も学ぶ必要があると答えたことで、少年Hは危険を犯してまで答えてくれたこの教師を尊敬するのである。妹尾河童の自分史でもある『少年H』から、社会的な圧力にさらされながらも英語教育は細々とではあるが、実施されていたということが分かる。

（10）民主化は他人事のように政治家や学者に任せるのではなく、各自の日常社会生活と家庭生活の中でたゆまず実行することが大切であり、民主化の道を歩むための道案内のための著書であることが明記されている。

（11）第2章の内容分析で見たように、一九四九年の時点ではダグウッドの会社では空調設備はなかった。

（12）片山内閣は一九四七年五月〜四八年二月。

（13）奈良県立郡山高等学校『啓明新聞』に掲載されたもので、戦後初めての渡米留学教授団の一人として参加した奈良学芸大学助教授上田敏見の渡航記から引用。ただし『ブロンディ』掲載中の新聞である。

（14）大阪市立南百済小学校六年二組、西埜眞二「アメリカ博を見て」（学生エッセイ・コンテスト　小学生の部）。

（15）大阪市昭和中学校三年五組、池田久夫「アメリカ博を見て」（学生エッセイ・コンテスト　中学生の部）。

（16）「第12章　家庭生活の改善」は「12－1 生活の合理化」、「12－2 余暇の利用」「12－3 将来の家庭生活」で組み立てられている。

（17）これらの外国における暮らしの便利さを列記するが、前の文で「外国では」と表現しているのにもかかわらず、「こういうと、アメリカ人は金持ちだから……」、と外国とはアメリカを指していることを吐露する。まさに、当時の人々にとって「外国」とは「アメリカ」であったのだ。

（18）この提言は、「今日の問題」の担当者によるものであり、おそらく男性であろう。したがって、これは男性による「婦人の地位向上」を見据えた提言である。

（19）一九四五年の敗戦日から五一年の『ブロンディ』連載中止にいたるまでの敗戦直後の科学技術をめぐる言説を、一九九六年に調査した。加えて、戦後の科学技術に対する意識の変容を明らかにするために、一月、八月、一二月に絞って一九四五年八月から九七年までの科学技術言説を一九九八年に調査した。すべてが、私一人による手作業であったがゆえに、おそらくすべての言説を拾い出すことはできなかったことはいなめない。なお採り上げる記事はすべて『朝日新聞』からのものであり、読解しにくい記述以外は原文のまま引用した。

サイードはオリエンタリズムの本質を見極める上でミシェル・フーコーの『知の考古学』および『監獄の誕生――監視と処罰』のなかで説明されている言説概念の援用が、オリエンタリズムの本質を見極めるうえで有効だということに思い至ったと語る［Said 1978=1986：4］。

(20) 袖井林二郎（法政大学教授）による「聞き書き　わたしと昭和」（『朝日新聞』（東京版）1989.1.19付）。

(21) 近代科学の論理性は原因に対する一つの結果という因果関係にあり、機械論である。「計算」「合理性」はその科学的論理性としての語彙である。

(22) 湯川秀樹の「物質文明と精神文明」の文面は以下のものである。

「人間の生活から衣食住を絶対に取除くことが出来ない以上、文明もまた先ず第一に物質的でなければならなかった。日常生活に必要な物質が量的にも質的にも豊富に供給され得ることこそ、あらゆる文明の基本条件であった。これは今日私どもに取ってほとんど自明の事柄のように思われる。ところが東洋特に日本には古来これと相反する如き考え方が深い根を張っていた。むしろ物質生活の向上を軽視し、若しくは衣食住を簡素化し、困苦欠乏に甘んずるところに、かえって精神文明の発達の素地が求められさえもしたのである」。

(23) 本章6－4参照。

(24) 明色アストリンゼンは、一度、一九四九年九月一〇日付で「科学の力で必ず美しいお化粧が……」との広告を出している。その時に出したキャッチコピーが一旦引き戻されて一九五一年から主流となる。ここでは、大きな流れの比較として論述したものであって、実際には混在してはいた。

(25) 松浦総三はこの武谷論文に対して、「武谷のいわんとするところは、ヒロシマ、長崎への米国の原爆使用を非難するまえに、日本人は中国などを侵略した残酷な行為を自己批判しなくてはならない、原爆はこういう日本の非人道的な政治機構をうちこわしてくれた、というものであった」と述べ、占領初期の民主化のなかでは、「私には、武谷がこの論文をかいた気持ちがよく理解できる」［松浦総三 1974：36-37］と共感を示す。なお、武谷の引用は松浦からの重引である。

（26）新版『石坂洋次郎作品集1』の「あとがき」を引用した平松幹夫の「解説」［石坂洋次郎 1952］から引用したもの。

（27）小説に表現されるストーリー展開には、その当時の資料に残らない人々の動機や、日常の実践の技をつかみ取ることができる。

（28）表6－3のデータ参照。

（29）小野耕世の「電気冷蔵庫があって、洗濯機があって、文化的な生活なんですね。そして、そういう生活の細部とともに、暮らしのなかのモラルみたいなものが描かれているんですよ」［小野耕世 1991：117］の表現に、おぼろげながらも民主的生活を垣間見ていたことが伺える。

（30）『ブロンディ』掲載時の一九五〇年に、二度話題として登場する。もう一点は、古新聞を整理するサザエさんが『ブロンディ』漫画を読んでいる場面［1950.12.29付］である。

（31）桜井哲夫が川島武宜の主張を「仲間型」と名付けたことに依拠して、「仲間型」の夫婦関係とした［桜井哲夫 1986：46］。ただし、川島が民主化を強く訴えることこそが、敗戦直後の当時の現実社会では、成人男性には家父長制を守ろうとするものが根強く染みついていたことを物語る。

第7章　『ブロンディ』と家庭生活

（1）二〇〇三年一一月、国立大阪病院附属看護学校において。

（2）学生の発言に触発されて、二〇〇四年二月六日、同校の一回生七三名を対象に実施した。この結果は、アメリカニゼーションの議論を行なう上で貴重なヒントを示した。また、現代日本の人々の日常生活を照射することにおいても意義深い。

（3）アンケート結果にバイアスがあることは免れないが、それがいかなるバイアスであるかを記しておく。回答者は、学校の特性上、働くことを前提に学校に通っている学生であり、明確な職業意識を持っている。また、多くが女性である。以上のことから、現代の家庭生活がどのような形で思い描かれているのか、その傾向を把握するのには適しているとの判断もあり、問題点も承知の上でこのデータを用いた。

（4）ちなみに、「～1945年」あるいは「1945～1959年」を選んだ学生は、「冷蔵庫や洗濯機の古さ」に注目したり「1ドル25セントの夕食」に着目して食事のレートの低さから「1945～1959年」と推定したりしていた。また、「絵のタッチの古さ」、「言葉使い」、「ギャグの古さ」、「マッチとパイプ」に着目して、正確に答えてやろうという心理が起動する回答学生がいることが、アンケート回収後の聞き取りで分かった。また、「すでに聞いて知っていた」と書いている学生もいた。

（5）この点に関しては、『ブロンディ』を見る筆者の視点と同じであった。それは、世代の違いを超えて、現代日本の家庭を見る基準となっているとも考えられる。

（6）「やや猛烈」を選んだ一名は、アンケート後の聞き取りから、「『現代の日本の方が猛烈だろう』と思って選んだ」と誤った回答であったことが分かった。正式には「やや気楽」が一九から二〇になる。

（7）第1章の注（7）で述べたように、ジャーナリストのジャック・アレクサンダーは「誰でも皆少し疲れているように見える」という遠慮がちなテーマにそって描かれたものであることを述べていた。また長谷川幸雄にしても「現代人は大なり小なり疲労している」とのチック・ヤング自身の言葉を引用しながら『ブロンディ』の紹介文を書いていた（第5章）。

（8）その点については世代間ギャップによるものか、また既婚者かどうかによって異なるものなのか、検討する必要があろう。

（9）五名、七％が否定した。

（10）現代から見た『ブロンディ』像が、逆に現代の家族関係と理想の家庭を浮き彫りにする。

（11）連載当時の『朝日新聞』に掲載されていた。

（12）「もし西洋に家族を否定する思想があるとするならば、それは本質的には個人主義である共産主義以外にない」［田中耕太郎 1955：15］と田中は述べている。

第8章　「家庭電化製品」普及のエネルギー

（1）山本明は一九六六年にアメリカに渡っていて、その時は日本になかった珍しいホームサイズのコカコーラや、冷凍食品などを憧れの冷蔵庫に一杯入れた思い出と比較しながら、一九七三年の再渡米との違いを述べる［山本明 1986：178–180］。

（2）山田正吾は、東京電気（現 東芝）に昭和一六（一九四一）年に入社し、家庭電化製品の開発、販売にかかわった。山田の主な業績には、噴流式洗濯機の導入、電気釜の製作、やぐらごたつ、直冷式冷凍冷蔵庫、もちつき機、敷毛布の創案等がある。家庭電化製品についての作り手側の資料として、『家電今昔物語』［山田正吾・森彰英 1983］は貴重である。特に広告については一〇〇から一〇一頁を参照した。
（3）『週刊朝日』［1955.8.21号］は巻頭に「主婦のメモ　洗濯機と冷蔵庫　家庭電化時代来る」との特集記事を掲載している。
（4）すでに、本章8－1で一九五四年八月二一日付の『朝日新聞』「今日の問題」に、「今後五年以内に、部屋単位の空気調節器が年一千五百万台売れる見通し」と書かれていたことを採りあげた。表8－3からは一九五四年とあまり変らない一〇〇万台半ばの出荷数である。おそらく当時のアメリカの消費ブームが作り出した未来像であったと言えよう。また、この記事が日本の人々に遅れた日本という自画像を見せつけることになったのではないか。
（5）清水美知子『〈女中〉イメージの家庭文化史』［2004：77］からの重引。
（6）メーカー側の販売努力の追い風となったのは、一九五三（昭和二八）年の物品税の撤廃であった。さらに同年、三洋電機が撹拌式より小さくコストも安くできる国産噴流式洗濯機の第一号を二万八五〇〇円という低価格で販売した［青山芳之 1991：77-79］。また、業界の家事労働軽減を促す広告コピーの努力もあったことも、青山は述べている。
（7）第7章7－3を参照。
（8）このような社会的価値を獲得したあらわれが、本章8－1で示した「電気機具からみた七階級」であると言えよう。

第9章　日本の異文化受容をめぐって

（1）『朝日新聞』は、二〇〇五年を迎えて、新年の特集「新年　日本の皆さま」を連載していた。安藤忠雄のエッセイはその特集の二日目、「新年　日本の皆さま 中」である。
（2）久世光彦は、「寺内貫太郎一家」などのテレビ番組を演出してきた。なお、久世は二〇〇六年三月二日に逝去。
（3）作田の主旨は、私的な欲求を公共の問題に結びつけて解決する場としての中間領域が公衆の舞台であるとし、この領域に位置する中間集団の組織化こそがアメリカの民主主義であるにもかかわらず、これが最も日本において浸透しなかったということにある。

（4）吉見自らが仮説段階であると認めた上で、「さらに、広告以外の大衆的ディスコース、たとえばテレビドラマやマンガの場面、モデルハウスやデパートの展示はいかなるイメージが構成され、それらがどう受容されていたのか。こういった諸々の分析が必要なのである」［吉見俊哉 1997：196］と、今後取り組むべき研究課題をあげている。

（5）密猟法という言葉はセルトーによる「日常的なものは、無数の密猟法からできあがっている」［Certeau 1980=1987：12］を援用したものである。

（6）吉見は、ディズニーランドとその外側の日常の現実がすでに連続的になっていることを述べながら、自己の論を展開する［吉見俊哉 1997：207–214］。

（7）作田も同様のことを指摘している。注(3)を参照。

（8）大江健三郎の「鯨の死滅する日」は、『文藝春秋』に一九七二年に所収。

（9）ボートンは『徳川時代の百姓一揆』の研究により学位を得て、『一九三一年以降の日本』も著わしていた知日派である［五百旗頭真 1985上：265］。

（10）もちろん、時の状況に都合よく合わせてアメリカの文化を称えんと、問題の所在を自国の文化に落とし込む反ナショナリズムについても同様である。そのような「是／反」ナショナリズムにも終止符を突き付ける、ということである。

あとがき

私には忘れられない光景がある。それは、今から一三年も前になる一九九三年の秋のある夕刻のことである。当時私は、研究の将来に光明が見えず、博士過程に進むかどうか悩んでいた。関西学院大学キャンパス内にある通称、銀座通りで出会った大学院の先輩にこの悩みを打ち明けたところ、彼女は、「高坂先生（高坂健次教授）に相談されたらどうですか？」と述べた。ところが、である。まさに彼女のその言葉が閉じられんとする時、なんと高坂先生がこちらに向かって歩いて来られたのである。脳天を突き抜けるかのような驚きと、その奇蹟のような瞬間が強く私を動かし、先生に駆け寄った。この光景は、私にとって晩秋の澱んだ灰色の空気が一変、真っ赤に彩られた瞬間として頭の中に強く焼きついている。先生は私の相談の申し出に対して、おもむろに鞄から手帳を出され、快く相談日を設定してくださった。

予定された相談の日、先生の研究室を訪れた私は、これまでの研究のテーマや蓄積してきたこと、未熟な方法についてなどを、とつとつと話した。先生はただ黙ってお聞きになっていた。そして私が話し終えた後、先生は天井を見上げて「そうですね……。（タイトルは）『戦後日本のアメリカニゼーション――ブロンディ』、いや『ブロンディ――戦後日本のアメリカニゼーション』、どちらでも良いですね」と答えられた。当時の私には先生の発せられた言葉以上に未来に光を与えるものはなく、これがきっかけでブロンディ研究に力を注ごうと決めたのである。人にはさまざまな出会いがあり、その出会いすべてがあってこそ今の自分があることは間違いない。私は、高坂先生との出会いがなければ、ブロンディとも研究生活とも永遠の別れをしていただろう。

本書にいたるまでには長い道のりがあった。まず二〇〇二年にハーベスト社より『戦後アメリカニゼーションの原風景』を出版させていただいた。これが本書の第二部（第五章と第六章）にあたる議論であるが、この時点では『ブロンディ』に関する読者の語りの資料は極めて少なかったため、日本の人々によるアメリカ文化を咀嚼する様に充分に迫ることはできなかった。しかしその後、「占領期雑誌記事情報データベース化プロジェクト」の成果により、「プランゲ文庫」という当時の貴重な資料へのアクセスが可能となり、占領下の日本の人々の語りを収集できたことによって、読者層の違いや時代別の比較など、より詳細に検討することができ、文化受容の分析にまで踏みこむことが可能となった。

この成果を博士学位請求論文として提出し、幸いにも学位（関西学院大学、二〇〇五年）を授かることができた。自己の力量のなさゆえに牛歩のごとくの歩みではあったものの、それは私にとって至上の喜びであった。しかしそれは、社会学をイロハからご指導してくださった高坂先生と、ご指導ならびに応援をしてくださった荻野昌弘先生、奥野卓司先生、阿部潔先生のおかげである。ここに感謝を申しあげたい。また大学時代にご指導を受けた山本武利先生には常に励ましのお言葉をいただくだけではなく、この度はプロジェクト・リーダーを務めておられる「占領期雑誌記事情報データベース」でもお世話になった。

本書は、この学位論文をおおはばに加筆・修正したものである。出版に際しては、大学院でご指導していただいた大村英昭先生のご紹介と、文部科学省助成による関西学院大学大学院社会学研究科21世紀COEプログラム『「人類の幸福に資する社会調査」の研究』の出版補助があり、ありがたく感謝する次第である。

漫画『ブロンディ』の掲載に関しては、快く許可していただいたキング・フィーチャーズ・シンジケートに厚くお礼を申しあげたい。

また、出版を引き受けていただいた新曜社の堀江洪社長、ならびに編集者の小林みのりさんには、拙い文章にお付き合いいただいたことに、心よりお礼を申しあげたい。ご指摘とご助言は的確なものであり、ほとんどすべて生かさせていただくことになった。お二人と、お二人の編集に対する情熱に出会えたことに感謝したい。

研究者の道を歩むなかで、公私にわたり相談に乗っていただき、支えていただいたのは大学院の先輩である森真一さん（現 皇學館大学教授）である。森さんは、研究だけでなく仕事が暗礁に乗り上げた時も、何度も大阪まで出向いて下さった。私の愚痴を聞き、励ましてくださったことは忘れません。

最後に、気ままに生きる私を子供を見守るように眺めながら、見えない手綱でしっかりと操り支えてくれた私のブロンディ、妻の由貴子に感謝したい。

著　者

人名索引

は　行

ま　行

や・ら　行

事項索引

あ 行

か 行

さ 行

た 行

参考文献

和文文献

青山芳之『家電　産業の昭和社会史４』日本経済評論社、1991年
朝日新聞社編『日本とアメリカ』朝日新聞社、1971年
朝日新聞百年史編修委員会編『朝日新聞社史　昭和戦後編』朝日新聞社、1994年
――――『朝日新聞社史　資料編』朝日新聞社、1995年
安倍能成（中学校社会化教科書編修委員会）編『中学生の社会１　学校と家庭』日本書籍、1953年
天野正子・桜井厚『「モノと女」の戦後史』有信堂、1992年
新井直之「占領政策と新聞」『マス・コミュニケーション講座』第二巻、河出書房、1955年
――――「占領政策とジャーナリズム」思想の科学研究会編『共同研究　日本占領』徳間書店、1972年
荒垣秀雄「ブロンディ漫画の魅力」『ブロンディ』第７集、朝日新聞社、1950年（King Features Syndicate, Inc.）
荒俣宏『広告図像の伝説』平凡社、1989年
有山輝雄「戦後日本における歴史・記憶・メディア」メディア史研究会編『メディア史研究14』ゆまに書房、2003年
アレクサンダー，ジャック「ブロンディ物語――チック・ヤングという漫画家」『週刊朝日』1956年１月１日号
家永三郎編『日本の歴史４　明治維新』ほるぷ出版、1977年
五百旗頭真『米国の日本占領政策』上・下、中央公論社、1985年
――――『日米戦争と戦後日本』大阪書籍、1989年
井川充雄「占領期におけるアメリカニゼーション――アメリカ博覧会の効果をめぐって」同時代史学会編『占領とデモクラシーの同時代史』日本経済評論社、2004年
石川弘義編『余暇の戦後史』東書選書44、東京書籍、1979年
――――『欲望の戦後史』廣済堂、1989年
石毛直道「衣と食と住と」祖父江孝男編『日本人はどう変わったのか――戦後から現代へ』ＮＨＫブックス535、1987年
石坂洋次郎『青い山脈』新潮社文庫、1952年
井出孫六『ルポルタージュ　戦後史』上、岩波書店、1991年
絲屋寿雄・江刺昭子『戦後史と女性の解放』合同出版、1977年
伊藤壮「不況と好況のあいだ」南博・社会心理研究所編『大正文化』勁草書房、1965年
今村太平『漫画映画論』同時代ライブラリー114、岩波書店、1992年（「アメリカ漫画と日

本漫画」『芽』思想の科学研究会機関誌、1953年初出）
今村太平の会監『今村太平　映像評論５――漫画映画論』ゆまに書房、1991年（『漫画映画論』第一藝文社、1941年初出）
稲村松雄『アメリカ風物誌』開隆堂出版、1959年
―――『教科書中心　昭和英語教育史――英語教科書はどう変わったか』開隆堂出版、1986年
色川大吉『ある昭和史――自分史の試み』中央公論社、1975年
―――『昭和史世相篇』小学館、1990年
岩本茂樹「ブロンディ（1）――戦後日本におけるアメリカニゼーション」『関西学院大学社会学部紀要』第78号、1997年
―――「ブロンディ（2）――戦後日本におけるアメリカニゼーション」『関西学院大学社会学部紀要』第79号、1998年
―――「戦後日本におけるアメリカニゼーション―― JACK AND BETTY を通して」『関西学院大学社会学部紀要』第83号、1999年
―――『『ジャック アンド ベティ』を社会学的に読む』K.G. りぶれっとNo.５、関西学院大学出版会、2002ａ年
―――『戦後アメリカニゼーションの原風景――『ブロンディ』と投影されたアメリカ像』ハーベスト社、2002ｂ年
上野千鶴子『近代家族の成立と終焉』岩波書店、1994年
上野俊哉・毛利嘉孝『カルチュラル・スタディーズ入門』ちくま新書、2000年
江藤文雄・鶴見俊輔・山本明『大衆文化の創造――講座コミュニケーション４』研究社、1973年
ＮＨＫ放送世論調査所編『図説　戦後世論史』ＮＨＫブックス243、1975年
ＮＨＫ世論調査部編『現代日本人の意識構造』第三部、日本放送出版協会、1991年
大江健三郎『鯨の死滅する日』講談社文芸文庫、1992年（『文藝春秋』1972年初出）
岡崎三郎「電力」『展望』筑摩書房、1951年８月１日号
荻野昌弘『資本主義と他者』関西学院大学出版会、1998年
小熊英二『〈民主〉と〈愛国〉――戦後日本のナショナリズムと公共性』新曜社、2002年
―――「第２回日本社会学会奨励賞【著書の部】受賞者『自著を語る』」『社会学評論』（vol. 55, No.１）、2004
尾崎秀樹・山田宗睦『戦後生活文化史』弘文堂、1966年
小沢瑞穂「ローティーン時代のピクニック・ランド」（柳瀬尚紀『「ジャック＆ベティ」の英語力で英語は読める』1987年所収）
小野耕世「欧米の新聞マンガは日本でどのように受け入れられたか」春日昭彦監修『企画展　新聞漫画の眼――人 政治 社会』ニュースパーク（日本新聞博物館）、2003年
海後宗臣・清水幾太郎編『資料戦後二十年史５――教育・社会』日本評論社、1966年
開隆堂出版編『「JACK and BETTY」――あの日あの頃』（復刻版付録ブックレット）、1992年

加藤哲郎『戦後意識の変貌』シリーズ昭和史（no.14）岩波ブックレット、1989年
加藤典洋『敗戦後論』講談社、1997年
亀井俊介『メリケンからアメリカへ』東京大学出版会、1979年
川島武宜『日本社会の家族的構成』日本評論社、1950年
―――『日本の社会と生活意識』学生社、1955年
紀平健一「戦後英語教育における Jack and Betty の位置」『日本英語教育史研究』第3号、1988年
桑田禮彰・福井憲彦・山本哲士編『新装版　ミシェル・フーコー　1926―1984』新評論、1984年
経済企画庁編『国民生活白書』昭和60年度版、大蔵省印刷局、1985年
高坂健次「現代日本における「中」意識の意味――中間層論争と政治のタイプ」『関西学院大学社会学部紀要』86号、2000年
高坂健次・厚東洋輔編『講座社会学１　理論と方法』東京大学出版会、1998年
今野勉・堀川とんこう『ジャック・アンド・ベティ物語――いつもアメリカがあった』開隆堂出版、1992年
坂西志保「ブロンディとアメリカ生活」『ブロンディ』第4集、朝日新聞社、1948年（King Features Syndicate, Inc.）
―――「アメリカの暮しと日本の暮し」『暮しの手帖』1948年9月号
作田啓一「戦後日本におけるアメリカニゼイション」『思想』第四号、岩波書店、1962年
桜井哲夫『家族のミトロジー』新曜社、1986年
―――『可能性としての「戦後」』講談社、1994年
佐藤きみ「ブロンディ」『造形文学』市民書肆、1949年4月号（プランゲ文庫）
獅子文六「ブロンディ一家」『ホーム』ホーム社、1949年5月号（プランゲ文庫）
―――『自由学校』新潮文庫、1953年
清水勲『サザエさんの正体』平凡社、1997年
―――『大阪漫画史――漫画文化発信都市の300年』ニュートンプレス、1998年
清水美知子『〈女中〉イメージの家庭文化史』世界思想社、2004年
週刊朝日編『値段史年表――明治・大正・昭和』朝日新聞社、1988年
妹尾河童『少年H』上・下、講談社、1997年
袖井林二郎編『図説　昭和の歴史9　占領時代』集英社、1980年
袖井林二郎『拝啓　マッカーサー元帥様』岩波現代文庫、2002年
高梨健吉・出来成訓監修『英語教科書名著選集』第3期21巻－29巻・別巻、大空社、1993年
竹前栄治『占領戦後史』同時代ライブラリー119、岩波書店、1992年
田中耕太郎「家族制度の復活について」『心』1955年1月号
『知性』1954年9月号、特集「家庭の幸福について」131－141頁
鶴見俊輔「物語漫画の歴史」『限界芸術論』勁草書房、1967年（『世界評論』1949年7月号初出）

———『思想の落し穴』岩波書店、1989年
———『鶴見俊輔集7——漫画の読者として』筑摩書房、1991年
鶴見俊輔・亀井俊介『アメリカ』文藝春秋、1980年
『展望』1950年8月号、特集「敗戦五年の回顧」48－63頁
中谷宇吉郎「電気冷蔵庫——科学の眼(V)」『オール読物』1952年6月号
中野五郎『アメリカに学ぶ』日本弘報社、1949年
中村政則・天川晃ほか編『戦後日本　占領と戦後改革3——戦後思想と社会認識』岩波書店、1995年
野坂昭如『アメリカひじき・火垂るの墓』新潮社文庫、1972年（「アメリカひじき」『別冊文藝春秋』101号、1967年9月初出）
貘三平「イタズラ電話——和製ブロンディ」『大映ファン』大映、1949年7月号（プランゲ文庫）
橋爪大三郎『冒険としての社会科学』毎日新聞社、1989年
長谷川町子『サザエさん』1巻～45巻、朝日新聞社、1994～95年
樋口恵子ほか『新家庭一般——あしたを生きる・創造する』一橋出版、2002年
日高六郎「戦後日本における個人と社会」『岩波講座　哲学V——社会の哲学』岩波書店、1969年
平井常次郎編『アメリカ博覧會』朝日新聞社、1950年
深川英雄『キャッチフレーズの戦後史』岩波新書、1991年
福島鑄郎「解説」『日米会話手帳　復刻』福島鑄郎さんの出版を祝う会、1987年（『日米會話手帳』科学教材社、1945年）
———『新版　戦後雑誌発掘——焦土時代の精神』洋泉社、1985年
堀川敦厚「『ジャック・アンド・ベティ物語』制作余話——「イリノイ州エヴァンストン・シェリダンロード7800番地」」（開隆堂出版編『「JACK and BETTY」——あの日あの頃』1992年所収）
松浦総三『占領下の言論弾圧』現代ジャーナリズム出版会、1969年
———「知られざる占領下の言論弾圧——いわゆる“戦犯図書”をめぐって」思想の科学研究会編『共同研究　日本の占領』徳間書店、1972年
———『増補決定版　占領下の言論弾圧』現代ジャーナリズム出版会、1974年
松田博『グラムシを読む——現代社会像への接近』法律文化社、1988年
丸山眞男「日本におけるナショナリズム」（1952年）『現代政治の思想と行動』上、未来社、1956年
丸山眞男・竹内好ほか「被占領心理」『展望』筑摩書房、1950年8月号
南博『南博セレクション1　アメリカそして中国』勁草書房、2001年（「「ブロンディ」の悲劇——アメリカ型「テスト」のユーモア」『日本評論』、1950年2月号初出）
宮山峻「アメリカの漫画をリードする三鬼才」『伝記』菁柿堂、1948年8月号（プランゲ文庫）
安岡章太郎『僕の昭和史1』講談社文庫、1991年

安田常雄「アメリカニゼーションの光と影」（中村政則ほか編『戦後日本　占領と戦後改革３——戦後思想と社会意識』1995年所収）
安田常雄・天野正子編『戦後体験の発掘——15人が語る占領下の青春』三省堂、1991年
矢内原伊作「新聞読者論」『個性』、1949年３月号
———「ブロンディ論——現代人の笑について」木村徳三編『人間』1950年４月号（第５巻第４号）
柳瀬尚紀『『ジャック＆ベティ』の英語力で英語は読める』開隆堂出版、1987年
山川浩二「焼跡の広告」川本三郎編『昭和生活文化年代記２　20年代』ＴＯＴＯ出版、1991年
山田正吾・森彰英『家電今昔物語』三省堂、1983年
山本明『戦後風俗史』大阪書籍、1986年
ヤング，チック『ブロンディ』第１集～７集、朝日新聞社、1947～50年（King Features Syndicate, Inc.）
ヤング，チックほか（今川加代子訳）『対訳　ブロンディ６』朝日イブニングニュース社、1977年（King Features Syndicate, Inc.）
ヤング，ディーン（ウィルビーズ訳）『BLONDIE』（vol. １～３）、マガジンハウス、1989年（King Features Syndicate, Inc.）
横井福次郎「漫畫」『アメリカ百科』第１巻第４号、研運社、1946年８月号（プランゲ文庫）
吉見俊哉『思考のフロンティア　カルチュラル・スタディーズ』岩波書店、2000年
———「アメリカナイゼーションと文化の政治学」井上俊ほか編『岩波講座　現代社会学第１巻——現代社会の社会学』岩波書店、1997年

※「プランゲ文庫」は、占領期雑誌記事情報データベース化プロジェクト委員会（代表・山本武利）作成の、「占領期雑誌記事情報データベース」（http://www.prangedb.jp/）を参照したものである。

欧文文献

Bachelard, Gaston, *La Formation de l'esprit scientifique*, J. Vrin, 1938（及川馥・小井戸光彦訳『科学的精神の形成』国文社、1975年）
Barthes, Roland, *Mythologies*, Seuil, 1957（篠沢秀夫訳『神話作用』現代思潮社、1967年）
Baudrillard, Jean, *La Société de consommation : ses mythes, ses structures*, Gallimard, 1970（今村仁司・塚原史訳『消費社会の神話と構造』紀伊國屋書店、1979年）
Berger, Peter L., *The Sacred Canopy : elements of a sociological theory of religion*, Doubleday & Co., 1967（薗田稔訳『聖なる天蓋——神聖世界の社会学』新曜社、1979年）

Berger, Peter L. and Kellner, Hansfried, *Sociology Reinterpreted : an essay on methods and vocation*, Anchor Press / Doubleday, Garden City, New York, 1981（森下伸也訳『社会学再考――方法としての解釈』新曜社、1987年）
Berger, Peter L. and Luckmann, Thomas, *The Social Construction of Reality : a treatise in the sociology of knowledge*, Doubleday & Co., 1966（山口節郎訳『日常世界の構成――アイデンティティと社会の弁証法』新曜社、1977年）
Bergson, Henri, *Matié et Mémoire*, Paris, Félix Alcan, 1896（岡部聰夫訳『物質と記憶――精神と身体の関係について』駿河台出版社、1995年）
―――, *L'Ame et le cops, L'Énergie spirituelle*, Paris, Félix Alcan, 1919（「心と身体」澤瀉久敬編『世界の名著　ベルクソン』中央公論社、1969年）
Bourdieu, Pierre et Boltanski, L., Castel, Robert, Chamboredon, J.-C., *Un art moyen : essai sur les usages sociaux de la photographie*, Minuit, 1965（山口熙・山縣直子訳『写真論――その社会的効用』法政大学出版局、1990年
Burr, Vivien, *An Introduction to Social Constructionism*, London, Routledge, 1995（田中一彦訳『社会的構築主義への招待――言説分析とは何か』川島書店、1997年）
Castoriadis, Cornelias, *L'Institution imaginaire de la Société, 2ème partie: l'imaginaire social et l'institution*, 1975（江口幹訳『想念が社会を創る――社会的想念と制度』法政大学出版局、1994年）
Certeau, Michel, *L'Invention du quotidien, 1, Arts de faire*, U.G.E., coll. 10/18, 1980（山田登世子訳『日常的実践のポイエティーク』国文社、1987年）
―――, *La Culture au pluriel*, Christian Bourgois, 1980（山田登世子訳『文化の政治学』岩波書店、1999年）
Clinton, Bill, *My Life*, 2004（楡井浩一『マイライフ――クリントンの回想』上、朝日新聞社、2004年）
Davis, Allison with Gardner, Burleigh B. and Gardner, Mary R., *Deep South : a social anthropological study of caste and class*, The University of Chicago Press, 1941
Dower, John W., *Embracing Defeat : Japan in the wake of World War* Ⅱ, 1999（三浦陽一・高杉忠明訳『敗北を抱きしめて』上・下、岩波書店、2001年）
Festinger, Leon, *A Theory of Cognitive Dissonance*, Row, Peterson, 1957（末永俊郎監訳『認知的不協和の理論――社会心理学序説』誠信書房、1965年）
Foucault, Michel, *L'Archéologie du savoir*, Gallimard, 1969（中村雄二郎訳『知の考古学』河出書房新社、1981年）
―――, *Surveiller et punir : naissance de la prison*, Gallimard, 1975（田村俶訳『監獄の誕生――監視と処罰』新潮社、1977年）
―――, *Histoire de la sexualité, I: la volonté de savor*, Gallimard, 1976（渡辺守章訳『性の歴史１――知への意志』新潮社、1986年）
―――, "Verite et pouvir", *L'Arc*, n°70, 1977（桑田禮彰ほか編『新装版　ミシェル・フーコー　1926～1984』新評論社、1997年所収）

———,“Du pouvoir : un ertretien inédit avec Michel Foucault”, *L'Express*, 13 juillet 1984（桑田禮彰ほか編『新装版　ミシェル・フーコー　1926〜1984』1997年所収）
Friedan, Betty, *The Feminine Mystique*, W. W. Norton & Company Inc., 1963（三浦冨美子訳『増補　新しい女性の創造』大和書房、1977年）
Gain, Mark, *Japan Diary*, 1948（井本威夫訳『ニッポン日記』筑摩書房、1963年）
Girard, René, *Mensonge romantique et vérité romanesque*, Grasset, 1961（古田幸男訳『欲望の現象学』法政大学出版局、1971年）
Gramsci, Antonio, *Opere scelte di Antonio Gramsci*, 1891-1937（山崎功監修、代久二・藤沢道郎編『グラムシ選集』1〜6、合同出版、1961年）
Halbwachs, Maurice, *La Mémoire collective*, P.U.F., 1950（小関藤一郎訳『集合的記憶』行路社、1989年）
Heidegger, Martin, *Sein und Zeit*, 1927（原佑・渡辺二郎訳『存在と時間』中央公論社、1971年）
Helson, Harry and Kozaki, A, “Anchor Effects Using Numerical Estimates of Simple Dot Patterns”, in *Perception and Psychophysics*, 4, 1968
Hogben, Lancelot, *From Cave Painting to Comic Strip*, a *kaleidoscope of human communication*, George Allen & Unwin Ltd., London, 1949（壽岳文章・林達夫・平田寛・南博訳『コミュニケーションの歴史』岩波現代叢書、1958年）
Horn, Maurice, *Women in The Comics*, revised & update, volume 1-2, Chelsea House Publishers, 2001
Lippmann, Walter, *Public Opinion*, New York:Harcourt Brace & Co., 1922（掛川トミ子訳『世論』上・下、岩波文庫、1987年）
Markovsky, Barry, “Social Perception”, in Foschi, Martha and Lawler, Edward J. (Ed.), *Group Processes : sociological analyses*, Nelson-Hall, Inc, 1994
Merton, Robert K., *Social Theory and Social Structure*, Free Press, 1949（森東吾ほか訳『社会理論と社会構造』みすず書房、1961年）
Mills, C. Wright, *White Collar : the american middle classes*, Oxford University Press, 1951（杉政孝訳『ホワイト・カラー――中流階級の生活探究』東京創元社、1957年）
Morris-Suzuki, Tessa, *The Past Within Us : media, memory, history*, verso, 2004（田代泰子訳『過去は死なない――メディア・記憶・歴史』岩波書店、2004年）
Nye, David, *Electrifying America : social meanings of a new technology, 1880-1940*, MIT Press, 1992
Riesman, David, *Abundance for What? and Other Essays*, Doubleday & Company, Inc., New York, 1964（加藤秀俊訳『何のための豊かさ』みすず書房、1968年）
Strasser, Susan, *Never Done : a history of american housework*, Pantheon Books, 1982
Tiryakian, Edward A., *Sociologism and Existentialism : two perspectives on the individual and society*, Prentice-Hall, Inc., 1962（田中義久訳『個人と社会――社会学と実存主義の視座構造』みすず書房、1971年）

Tomlinson, John, *Cultural Imperialism : a critical introduction*, Pinter Publishers, 1991（片岡信訳『文化帝国主義』青土社、1993年）

Tunstall, Jeremy, *The Media are American*, 1977

U. S. Department of Commerce（ed.）, *Historycal Statistics of the United States*, 1975（合衆国商務省編、齋藤眞・鳥居泰彦監訳『新装版　アメリカ歴史統計——植民地時代～1970年』Ⅰ～Ⅱ巻、東洋書林、1999年）

Vogel, Ezra F., *Japan's New Middle Class : the salary man and his family in a tokyo suburb*, University of California Press, 1963（佐々木徹郎監訳『日本の新中間階級——サラリーマンとその家族』誠信書房、1968年）

Warner, Lloyd and Lunt, Paul, *The Social Life of A Modern Community*, Yale University Press, 1941

Waugh, Coulton, *The Comics*, Macmillan Company, 1947

著者紹介

岩本茂樹（いわもと しげき）

1952年生まれ。関西学院大学大学院社会学研究科博士課程修了。博士（社会学，2005年）。

現在は，関西学院大学，関西大学などで非常勤講師。専門は，文化社会学，社会意識論，教育社会学。

著書に，『『ジャック アンド ベティ』を社会学的に読む』（K.G. りぶれっと No.5，関西学院大学出版会，2002年），『戦後アメリカニゼーションの原風景』（ハーベスト社，2002年）。

論文に，「ブロンディ(1)――戦後日本におけるアメリカニゼーション」（『関西学院大学社会学部紀要』第78号，1997年），「ブロンディ(2)――戦後日本におけるアメリカニゼーション」（『関西学院大学社会学部紀要』第79号，1998年），「ジャック アンド ベティ――敗戦直後のアメリカ文化へのまなざし」（『メディア史研究』vol.9，ゆまに書房，2001年），「社会問題のエスノグラフィ――成績評価をめぐって」（『現代社会理論研究』第12号，人間の科学社，2002年）。

新曜社

憧れのブロンディ
戦後日本のアメリカニゼーション

初版第1刷発行　2007年3月28日

著　者　岩本茂樹
発行者　堀江　洪
発行所　株式会社　新曜社

101-0051　東京都千代田区神田神保町2-10
電話（03）3264-4973（代）・FAX（03）3239-2958
E-mail：info@shin-yo-sha.co.jp
URL：http://www.shin-yo-sha.co.jp/

印　刷　長野印刷商工（株）　Printed in Japan
製　本　難波製本

ISBN978-4-7885-1045-6　C 1036